JOESI PROKOPETZ

Teufelskreuz

JOESI PROKOPETZ

Teufelskreuz

EIN JOESI-PROKOPETZ-KRIMI

Servus

FSC
www.fsc.org
MIX
Papier | Fördert gute Waldnutzung
FSC® C083411

Diese Geschichte ist frei erfunden. Tatsächlich existierende Personen und Firmen wurden verändert und/oder vom Autor ausgedacht, Geschehnisse anderen und/oder fiktiven Personen zugeordnet. Verbleibende Übereinstimmungen mit etwaigen realen Personen wären somit rein zufällig und sind nicht gewollt.

1. Auflage 2022

Medieninhaber, Verleger und Herausgeber:
Red Bull Media House GmbH
Oberst-Lepperdinger-Straße 11–15
5071 Wals bei Salzburg, Österreich

Satz: MEDIA DESIGN: RIZNER.AT
Gesetzt aus der Palatino, Antara
Umschlaggestaltung: zero-media.net, München
Umschlagmotive: © FinePic®, München
Printed by CPI books GmbH, Germany
ISBN: 978-3-7104-0329-3

Als es dem Teufel gelungen war, sich aus dem Detail,
in dem er seit Äonen steckte, zu befreien,
wandte er sich – wenn auch ein wenig missmutig –
wieder den universellen Zusammenhängen zu.
Den Anfang machte er in Ursprung.

Vorbemerkung

Ursprung ist eine Ortschaft und Katastralgemeinde der Marktgemeinde Dunkelsteinerwald in Niederösterreich. Das Dorf befindet sich zwei Kilometer westlich von Mauer bei Melk und ist über die Landesstraße L5353 erreichbar. Am 1. Jänner 2019 gab es in Ursprung 69 Einwohner. Im Franziszeischen Kataster von 1822 ist das Dorf mit zahlreichen Gehöften verzeichnet.

Für die Römer war die Region um den Dunkelsteinerwald von großer Bedeutung. Als Nordgrenze des Römischen Reiches erfuhr die Donau, die durch den Dunkelsteinerwald fließt, mit dem Donaulimes eine gewichtige Rolle. Zahlreiche Römerwege führten damals durch die Region. Auch heute noch ist ein Relikt aus der damaligen Zeit erhalten, das die verkehrstechnische Bedeutung des Dunkelsteinerwaldes verdeutlicht. Die Römerbrücke, die vermutlich im 3. oder 4. Jahrhundert nach Christus errichtet wurde, kann über Wanderwege leicht erreicht werden.

Vom ältesten Kirchenbau aus dem 11. Jahrhundert, einem Holzbau, ist heute nichts mehr erhalten. Im 14. und 15. Jahrhundert wurde die Kirche erneuert. Nahe der Kirche fand man außerdem 1973 bei einer Ausgrabung einen Keltenstein. Für die Kelten galten einst viele Stellen im Dunkelsteinerwald als Kraftplätze.

Alles andere ist frei erfunden.

Erster Teil

In der Dämmerstunde eines unverhältnismäßig kalten Spätsommertages ritt ein Mann auf einem schmutzig weißen Pferd langsam, aber unbeirrt aus der Finsternis des Dunkelsteinerwaldes durch den fein gesponnenen Nebelschleier auf das alte Bauernhaus zu. Lässig saß er auf dem ungesattelten fahlen Pferd, das aus seinen Nüstern Atemluft ausstieß. Die Szene wirkte wie aus einem Schwarz-Weiß-Film, denn zwischen dem schweigenden Schwarz des Waldes und dem schmutzigen Weiß des Pferdes waren nur Grauwerte und keinerlei Farben zu erkennen.

Das Tier schnaubte, als der Mann von seinem Rücken glitt, und ging äpfelnd, in gemächlichem Schritt in den Wald zurück, bis seine Konturen mit der Dunkelheit eins wurden.

Der Mann schritt über den Vorplatz auf das Bauernhaus zu. Es sah grob vernachlässigt aus, so abgewohnt und verwittert, dass die meisten daran vorbeigingen, ohne es als Haus wahrzunehmen, sondern vielmehr als Teil der herben Landschaft. Bemerkte es jemand und nahm sich Zeit zu verweilen, so war doch mühelos zu erkennen, dass die Bretter, aus denen es errichtet worden war, nicht nur von Fäulnis heimgesucht waren, sondern sich geradezu in einer Art Verwesungszustand befanden. Die beiden Steinstufen, die zu einer schweren, abweisenden Holztür führten, waren unter starkem Moos- und Unkrautbewuchs nicht mehr zu sehen. Drüben im Dorf hielt sich die Mär, dass hier vor fast hundert Jahren einer gelebt haben soll, der nicht wie alle anderen Ackerbau und Viehzucht betrieb. Einer, den man engagieren konnte, wenn es galt, entweder eine neue Scheune zu errichten oder größere bauliche Veränderungen an Haus und Hof vorzunehmen. Sie nannten ihn schlicht den *Baumeister.* Er stand dann mit Rat und Tat zur Seite, brachte schon einmal – niemand wusste genau, woher – grobschlächtige, finster blickende Männer herbei, die nach Erledigung ihres Auftrags wieder genauso verschwanden, wie sie gekommen waren. Nämlich grußlos ins Nichts. Aber niemanden scherte es, woher die Männer kamen oder wohin sie gingen; alle waren froh, dass sie da waren und wohlfeil gute Arbeit verrichteten. All das war aber bloß mündlich überliefert, stahl sich langsam ins Reich der Legenden und begann allmählich in Vergessenheit zu geraten. Auch die rätselhaften Todesfälle, die sich in dieser Zeit häuften, hielten sich nur lückenhaft in den Köpfen der Älteren. Zusammen mit dem Verfall des Hauses verschwanden die Erinnerungen aus dem kollektiven Bewusstsein der Bewohner von Ursprung. Nichts von alldem war in den ohnehin recht kargen Dorfchroniken auch nur mit einem Wort erwähnt.

Noch bevor der schlanke, fast hagere Mittvierziger an die Tür klopfen konnte, öffnete ein korpulenter, gedunsener Mann. Die spärlich verbliebenen dünnen Haare auf seiner Beinahe-Glatze waren vom linken Ohr akkurat nach rechts gekämmt, und man konnte erkennen, dass sie einst kupferrot gewesen waren. Er wollte sprechen, aber was er sah, war seinen Erwartungen so gegenläufig, dass er nur »Gel…« herausbrachte. Er strich sich unsicher, aber vor allem ratlos mit der flachen Hand über das Gesicht, als wollte er das, was er sah, wegwischen.

»…obt sei Jesus Christus, Pater Urian«, vollendete er hastig seinen Satz und meinte besorgt: »Hochwürden, ist Ihnen nicht kalt, nur mit Hemd und Hose …«, und ergänzte missbilligend: »… Bluejeans?«

Der Habitus Pater Urians erschien dem Mesner Adalbert Eibl unzulässig weltlich. Nicht nur die Jeans und das hellblaue Hemd, das ihm für einen Geistlichen um mindestens zwei Knöpfe zu weit offen stand, auch seine Uhr, eine *Baume & Mercier* aus Edelstahl und das hellgrüne Kunststoffarmband an seinem rechten Handgelenk, in das die Großbuchstaben »ENJOY« eingestanzt waren. Beunruhigt schloss Eibl die Inspektion des neuen Herrn Pfarrers mit einem Blick auf dessen Schuhe ab – es waren, soweit er beurteilen konnte – sogenannte Budapester in dunklem Braun, handgemacht und sicher sauteuer.

Am meisten aber beunruhigten ihn die Augen des Geistlichen. Noch nie hatte ihn jemand so angesehen, und er vermeinte den Blick bis in den Enddarm zu spüren.

»Sie sind sicher der Mesner, Herr …?«, fragte der Ankömmling mit zwingender Stimme, »haben Sie meine Nachricht also erhalten, Herr …«

»Eibl, Hochwürden«, er verbeugte sich unwillkürlich, »Adalbert Eibl. Ja, ich hab Sie schon erwartet.«

»Ich bin Mano Urian, der neue Pfarrer. Und hochwürdig, ein Pater oder ein Herr Pfarrer bin ich nur in der Kirche. Ansonsten bin ich der Mano, hallo, Bertl.«

Er reichte dem verwunderten Mesner die Hand, der sie ergriff und sich anschickte, sie zu küssen. Als sich die Hand Mano Urians jedoch um die seine schloss, durchströmte den Mesner ein entsetzlicher Schmerz, der sich fast augenblicklich in ein Wohlgefühl verwandelte, das dem Mesner ein seliges Lächeln ins Gesicht zauberte: »Danke, Mano!«

Eibl blickte ihn mit der Gewissheit an, einen Pfarrer mit direktem Kontakt zu *unserem Herrgott* vor sich zu haben. Ungewohnt gestärkt und euphorisch wie nie zuvor, traute Eibl dem neuen Pfarrer zu, seiner kranken Frau zu helfen. Es ging eine unfassbare Kraft von ihm aus. Ja, er wäre imstande, Elfriedes Parkinson-Zittern zu mildern und auf ein gesellschaftsfähiges Niveau zu reduzieren oder gar zu heilen! Er empfand Furcht, aber vor allem Vertrauen: Eibl hatte bereits in diesen ersten Minuten Zuneigung zu Mano Urian gefasst.

Die Krankheit seiner Frau hatte sich vor Jahren schleichend genähert und verschlimmerte sich zusehends. Doktor Matthias Allinger, der ortsansässige Kreisarzt, sprach von Schüben unterschiedlicher Heftigkeit. Seit Jahren sah Eibl in Elfriedes Krankheit ein unüberwindbares Hindernis in seinem Leben. Und es wurde ihm nach und nach unmöglich, Anteilnahme für ihr Leiden oder gar Liebe für sie zu empfinden. Als er Elfriede vor mittlerweile einundzwanzig Jahren kennengelernt hatte, war er ihren erotischen Reizen verfallen. Weil Elfriedes Reize aber nicht das waren, was man landläufig unter erotisch versteht, konnten seine Nebenmenschen es nicht recht verstehen, meinten sie doch, *nicht landläufig* wäre bald etwas erotisch. Was jedoch alle gelten ließen, waren ihre vollen, kirschroten, geradezu provokanten Lippen.

Anfangs hatten ihn ihre Religiosität und ihre für den Zeitgeist sperrige Sexualmoral geärgert, die sich seinen fordernden Zärtlichkeiten, all seinen Bemühungen entgegenstellten. Es dauerte jedoch nicht lange, dass er sie als aufregend zu erleben begann, denn nachdem jeglicher

Widerstand gebrochen war, schleuderte sie ihre Moral vollständig von sich.

Selbst er, der wahrlich kein Kostverächter war, errötete zutiefst, wenn die sonst so anständige Elfriede in den ersten Jahren, wenn sie sich denn hingab, jegliche Scham von sich warf. Und so schloss er jedes Mal, wenn er sich ihr – oder die seltenen Male, wo sie sich ihm – näherte, die Fenster, damit ihr hysterisches Schreien nicht nach draußen drang. Die Ursprunger wussten aber ohnehin Bescheid über Elfriedes fatale Neigung, während des Beischlafs zu schreien, als würde sie gefoltert werden. Denn als anfänglich noch hie und da gar spontane Annäherungen vorkamen, war keine Zeit geblieben, die Fenster zu schließen.

Als Adalbert Eibl anfangs seine Elfriede beglückte und sie, kaum fanden die ersten gemeinsamen Bewegungen statt, geradezu panische Schreie auszustoßen begann, war einmal Resi Haslinger, die frischgebackene Pfarrersköchin, nahe am Haus vorbeigegangen. Erschrocken war sie stehen geblieben und hatte an die Tür geklopft. Als das Schreien nicht aufhörte, stieß sie die Haustür auf und trat ein. Beim Anblick der Eibls entfuhr ihr ein *Jessasmarandjosef*. Als Resi sich abwandte, um buchstäblich die Flucht zu ergreifen, sah sie aus dem Augenwinkel, wie Eibl sie kurz mit dem Ausdruck eines angeschossenen, geistesgestörten Hirsches ansah. Resi konnte das Erlebte nicht für sich behalten. Sie leitete ihre Erzählung bei den Frauen des Dorfes (die sie naturgemäß ihren Männern weitererzählten) mit den Worten »Ich hab g'laubt, ich werd blind …« ein.

»Na, das war eine schöne Blamage«, warf Eibl *post coitum* seiner Frau vor, die sich sogleich anschickte, irgendwelche Handgriffe zur Haushaltsbewältigung zu verrichten.

Als sie ahnungslos fragte, wie das zu verstehen sei, dachte er bei sich, dass mit Elfriede *etwas nicht stimmte.*

»Die neue Pfarrersköchin ist auf einmal in der Tür gestanden«, sagte er.

»Wirklich? Gott steh uns bei!«, entfuhr es Elfriede.

Oft erinnerte er sich daran, wie ihn ihr Geschrei anfangs nicht nur überrascht, sondern regelrecht erschreckt hatte. Mitten im Moment der Lust stieß er beklommen »Is was?« hervor. Elfriede gestand ihm, dass sie – würde sie ihr Schreien unterdrücken – nichts *davon* hätte. Eibl schrieb ihre sexuelle Echauffiertheit zunächst seiner Liebeskunst zu, fand sich aber nach einiger Zeit damit ab, dass ihre Gewohnheit rein gar nichts mit ihm und seiner *ars amandi* zu tun hatte.

Das erotische Moment zog sich (wie in jeder Ehe) nach den ersten Jahren zurück, und es blieben nur Einsilbigkeit, Gleichgültigkeit und vertraute Entfremdung über. Umso mehr, als Elfriedes Zügellosigkeit bei den ehelichen Pflichten, mangels Ausübung dieser, kein Gegengewicht mehr zu ihrer verklemmten Frömmigkeit herstellte.

Das Ausbrechen der Krankheit und ihr Fortschreiten verstärkten seltsamerweise ihren Glauben und ihre Liebe zu *unserem Herrn Jesus,* was Eibl, obwohl Mesner und durchaus gottesfürchtig, nicht recht verstand. Denn je unbarmherziger die Krankheitsschübe wurden, umso inbrünstiger flehte seine Frau den Verursacher ihres Leidens um Hilfe an. Geradezu trotzig küsste sie mehrmals täglich eines der Kruzifixe im Haus und wisperte unverständliche, zweifellos fromme Formeln vor sich hin, die sie mit einem kräftigen *Amen* abschloss.

»Unser alter Herr Pfarrer«, besann sich Eibl, »unser alter Herr Pfarrer, Hochwürden Absenger, liegt im Sterben und er hat einen Wunsch geäußert, demgemäß der neue Pfarrer, also Sie, Hochwü…«

»Bertl«, ermahnte ihn Urian, »ich bin der Mano.«

»Also, dass Sie, Mano …«

»*Du*, Mano …«

»… dass *du*, Mano, ihm die Sterbesakramente spendest. Du solltest also als Allererstes zu ihm gehen. Wo ist denn eigentlich dein Gepäck, kommt das extra? Das Mobiliar für das Haus wird noch heute von der Pfarrerswohnung teilweise hierher ins Haus geschafft, denn Sie … ich meine, du … wolltest ja ausdrücklich in diesem alten Haus wohnen, hat man mir gesagt. Darf ich fragen, warum? Die Räumlichkeiten für den Pfarrer über der Sakristei sind weitaus komfortabler.«

»Das hier«, und Mano machte eine allumfassende Bewegung, »das hier war das Haus *des Baumeisters*, nicht wahr?«

»Ja, Herr Pfa… Mano. Ich habe so etwas gehört. Aber woher …? Hier in Ursprung weiß das – außer vielleicht der alten Hildgard – fast niemand mehr.«

»Lieber Bertl«, sagte Mano Urian und lächelte andeutungsweise, »wir Geistlichen wissen alles. Und warum tun wir das, Bertl?«

Adalbert Eibl stand die Ratlosigkeit ins Gesicht geschrieben.

»Weil wir *g*ott am nächsten sind.«

Mano Urian sprach das Wort Gott aus, als schriebe er es mit einem kleinem *g*.

Sie gingen den vom feuchten Wetter nass-erdigen Weg ins Dorf. Eibl überschüttete den neuen Pfarrer teils katzbuckelnd, teils händereibend mit allen möglichen Fragen und einer Vielzahl an vorwiegend nutzlosen Informationen. Je weiter sie sich vom Wald und dem Haus *des Baumeisters* entfernten, desto mehr lichtete sich der Nebel und gab den Blick auf sumpfig-grüne Hügel und knorrige Obstbäume frei. Auf den Hügeln ließen sich da und dort ein paar Kühe ausmachen, und alles sah aus, dass man sagen konnte, man war *auf dem Land*. Die Gegend, die üblicherweise zu dieser Jahreszeit in sattem Grün erstrahlte, wirkte grau, abweisend und unfruchtbar. Sie strahlte geradezu eine ausweglose Melancholie aus, und das lag schwer auf den Gemütern der Ursprunger. Auch in den Sommermonaten kam in diesem Ambiente so gut wie nie Leichtigkeit oder Fröhlichkeit auf. Viele waren aufgrund dieser Hoffnungslosigkeit atmenden Gegend weggezogen, einige hatten sich im Laufe der Zeit umgebracht.

Endlich kamen sie bei der armseligen Dorfkirche an. Nach kurzem Zögern an der Schwelle trat Mano Urian mit energischen Schritten ein und ließ sich von Eibl in die Sakristei führen, wo der alte Pfarrer Franz Borromäus Absenger blass und komplett in Schwarz gekleidet auf einer mit weißen Leinentüchern ausgeschlagenen Bahre lag.

Vor ihm kniete eine mehr als vollschlanke Matrone mit wirrem grau-blondem Haar und einer schief sitzenden Brille, deren Gläser ihre Augen ins Groteske vergrößerten. Sie betete leise und murmelte stetig etwas von der Heiligen Jungfrau, der Muttergottes, die ihrerseits wieder für uns arme Sünder beten (wörtlich sagte sie *bitten*) möge. Ihre Augen huschten wie zwei schwarze Billardkugeln umher und kamen erst zum Stillstand, als sie Mano Urians gewahr wurden. Sie wischte sich mit einem Zipfel ihres rural gemusterten Schürzenkleides den Schweiß von der Stirn und ein paar Tränen aus den Augen.

»Das ist die Pfarrersköchin Resi Haslinger, und daneben sitzt die Altpfarrersköchin Hildgard«, flüsterte Adalbert Eibl dienstbeflissen dem neuen Pfarrer zu.

Auf einem Schemel direkt neben der Pfarrersköchin hockte eine uralte Frau in einer abgewetzten Tracht, starrte mit lichten Augen vor sich hin und bekreuzigte sich in einem Tempo, als gelte es, einen Rekord aufzustellen. Die erlöschende Helle in ihren Augen verlieh ihrem Blick eine Entrücktheit, trotzdem strahlte sie aber etwas Festes, Unerschütterliches aus.

Als Urian näher kam, hob sie ihren Kopf ein wenig und schaute ihn an. Sie begann heftig zu atmen und stellte das Kreuzschlagen augenblicklich ein. Urian lächelte sie milde an, und sie wäre von ihrem Hocker gekippt, hätte Resi Haslinger sie nicht aufgefangen. Die Alte, die im Pfarrhaus im Ausgedinge gewissermaßen ihr Gnadenbrot erhielt, wandte ihren Blick nicht von Urian ab, sie begann so schlimm zu röcheln, dass man hätte meinen können, ein Rabenvogel erliege seinem Todeskampf. Erschrocken sah Resi den neuen Pfarrer an. Beschwichtigend legte Mano seine Hand auf ihre Schulter. Ein Schmerz durchzuckte ihren Körper, und sie zog zischend die Luft ein, um im nächsten Moment vor Geilheit durch ihre Brillengläser zu schielen. Als er das Gleiche bei der sich diszipliniert gerade haltenden Hildgard versuchte, zuckte sie, kaum merklich, aber deutlich genug weg, dass Mano Urian es unterließ, ihr *die Hand aufzulegen*.

Er beugte sich zu dem sterbenden Absenger hinunter. Für einen Moment umspielte ein seliges Lächeln dessen Mund. Als er jedoch das Antlitz des künftigen Pfarrers erblickte, weiteten sich seine Augen voller Furcht, und er begann zu hyperventilieren und zu husten. Blut floss aus seinen Mundwinkeln. Mit einer sanften, nichtsdestoweniger entschlossenen Bewegung schloss Urian ihm die Augen, und Absenger starb wortlos. Ob friedlich, wusste niemand zu sagen, seine Züge verrieten jedenfalls nichts von Trost und Erlösung im Tode, wie man es von einem aufrechten Christenmenschen, noch dazu von einem Herrn Pfarrer, hätte erwarten können.

Als Mano Urian die feuchte, beschämend spartanisch ausgestattete Sakristei verließ, warf er Hildgard ein schmales Lächeln zu, das sie mit starrem Blick und kühn, ja, unerschrocken mit hochgerecktem Kinn in Empfang nahm. Adalbert Eibl verweilte noch ein wenig an der Bahre des Toten und eilte Mano dann liebdienerisch hinterher.

»Wie geht es deiner Frau, Bertl?«, fragte Mano unvermutet, als Eibl ihn eingeholt hatte. Er blieb abrupt stehen, starrte Mano an und antwortete verstört: »Schlecht … zunehmend schlechter.«

»Sag ihr, dass ich sie grüße, Bertl. Und versichere sie der Liebe unseres Herrn«, sagte Mano Urian und ließ den Mesner stehen.

Wenig später öffnete Eibl die Tür zu seinem mit stark strapazierten Eternit-Platten verkleideten Haus. Bereits im Flur, wo ihm der Geruch von Krankheit, Hinfälligkeit und Lebensende entgegenschlug, vernahm er Elfriedes verwischte Stimme.

»Bertl, wo bist du denn?«

»Ich habe den neuen Pfarrer in Empfang genommen und war mit ihm in der Kirche, als er dem alten Absenger die Augen geschlossen hat.«

»Neuer Pfarrer?«, fragte Elfriede misstrauisch. »Woher hast du denn das? Hat gar Pfarrer Absenger so etwas gesagt?«

Eibl stutzte. Er erinnerte sich nicht, aber er *glaubte* mit an Wahrscheinlichkeit grenzender Sicherheit, dass für heute der neue Pfarrer angekündigt gewesen war.

»Und?«, Elfriede bemühte sich, möglichst unbeeinträchtigt zu wirken. »Wie ist er so?«

»Er lässt dich grüßen.«

Elfriede wiederholte ungerührt: »Wie ist er so?«

»Und ich soll dich der Liebe unseres Herrn versichern.«

»Amen«, seufzte Elfriede, ließ aber nicht locker. »Wie ist er so?«

»Jung … und mächtig, irgendwie ungewohnt. Auf jeden Fall sehr modern.«

»Mächtig, modern? Gott steh uns bei!« Elfriede bekreuzigte sich und verlieh ihrer Missbilligung durch ein schleimiges Gurgeln Ausdruck, das ein Austreten von zähflüssigem Speichel zur Folge hatte.

Der Mesner dachte, dieser neue Pfarrer, der Mano, hätte sicher die Macht, Elfriede zu erlösen – auch gegen ihren Willen.

»Bertl, wisch mich ab«, krähte Elfriede in einem Ton, der ihr, wie Eibl fand, nicht zustand und der die schlimmsten Gedanken in ihm weckte. Er nahm eines der unschön verklebten Tücher, die überall im Haus herumlagen, und wischte gereizt Sputum von Elfriedes Kinn.

»Er wohnt übrigens nicht über der Sakristei«, rief Eibl aus der Küche, als er das Tuch in der Abwasch beiläufig mit Wasser ausspülte. »Er wohnt in dem alten, verkommenen Haus oben am Waldrand. Er hat gewusst, dass seinerzeit *der Baumeister* darin gewohnt hat!«

Elfriede zitterte: »Gott steh uns bei.«

Der Leichenzug war enttäuschend kurz. Zwar folgten mehr Trauernde als sonst dem hölzernen Sarg. Für den alten Absenger, der sich jahrzehntelang um die Ursprunger Seelen gesorgt hatte, hätte man sich, trotz des ungünstigen Wetters, doch mehr erwarten können.

Gespenstisch tot wirkte der kleine Friedhof, dessen schmucklose Gräber mit ihren schmiedeeisernen Kreuzen einander fast glichen bis aufs Haar. Der braunschwarze Sarg wurde von den beiden Totengräbern, Klaus und Karl Floricz, die offiziell als Gemeindearbeiter geführt und als solche zu allen möglichen Handlangerdiensten herangezogen wurden, über den Friedhof getragen. Unter verhaltenem Ächzen ließen die zwei Brüder den Altpfarrer in sein Grab hinunter. Die beiden waren im Umkreis von vielen Kilometern die einzigen Totengräber und Friedhofsbetreuer, weshalb sie – ohne mehr als bloß eine Überstundenpauschale dazuzuverdienen – von Bürgermeister Schwenk an einige umliegende Weiler ausgeliehen wurden. Aber die meisten Toten wurden ohnehin am Ursprunger Friedhof bestattet. Immer wieder wurde der Gedanke laut, wie eigenartig es doch sei, dass ein

Dorf Namens Ursprung für viele das genaue Gegenteil, nämlich die Endstation, war.

Der neue Pfarrer warf dem alten Absenger die erste Schaufel Erde hinterher, und niemand bemerkte, dass sie, kaum hatte sie den Sarg berührt, wie von einem Windstoß bewegt, in die feuchte Erde *links* neben den Sarg geweht wurde.

»Der Herr hat ihn zu sich gerufen. In seiner umfassenden Gnade und übergroßen Liebe.«

»Amen«, murmelten die Trauergäste beiläufig.

Viel mehr wusste Mano Urian über den alten Pfarrer nicht zu sagen und wollte es auch gar nicht, denn es nieselte, und feuchte Kälte drang der Trauergemeinde in die Knochen. Der Wunsch, endlich ins Dorfwirtshaus einzukehren, lag derb in der Luft. Nur die alte Hildgard protestierte mit matt glänzenden Augen, als die Pfarrersköchin sie zum Aufbruch drängte. Sich stramm gerade haltend und anklagend auf Urian blickend sagte sie halblaut: »Demiurg!«[+]

Nicht zuletzt, weil Eibl ihr gesagt hatte, dass dieser Mano Urian auf eigenen Wunsch hin das *verwunschene* Baumeisterhaus bezogen hatte, und sie obendrein von der Entsendung eines Nachfolgers für Absenger nichts wusste.

Der neue Pfarrer sah sie scharf an, wendete sich aber dann unaufgeregt ab. Niemand sonst scherte sich um Hildgard, ging doch das Gesagte im Klang des kleinen Bläserensembles unter. Ein fast flotter Marsch schürte gewissermaßen die Vorfreude auf Gesottenes und Gebratenes im einzigen Ursprunger Wirtshaus, dem Holzinger.

+ Aus dem Griechischen: Architekt, Baumeister, Hersteller, Handwerker. In der Gnosis: Schöpferdämon, Baumeister, Architekt einer hologrammatischen Welt.

»Redest schon wieder in deiner schwarzen Sprach?«, fragte Resi Hildgard.

»Demiurg!« wiederholte Hildgard besorgt.

Resi nannte es *schwarze Sprache*, wenn Hildgard in Momenten, in denen man meinen könnte, sie wäre mehr drüben als hüben, fremdartige Worte und verschrobene Sätze vor sich hin murmelte. Sie erschienen der resoluten Pfarrersköchin eindeutig als Ausgeburt von Altersblödsinn, und insgeheim fragte sie sich, warum *unser Herrgott* sie nicht längst zu sich genommen hatte. Als sie dem Hochwürden Absenger von diesen Gedanken erzählte, rügte er milde, der *liebe Gott* wisse schon, was er täte, und sie möge sich nur ja nicht versündigen. Er war es auch gewesen, der Resi in die Christenpflicht nahm und ihr, im Namen *unseres Herrn Jesus Christus*, die Pflicht auferlegt hatte, sich um Hildgard zu kümmern.

Über die Jahre wurde aus dem Kümmern ein Pflegen. Hildgard schaffte es zwar noch selbstständig auf die Toilette, aber mehr schon nicht. Diese degoutanten Handgriffe, die Resi vornehmen musste, schufen eine Art Mutter-Kind-Verhältnis zwischen den beiden, überwiegend aber eine Herr-Knecht-Situation. Was Hildgard empfand, wenn sie denn überhaupt etwas empfand, hinter ihrem entrückten Stolz, konnte keiner sagen. Auf jeden Fall geschah es in diesen Momenten öfter, dass sich Hildgard der »schwarzen Sprache« bediente. Wie im Selbstgespräch wiederholte sie gebetsmühlenartig einzelne Worte oder Zahlen, manchmal auch ganze Sätze, die Resi weder akustisch, geschweige denn inhaltlich verstand.

Resi Haslinger war die Tochter eines Schnapsbrenners, der – vermutlich an den Folgen seines Berufes – recht jung verstorben war. Man fand ihn mit zufriedener Miene und einem Schlauch mit noch lauwarmem Vorlauf eines Destillates im Mund.

»Er war sein bester Kunde«, hieß es denn auch hinter vorgehaltener Hand auf der Beerdigung.

Die Mutter, naturgemäß auch eine Schnapsdrossel und dementsprechend alltagsuntauglich, gab Resi dann weg, wie man sagt. Sie landete in einer Einrichtung der katholischen Kirche für unerwünschte Kinder, wo sie, Resi, das Dienende vermittelt bekam und eine Art Pflichtgefühl zur Barmherzigkeit entwickelte. Dem Drängen der geistlichen Schwestern, ebenfalls den Schleier zu nehmen, widersetzte sie sich aber von Anfang an, denn tief in ihrem Herzen konnte sie an Liebe, Gnade und Erlösung nicht glauben und wollte daher keine *Braut Christi* werden. Ihr Leben bestand – unbedankt – aus Kochen, Putzen, Waschen und Bedienen, und sie schuldete es dem allmächtigen Gott an, dass sie das »wirkliche Leben« nur vage aus dem Fernsehen kannte. Dennoch war sie das, was man als fromm bezeichnen würde, aber ihr Misstrauen gegen das Religiöse bewahrte sie in ihrem Herzen, nicht zuletzt auch deswegen, weil sie zeit ihres Lebens immer von *geistlichen Herren* und ebensolchen Frauen abhängig gewesen war.

Woher Hildgard kam, wusste niemand zu sagen. In Ursprung wurde gemunkelt, sie wäre Mitglied einer suspekten geheimen Gesellschaft von Mystikern, dem *Orden der Rosenkreuzer*, gewesen oder sei es gar noch immer.

Diese Spekulationen hatte Elfriede Eibl in die Welt gesetzt. Als sie noch bei guter Gesundheit war, hatte sie sich intensiv mit konfessioneller Mystik befasst. Nicht zur Erbauung, sondern vielmehr zur Entrüstung, hatte sie gnostische Texte gelesen – waren die Gnostiker doch die ersten Kritiker des Katholizismus, namentlich des Christentums, und galten nach wie vor als Häretiker.

Wenn sie mit Hildgard über diese Dinge, oft im Flüstertone, redete, staunte Elfriede immer wieder, wie überaus informiert, wie *eingeweiht* sich Hildgard zeigte. Bis heute lieferten die Gnostiker einen Gegenentwurf zur Erschaffung der Welt durch den lieben Gott, indem sie einen Dämon – letztlich den Teufel, den gefallenen Engel – bemühten. So hatte es ihr zumindest Hildgard erklärt. Der Demiurg, der *deus malignus,* war gewissermaßen im Auftrag des verborgenen und schweigenden Gottes für die Erschaffung von Himmel und Erde verantwortlich. Gott als der reine Geist machte sich die Hände nicht schmutzig. Die Schöpfung – so Hildgard – sei daher ein dämonischer Akt gewesen, was ihre Fehlerhaftigkeit erkläre, ohne Gott selbst in die Pflicht nehmen zu müssen.

Die gnostische Interpretation uferte dann in teils hanebüchene Spekulationen aus, in denen sie dem Demiurgen ein ganzes Heer an Archonten (die Gesamtheit der verstoßenen Engel) zur Seite stellte, Wesen mit menschlichem Körper, jedoch mit an Saurier gemahnenden Reptilienköpfen. So wurden in der Gnosis Jesus und Johannes der Täufer als Archonten beziehungsweise Reptiloide bezeichnet und dargestellt. (Bis heute hält sich ja in bestimmten Kreisen die Meinung, es gäbe auf der Erde – besonders in hohen politischen Ämtern und wirtschaftlichen Top-Positionen – reptilienartige Wesen, die in menschlicher Gestalt auftreten, die Macht an sich reißen und sich in bestimmten Momenten entlarven, indem ihre Augen schlitz- oder balkenförmige Pupillen aufweisen.)

Solche Geschichten verliehen dem Leben in der Ödnis etwas Zauber – zumindest eine Zeit lang, denn die Leute vergaßen oder verwarfen sie nach einiger Zeit wieder.

Wie alt Hildgard wirklich war, konnte niemand mit Bestimmtheit sagen, ihre Papiere waren in den Kriegswirren verloren gegangen und wurden während der Besatzungszeit von den Russen neu ausgestellt. Man kann sich ausmalen, dass damals auf Genauigkeit und Dokumentenwahrheit nicht übermäßig großer Wert gelegt wurde. Alle meinten, sie müsse tatsächlich über hundert Jahre alt sein, aber sie gab nur 91 zu.

Sie war nicht nur die Köchin, sondern vielmehr eine Vertraute des Altpfarrers gewesen, und an so manchem Abend hatte sie mit Absenger über das Dogma der Trinität, das Ruhegebet, den Stand der Gnade und ähnliche religiöse Spitzfindigkeiten gesprochen. Er hatte sie wie eine Heilige behandelt, so sagte man, nannte sie schon mal *Schwester* und betete des Öfteren allein mit ihr in der Kirche. Wenn Hildgard im Beichtstuhl war, gingen alle Sünder, die darum wussten, nach Hause oder ins Gasthaus Holzinger, denn, wenn die *heilige Hilde* beichtete, kam sie nicht vor einer guten Stunde aus dem Beichtstuhl heraus.

Als Hildgards beginnende Hinfälligkeit Resi in die Köchinnen-Rolle bugsierte, war sie höchst pikiert, denn der alte Absenger behandelte sie unaufmerksam, herablassend und schwärmte meist davon, wie Hildgard damals gekocht hätte. Erst als sich Hildgard mehr und mehr in sich zurückzog, entwickelte Absenger ein wenig spürbare Zuneigung für Resi.

Gleich nach dem Begräbnis Absengers verschwand Hildgard in ihrem Ausgedinge über der Sakristei, in das sie niemanden einließ. Selbst Resi, die direkt nebenan wohnte, musste vor der Tür kehrtmachen, außer sie hatte bei Hildgard pflegerisch tätig zu werden. Sie setzte sich an das Möbel, das in ihrer winzigen Kammer als Tisch fungierte, und schrieb in altmodischer Schrift einen kurzen Brief, den sie an ihre Freunde und Freundinnen nach Linz schicken wollte. Denn sie fühlte sich verpflichtet, ihren Freunden im Orden der Rosenkreuzer kundzutun – deren Mitglied sie tatsächlich noch war, obwohl sie an deren Zeremonien schon lange nicht mehr teilnahm –, dass sie zu wissen glaubte, der Archont sei in Ursprung als neuer Pfarrer erschienen.

✠

Bevor Mano Urian den anderen ins Gasthaus Holzinger folgte, entledigte er sich in der Sakristei des Ritualgewandes, putzte seine teuren Schuhe, von denen nur der eine, der linke, mit einem sogenannten Eisel am Absatz beschlagen war. Das hatte zur Folge, dass bei jedem zweiten Schritt ein metallisches Klackern zu vernehmen war: *Schritt-tack, Schritt-tack …* Dazu kam, dass bei jedem Schritt der Bretterboden der Sakristei erbärmlich knarzte, was selbst bei geschlossener Tür bis in die Kirche hinein zu hören war.

Die Sakristei war ärmlich eingerichtet. Ein wuchtiger, vermutlich altdeutscher Kasten stand links neben der ohne jegliche Sorgfalt geschnitzten Holztür.

An der anderen Seite der Sakristei prangte ein wuchtiger Holztisch, alt, mittelschwer beschädigt, mit vier Sesseln, auf deren Sitzfläche durchgewetzte, dünne Polster, mittlerweile eher Fetzen, lagen, aus denen vergilbter

Schaumstoff hervorquoll. Auf einem schmutzigen, runden Tischtuch, durchwirkt von devastierten, drahtigen Goldfäden, stand ein metallenes Kruzifix mit einem lieblos gegossenen Christus, dessen Gesichtszüge mangels jeglicher Struktur nicht mehr zu erkennen waren. Vielleicht hatte sie Pfarrer Absenger in seiner Hingabe ehrfurchtsvoll weggeküsst. Auf dem Tisch lagen, unordentlich gestapelt, etliche verblasste Heiligenbilder, verjährte religiöse Broschüren, daneben standen eine Flasche mit Schnaps und einige schlecht ausgewaschene Stamperln sowie eine altmodische Maschine für Filterkaffee und – nachdem Mano Urian die Sakristei bezogen hatte – ein Aschenbecher, ein Werbeartikel der lokalen Biermarke.

Auf der gegenüberliegenden Seite flankierten drei unterschiedlich große und in schrillen Farben gehaltene Plastikkörbe eine Waschmaschine, auf der eine von der Feuchtigkeit bereits labbrig gewordene Waschpulverschachtel lümmelte. Der Abflussschlauch des Automaten hing in ein abgenutztes, verkalktes Emailwaschbecken. Ein löchrig gefülltes Bücherregal lehnte neben diesem unheiligen Ensemble.

An der linken Seitenwand hing in einem goldenen, abgeplatteten Barockrahmen ein großes Bild, das linkisch, schlampig gemalt und vor allem in ausgeblichenen Farben den Sturz der gefallenen Engel zeigte. Links darunter hatte, wer auch immer, einen hellgrünen Mistkübel platziert, und es sah aus, als stürzten die fallenden Engel alle in diesen hinein.

Ein vorsintflutlicher Heizlüfter, der keinen fixen Platz hatte, sondern nach Bedarf so aufgestellt wurde, dass man in den *Genuss* seiner wenig effektiven Bemühungen kam, kämpfte mehr schlecht als recht gegen die Feuchtigkeit und die klamme Kälte in der Sakristei an.

Im verrauchten Gasthaus von Friedrich Holzinger saßen die Ursprunger, aßen Gulasch oder Würstel mit Saft, tranken Bier und immer wieder einen Schnaps. Die Gaststube sah aus wie Tausende andere Wirtshausstuben auch: braune Holzsessel mit abgesessenen, da und dort löchrigen Polstern in einem nicht mehr nachvollziehbaren Design, übersät mit Flecken von verschüttetem Bier, Gulasch- und Bratensaft und wahrscheinlich auch Erbrochenem. Über der Schank hing eine rostige Reklametafel der lokalen Biermarke, die vor Jahren noch von hinten beleuchtet wurde. Heute leuchtete sie nicht mehr, und selbst wenn, würde kein Schimmer mehr durch den Fett- und Lurchfilm, der sie überzog, hindurchkommen. Durch jahrzehntelanges Rauchen hatten die einst in hellem Ocker gehaltenen Wände ein stumpfes Durchfallbeige angenommen und gaben hier und da den Blick auf die Ziegelmauer frei. In einer der hinteren Ecken hing ein unverhältnismäßig großes, industriell hergestelltes Kruzifix, das mehr oder weniger die Farbe der Wände angenommen hatte und deshalb beinahe unsichtbar geworden war. Ein mittelgroßes Hirschgeweih neigte sich an der Längsseite ob diverser locker gewordener oder gar fehlender Befestigungsschrauben bedrohlich in den Raum. Gästen, die zum ersten Mal beim Holzinger einkehrten, schossen Überschriften wie *Wartezimmer zum Sterben* oder Umstandswörter wie *hoffnungslos* durch den Kopf. Die Gäste waren durch das Fehlen eines zweiten

Dorfgasthauses gezwungen, ausschließlich das Holzinger zu besuchen, und hatten jede Sensibilität gegenüber dem *Genius Loci* verloren, ja, hatten vielmehr die Abgrundtiefe des Raumes verinnerlicht, waren mit ihr eins geworden.

Die spukhafte Atmosphäre im Holzinger ließ heute wie gewohnt keine Stimmung aufkommen. Da, wo sonst die eng beieinandersitzenden Gäste geräuschvolle Konversation betrieben und gutturales Lachen die Gaststube füllte, wurde nur stumm dagesessen. Gelegentlich erhob einer die Stimme. Vielsagende Blicke wurden gewechselt oder mit dem Kinn mal auf diesen oder jene gedeutet. Die Männer schauten mit begehrlichen und dennoch feindseligen Blicken auf Mirli Egger, die junge hübsche Kellnerin mit ihrer zarten, blond gelockten Kurzhaarfrisur. Wenn sie zum Tisch kam, starrten sie auf ihren kleinen, festen Arsch. In einen Ausschnitt konnten sie ihr nicht mehr glotzen, denn Mirli hatte sich abgewöhnt, bei der Arbeit auch nur annähernd freizügige Tops zu tragen. Walter Horvath schaute oft zu Ilse Schwenk, der Frau des Bürgermeisters, der seinerseits hasserfüllte Blicke in Richtung Horvath warf. Die meisten aber saßen einfach nur wortlos da, blickten aneinander vorbei ins Leere – oder besser ins Nichts. Denn die Leere ist an den Rändern begrenzt, das Nichts aber ist grenzenlos.

Der Mesner Adalbert Eibl spürte fast körperlich, dass jeden Moment die Tür zur Gaststube auffliegen würde. Das ihm schon vertraute *Schritt-tack, Schritt-tack* war deutlich zu vernehmen. Einen Augenblick lang stand Mano in der Tür, und für eine knappe Sekunde erstarb jedes geknirschte Wort und jedes beiläufige Lachen.

»Der neue Pfarrer, Gott zum Gruße, Hochwürden«, erklang es wie auf Befehl fast synchron.

Ohne den Eindruck plumper Vertraulichkeit entstehen zu lassen, nickte Mano in die Runde. So, dass man meinen konnte, er kenne sie alle schon seit Jahren, sagte er: »Ich heiße Mano Urian. Hochwürdig bin ich nur in der Kirche, wenn ich meines Amtes walte. Ansonsten bin ich für euch der Mano. Eine Runde für alle, Mirli!«, rief er der erstaunten Kellnerin zu. Woher kannte der neue Herr Pfarrer ihren Namen?

Die Ursprunger, die sich nur zu gut daran erinnerten, dass der verstorbene Pfarrer Absenger bei jeder Gelegenheit das Gasthaus Holzinger als Tor zur Hölle verunglimpft hatte, applaudierten dem gut aussehenden neuen Pfarrer. Teufel auch.

Mano Urian hob sein Glas mit einem »Prosit omnes!« und leerte seinen Vogelbeer auf ex.

Nachdem es ihm alle anderen gleichgetan hatten, erhob sich der Bürgermeister Herr Gewerke Manfred Schwenk und sagte: »Liebe Freunde, sehr geehrter Herr Pfar… geschätzter Mano! Als Bürgermeister dieser Perle am Rande des Dunkelsteinerwaldes lass ich mich nicht lumpen und darf meinerseits eine Runde Vogelbeer spendieren. Mirli, noch einmal für alle einen Doppelten!«

Mirli lachte Mano an, goss verschwenderisch weitere Gläser voll und servierte eilends. Sie war mit Abstand die hübscheste junge Frau in Ursprung. In ihre Züge hatte sich das Perspektivlose, das *Verfluchte,* wie Elfriede Eibl einmal gesagt hatte, das Aussichtslose und Endzeitige nicht oder noch nicht eingegraben. Im Gegenteil, sie strahlte Lebensfreude aus, etwas, was für die Ursprunger genügte, um sie als »verdächtig« einzustufen.

Zugleich erlebten sie die junge Frau als elfengleiches Wesen, was wohl der Grund für die natürliche Distanz zu den rotgesichtigen jungen Männern des Ortes war. Ihr helles Wesen, das bei aller Sauberkeit etwas Melancholisch-Frivoles hatte, erweckte eine dumpf empfundene Scheu bei ihnen. Aber auch mit den überwiegend feisten, vom *Schweinernen* aufgedunsenen jungen Frauen hatte Mirli nichts gemein. Weder den Hang, sich in billige Trendmode aus Provinzboutiquen oder dem Versandhandel zu kleiden oder mit minderwertigsten Accessoires aus der örtlichen BILLA-Filiale zu schmücken, noch die Gewohnheit, sich bis ins Skurrile zu überschminken und zu versuchen, das Stumpfsinnige, das Abgefeimte und das Verlorene in den Augen zu übertünchen. Alle jungen Frauen und Mädchen in Ursprung hatten eine *beste Freundin*, Mirli hatte keine. Sie wurde zwar von den Jungmatronen insgeheim neidvoll beäugt, aber keine wollte ihre Freundin sein – aber das beruhte auf solider Gegenseitigkeit. Mirli war ein hochstrapazierter Gesprächsstoff bei der weiblichen Dorfjugend, und es machte boshafte Freude, über sie zu lästern und sie mieszumachen. Heimlich beneidet und begehrt, war sie in hohem Maße unbeliebt. Mit einer aus welcher Quelle auch immer sprudelnden Lebenslust wischte sie mit innerer Unbekümmertheit ihre Einsamkeit weg. Es war wahrscheinlich dieses latente Lächeln in ihrem Gesicht, das die Ursprunger, männlich wie weiblich, am meisten irritierte.

Kaum standen die Doppelten auf dem Tisch, hob der Bürgermeister sein Glas und fuhr salbungsvoll fort: »Lieber Mano Urian, ich und Ursprung heißen dich herzlich willkommen!«

Er stieß mit Mano an und trank seinen Vogelbeer, gemeinsam mit allen anderen, auf einen Zug leer. In weiterer Folge ließen es sich der (ehrenamtliche) Förster Julius Prüger, der Kreisarzt Doktor Matthias Allinger und schließlich der Wirt Fritz Holzinger nicht nehmen, weitere Runden zu schmeißen.

»Liebe Gemeinde«, rief Mano in die mittlerweile ein wenig schnapsselige Stimmung hinein, »liebe Gemeinde, wie ihr wisst, ist übermorgen Sonntag, und ich hoffe, euch alle bei der Messe um zehn Uhr zu sehen!«

Während die Ursprunger zwar wenig begeistert, aber grundsätzlich zustimmend vor sich hin murmelten, ergänzte er: »Eine Stunde vorher gibt es – wie fürderhin jeden Sonntag – eine Beichtgelegenheit. Wenn jemand von euch ausführlichere Seelsorge braucht, stehe ich täglich von fünfzehn bis siebzehn Uhr in der Sakristei zur Verfügung. Für Menschen, die umfassende Probleme oder Wünsche haben, steht das Baumeisterhaus jederzeit offen.«

»Gelobt sei Jesus Christus«, rief Resi, die Pfarrersköchin, und fragte Mano, was er heute Abend essen wolle. Dabei schielte sie ein wenig.

Mirli trat mit einem Schnapsglas in jeder Hand zu Mano und gurrte: »Privatschluckerl, Mano?«

Mano lächelte, trank sein Glas mit einem Ruck leer, strich Mirli ein wenig mehr als wohlwollend übers Haar und entlockte ihr damit einen kurzen, stimmlosen Entsetzensschrei, der sich im nächsten Augenblick in Seligkeit auflöste. Heftig errötend hauchte sie kehlig: »Mano.«

Und so geschah es, dass sich Mano Urian, der neue Pfarrer von Ursprung, von Anbeginn seiner Amtszeit die Zuneigung und den Respekt der Ursprunger – in erster Linie der Männer – verdiente. Denn wer den hochprozentigen Vogelbeer so selbstverständlich und unbeschadet trinken konnte, der konnte kein Unsympathler sein. Im Laufe der nächsten Wochen und Monate sollte sich dieser Respekt in Zuneigung verwandeln.

Laut und polternd nahm der Abend seine Fortsetzung. Zweifelhafte Witze wurden erzählt, Biere und Schnäpse bestellt, selbstverständlich politisiert und im Zuge dessen auch gestritten. Erst als der neue Pfarrer nach seiner Meinung gefragt wurde, bemerkte man seine Abwesenheit. Rasch verebbte die Stimmung wieder, nur die junge Kellnerin schien glücklich. Wobei sie nicht sagen konnte, ob es Glück war, das sie empfand. Mit Glücklichsein hatte sie keine Erfahrung. Mit Glück im Allgemeinen nicht, und mit Liebesglück im Besonderen schon gar nicht. Die jungen Männer in Ursprung waren allesamt grobschlächtige Idioten, hatten außer Motorrad, Auto, Fußball und Ficken nichts im Sinn und waren obendrein erotisch unbegabt. Ein normales Gespräch mit ihnen zu führen, geschweige denn zu flirten, erschien Mirli unmöglich. Außerdem fand Mirli, dass sie stanken oder zumindest so aussahen, als würden sie stinken. Der Mano hingegen – Pfarrer hin, Pfarrer her – mit seinen beredten Blicken, seiner unaufdringlichen Lässigkeit, der war … ja, cool. Dunkel erinnerte sie sich an den alten Fernseh-Mehrteiler »Die Dornenvögel«, wo die Romanze zwischen dieser Frau und dem schönen Priester wegen irgendwelcher religiöser Zwangsneurosen unerfüllt blieb. Bei ihr, und sicher auch bei Mano, würden solche Befindlichkeiten gar nicht erst aufkommen. Und die Heimlichkeit, mit der eine intime Beziehung mit Mano naturgemäß einhergehen musste, stellte sie sich hoch aufregend vor.

»Ich werde am Sonntag wieder einmal in die Kirche gehen«, lächelte sie in Gedanken.

Ungewöhnlich heiter betrat Resi an diesem Freitagabend ihr Zimmer über der Sakristei. Schon auf dem Weg zur Kirche schmerzten ihre Füße nicht wie sonst, und auch die übliche Kurzatmigkeit, die sie auf den viel zu hohen Holzstiegen immer plagte, machte der Pfarrersköchin heute nicht so sehr zu schaffen. Sie ertappte sich sogar dabei, dass sie irgendeine unharmonische Weise vor sich hin summte und eine mit Frohsinn weitschichtig verwandte Stimmung sich ihrer bemächtigte. Sie hatte dem neuen Herrn Pfarrer seine Vesper – Selchrippchen mit Linsen und nachher Mohnnudeln mit reichlich Butter und Staubzucker – auf dem vorsintflutlichen Herd in seinem *sterbenden Haus*, wie sie es bei sich nannte, zubereitet und freute sich über sein Lob. Zwar hatte er von allem nur die Hälfte zu sich genommen, aber versichert, dass er selten so gut gegessen hatte.

Stolzerfüllt schaute sie sich im Fernsehen eine Sendung mit volkstümlicher Musik an und summte ergriffen »Das kleine Marterl auf dem Bergerl, zu dem ich oft zum Beten geh, weil ich da in klaren Nächten die Gottesmutter seh …« mit. Sie zündete ein Teelicht an, das vor dem Bild des heiligen Sebastian stand, dessen fein definierter Leib von Pfeilen durchbohrt war und dessen nach hinten geworfener Kopf sie wie immer ein bisschen erregte. Dann wusch sie sich die Achselhöhlen mit den wenigen, dünnen, aber langen Haaren, ihre Hängebrüste, Gesicht und Hände und zog das Riesen-T-Shirt mit dem

Bild einer kessen Minnie-Maus, das ihr als Nachthemd diente, über ihren knapp siebzigjährigen Körper. Sie legte ihre merkwürdige Brille auf das Nachtkasterl, warf noch einen letzten Blick auf den flackernden heiligen Sebastian, rekelte ihren Fettsteiß in die Schlafmulde des Bettes, gähnte, seufzte dann wohlig und löschte das Licht.

Sie bemerkte gar nicht, dass sich die Tür zu ihrer Kammer öffnete. Erst als Mano Urian sich zu ihr hinabbeugte und sie zärtlich, aber fordernd küsste und sie auf eine ungekannte Art zu berühren begann, erwachte sie. Sie stöhnte wohlig, nichtsdestoweniger erstaunt, denn Erotik und Sexualität kannte sie nur von seltenen und kaum lustbetonten Begegnungen. Als Mano sich zu ihr legte und liebkosend langsam ihr Shirt in die Höhe schob und begehrend ihre welken Brüste zu streicheln begann, flüsterte sie selig: »Herr Pfarrer …«, worauf ihr Mano sein grünes Armband, auf dem ENJOY stand, zeigte und mit warmer, heiserer Stimme wisperte: »Ich bin der Mano … komm, Therése schenk dich mir, gib dich hin.«

Als sie diese Stimme vernahm, die noch dazu nicht Resi, sondern *Therése* mit französischem Akzent flüsterte, gab sie sich bedingungslos hin. Ihre Lust wuchs an, und nach einer gefühlten Ewigkeit spürte sie zwischen ihren eingedellten Oberschenkeln einen Höllenschmerz, der sich unmittelbar darauf in einem heftigen Orgasmus entlud und sich ihr gewissermaßen einbrannte. Wie aus der Ferne hörte sie noch, dass Mano ihr ins Ohr flüsterte: »Du gehörst mir. Vergiss nie, dass du mir gehörst.«

Als sie endlich in der Lage war, die Augen zu öffnen, weinte sie ein wenig. Mano war verschwunden, und das Teelicht vor dem heiligen Sebastian war erloschen. Resi knipste die Nachttischlampe an, schob ihr Nachthemd über Brüste und Bauchschürze hinunter, setzte die Brille auf und blickte sich um. Nein, der neue Pfarrer, *ihr* Mano, war nicht mehr da. Sie schwor sich, niemandem auch nur ein Sterbenswörtchen davon zu erzählen.

»Ich gehöre ihm. Nie werde ich das vergessen«, flüsterte sie, bevor sie in einen seligen Schlaf sank.

Am späten Vormittag ging Anni Jascha zum BILLA, um die notwendigen Einkäufe zu machen. Sie schob in einem robusten Rollstuhl David, ihren körperlich und vor allem geistig schwer behinderten Sohn, vor sich her. Dieser kauerte bemitleidenswert, nichtsdestoweniger durch und durch abstoßend in seinem Rollstuhl. Ein ekelhafter Speichelfaden hing aus seinem Mund, er zuckte mit seinen gruselig verkrampften und verunstalteten Händen und stieß ein widerwärtiges, bösartiges Krächzen hervor, als klage er die ganze Welt seines Zustandes wegen an. So er von diesem überhaupt wusste, denn seine Augen waren so weit nach oben verdreht, dass fast nur das Weiße zu sehen blieb.

Ursprung sprach von der Anni als *der armen Anni*. Die Menschen blickten geflissentlich an David vorbei, wenn sie Anni mit ihm sahen, und sagten bemüht, in einem Ton, als wäre alles gut, »Grüß dich, Anni« und »Hallo, David«, um sich darauf eilends zu entfernen.

In ihrer Abwesenheit hieß sie aber auch »die, mit dem grauslichen Krüppl«. Als damals vor circa fünfzehn Jahren im Ort ruchbar wurde, dass die Anni eine Abtreibung in Erwägung zog, weil der Ultraschall im LKH Amstetten ergeben hatte, dass mit hoher Wahrscheinlichkeit *nicht alles in Ordnung* war mit dem neuen *Leben* in ihrem Bauch, waren vor allem die Frauen, allen voran Elfriede Eibl, entsetzt und konnten sich gar nicht mehr beruhigen. Von Sünde wurde gesprochen, und Pfarrer Absenger setzte Anni mit theologischer Wucht auseinander, dass nur *unser Herr* Leben geben und nehmen durfte. Widersetzte sie sich dem Willen Gottes, der ihren Leib gesegnet hatte, drohe ihr die Verdammnis, die – Anni möge das wohl bedenken – ewig währte. Annis Glaube war in keiner Weise gefestigt, aber der Gedanke, dass vielleicht doch etwas dran war, ließ sie diese möglichen Konsequenzen phasenweise doch recht ernst nehmen. Jedenfalls zögerte sie lange genug, bis es für eine Abtreibung zu spät war und sie ihr Abwarten ausgiebig bereuen konnte. Sie begann, sich zu hassen und vor allem die Geburt des Kindes zu fürchten. Hass und Furcht wiederum, besonders wenn sie gemeinsam auftraten, stürzten sie in die Abgründe des schlechten Gewissens und der Angst vor der vielleicht doch möglichen ewigen Verdammnis. Sie hatte alle Hände voll zu tun, um den Eindruck zu erwecken, sie wäre unbeschwert.

Victor Oslansky, der Kindsvater und Lebensgefährte Annis, hatte das Weite gesucht, als klar wurde, dass Anni *es* kriegen würde. Dieses *Sitzengelassenwerden* wurde in Ursprung Anni selbst angelastet, würde sie doch nun ein *lediges Kind* gebären.

Anni aber war in keiner Weise enttäuscht oder gar traurig, war doch die Beziehung mit diesem Victor nicht die große Liebe gewesen, ja, wenn sie ehrlich war, nicht einmal eine kleine Liebe. Sie war mit Victor zusammengezogen, der, bevor er das elterliche Haus in Ursprung erben würde, in Pfaffing wohnte. Immer wieder war er – unterbrochen von Arbeitslosigkeit – als Tankwart oder Handlanger für allfällige Arbeiten, meist im *Pfusch*, werktätig. Weil Anni kein Auto hatte und die Strecke von Ursprung nach Pfaffing mit den öffentlichen Verkehrsmitteln einer Weltreise glich, führten die beiden eine Wochenendbeziehung. Und so traf Anni Victor nur, wenn dieser gewillt war, in sein Auto zu steigen und sie abzuholen.

An diesen Wochenenden war Victor meist schon am Freitagabend unschön betrunken, schlief am Samstag seinen Rausch aus und war bis Sonntagmittag, wenn er Anni nach Ursprung zurückfahren musste, einsilbig und aggressiv.

Anni, die sonntagnachmittags in der Polizeistation putzte und gelegentlich auch Näharbeiten für die Ursprungerinnen erledigte, wohnte in einem Zimmer mit Abstellraum und Kochnische im Gemeindeamt, das ihr Bürgermeister Schwenk zur Verfügung gestellt hatte. Die eingeforderten sexuellen Dienste schmetterte Anni dermaßen angewidert ab, dass er damit bald aufhörte.

Eine richtige Beziehung wurde es erst, als Victors Mutter starb, Victor seinen Vater in einem Amstettner Pflegeheim entsorgte und mit Anni in die geerbte alte Doppelhaushälfte (die andere Hälfte stand seit Jahren leer) in Ursprung zog. In diesem halben Haus wurde David *gezeugt*, was, soweit sich Anni Jascha erinnerte, vermittels eines wenig beglückenden Beischlafs geschah.

»Was? Was heißt *nicht wie andere Kinder?*«, fragte Victor, nachdem diese ihm eröffnet hatte, dass sie ein Kind bekämen, das *nicht so wie andere Kinder sein würde.*

Mit trockenem Schluchzen rief sie: »Ein Tschapperl, ein Krippl werd ich zur Welt bringen!«

Es schien, als wäre Victor gar nicht bewusst, was Anni da sagte. Erst in der Klinik, als er sah, was er *gezeugt* hatte, schien er in vollem Umfang zu verstehen, was Anni gemeint hatte. Wie ein Irrsinniger riss er die Augen auf und lief buchstäblich davon.

Der einzige Kontakt, den Anni Jascha mit dem Kindesvater in den folgenden Jahren gelegentlich hatte, waren unangenehme Telefonate, wenn Kosten für die notwendigsten Instandhaltungsarbeiten an der Doppelhaushälfte akut wurden oder spezielle Dinge für David finanziert werden mussten. Durch diesbezügliche Gerichtsbescheide gezwungen, zahlte er nach anfänglicher Weigerung doch diverse Therapien, die sich alle als vollständig nutzlos herausstellten. Sein Kind wollte er nie sehen. Anni wusste – wie auch sonst niemand in Ursprung – nichts über seinen Verbleib, außer, dass er nicht mehr in Pfaffing wohnte. Gerüchteweise hörte man, er arbeite für Bischof Herbert Pfundtner in der Erzdiözese St. Pölten.

David war nicht nur ein *Unfall*, sondern auch eine schwere Geburt gewesen, und als die Hebamme Anni das erkennbar verwachsene Neugeborene auf die Brust legte, begann Anni von dieser ersten Sekunde ihrer Mutterschaft an, ihre Liebe zu diesem Kind zu heucheln. Der Gedanke in ihr, dass es unter Umständen weniger schlimm gewesen wäre, die ewige Verdammnis zu riskieren, als ein Leben mit einem hoffnungslos behinderten Wesen zu führen, das vielleicht nie begreifen würde, dass es existierte, setzte sich in ihr fest. Als man David nach ein paar Stunden für die Routineuntersuchungen holte, schlief sie erschöpft ein und träumte wirr, dass David sich als nicht lebensfähig erweisen würde und sie erlöst wäre. Sie wurde, wie viele Mütter behinderter Kinder, nie das Gefühl los, etwas falsch gemacht, versagt zu haben, und suchte die Schuld stets bei sich selbst, obwohl sie sie nie fand.

Anni Jascha stellte David wie gewohnt gleich hinter dem Eingang ab, David grunzte unwillig, aber daran waren sie und alle anderen beim BILLA seit Jahren gewöhnt. Auch daran, dass Anni den Rollstuhl immer in mittelbarer Nähe zum Schild stellte, das im Eingangsbereich angebracht war und zwei gezeichnete *herzige* Hunde zeigte, neben denen fett gedruckt stand: »Wir müssen draußen bleiben.«

Anfänglich hatten sich die bigotten Weiber und ihre fügsamen Männer in Ursprung darüber echauffiert. Aber wer den BILLA verließ, musste an David vorbei. Mit verkrampftem Lächeln näherten sich ihm die Ursprunger, und viele sagten in einem Ton, als wäre David nicht ein Abbild des Jammers, ja, des Schreckens, sondern einer der *herzigen* Hunde:

»Ja, servus David, wartest auf die Mama, gell?« Daraufhin eilten sie durch die pneumatischen Türen ins Freie, aufatmend, dass *der Gezeichnete*, wie manche ihn nannten, nicht ihr Problem war.

Endlich kam Anni mit einer prall gefüllten Einkaufstasche von der Kassa und stellte sie David auf den Schoß. Sie nahm seine dürren Arme und bog sie so zurecht, dass sie die Tasche umfassten. David krächzte, was man als vergnügt hätte deuten können, und ließ sich durch die sich öffnenden Türen ins Freie schieben.

Nach ein paar Schritten kam ihr Mano Urian entgegen, sie nickte ihm zu und senkte den Blick, denn sie vermied tunlichst Begegnungen und vor allem Gespräche.

Mano blieb stehen: »Guten Morgen, Anni«, sagte er und zwang sie zum Stehenbleiben. Er reichte ihr die Hand, und sie fühlte kurz einen grässlichen Schmerz, gleich darauf aber ein brachiales Glücksgefühl.

»Grüß Gott, Herr Pfarrer!«

»Pfarrer gibt's keinen«, zitierte Mano frei nach einer alten, heute obsoleten, abstrusen Fernsehserie[+], »außerhalb der Kirche bin ich der Mano«.

»... also, Mano«, sagte die Anni so freundlich, wie es ihr möglich war.

»Du hast sicher sehr viel Mühe mit deinem David, nicht wahr?«, fragte Mano. Aber es klang kaum nach Anteilnahme.

»Ja«, sagte Anni und mühte sich redlich, David liebevoll anzublicken, »er macht schon Arbeit.«

»Du liebst ihn sicher sehr.« Anni war sich nicht sicher, ob in der dunklen Stimme Sarkasmus mitschwang. Sie antwortete nicht, sondern nickte nur.

»Selig, die ihr mühselig und beladen seid«, sagte Mano wieder mit diesem gewissen Unterton in der Stimme. Er legte David voll Zuneigung, wie es schien, die Hand auf eine Schulter, was diesen zu einem kurzen Aufheulen veranlasste. Die Geräusche, die er gleich danach von sich gab, klangen fast so, als durchströme ihn maßlose Lebensfreude. Seine Augen zuckten heftig und suchten jene von Mano, und der kurze Blickkontakt rief

---

+ *Kottan ermittelt* war eine hoch erfolgreiche, skurrile österreichische Kultserie.

ein konvulsivisches Beben und veritables Zähneklappern hervor.

Anni nickte dem Pfarrer zu und stemmte sich gegen den Rollstuhl, um ihn in Schwung zu bringen. Erst nach ein paar Schritten wurde ihr bewusst, dass sie vor Mano den Namen des Buben nie ausgesprochen hatte. »Wahrscheinlich«, dachte sie, »hat es ihm eine der widerwärtigen *Vettln* aus dem Dorf gesteckt und sich dabei das Maul zerrissen. Möge sie alle der Teufel holen!«

»Morgen ist Sonntag, Anni. Ich würde mich freuen, euch bei der Messe zu sehen«, rief ihr der neue Pfarrer hinterher.

✠

Zu Hause angekommen, nahm sie die Einkaufstasche von Davids Schoß, verstaute die Lebensmittel, zog ihm die Jacke aus und schob ihn in die Ecke des Zimmers, in der er immer stand, bis sie ihn abends ins Bett brachte. In letzter Zeit wurde das zunehmend schwerer, denn obwohl David nur Haut und Knochen war, so legte er doch laufend an Gewicht zu. Dazu kam, dass er sich neuerdings vermittels einer lästigen Sperrigkeit weigerte, schlafen zu gehen. Denn war er einmal in seinem Bett, kam Anni nicht mehr in sein Kabinett, da konnte er quieken und grunzen, was er wollte.

Jetzt saß Anni Jascha auf dem verschmutzten Sofa im Wohnzimmer ihrer elenden Doppelhaushälfte und schaute mit unbewegter Miene auf das Poster an der gegenüberliegenden Wand. Weiß auf schwarzem Hintergrund prangte der Schriftzug *busted* darauf, und seit sie wusste, dass das so viel wie *ruiniert* oder *kaputt* hieß, starrte sie den Druck aus den frühen Siebzigerjahren wieder und wieder an. So lange, bis ihr die Tränen über die Wangen liefen, weil sie dabei das Blinzeln vergaß.

Abwesend war ihr Blick über dieses Poster hinaus ins Nirgendwo gerichtet, als ihr der Geruch von Davids voller Windel in die Nase stieg. Ihre Wirklichkeit meldete sich olfaktorisch. Mit geübten Handgriffen hievte sie ihren Sohn aus dem Rollstuhl auf sein Bett und dachte, während sich der Geruch von Davids Kot mit dem chemischen Kamillenaroma der Feuchttücher mengte, mit denen sie ihm den verwachsenen Arsch putzte, an den neuen Pfarrer. Obwohl er ihr eigentümlich schien, hatte er ihr Hoffnung gemacht, und über den einsetzenden Brechreiz hinweg beschloss sie, am nächsten Tag in die Messe zu gehen. An ein Wunder wagte sie allerdings nicht zu glauben.

Mano betrat beschwingt den BILLA, wo ihn ehrerbietig Walter Horvath, der alerte Filialleiter, empfing: »Willkommen, Herr Pfarrer! Ich hoffe, Sie finden alles, was Sie brauchen. Wenn ich Ihnen behilflich sein kann …«

»Danke, Walter«, sagte Mano Urian, »ich schaue mich nur um, die eigentlichen Einkäufe erledigt ja meine Köchin.«

»Ja, die Resi«, Horvath rieb sich die Hände, »die Resi wirkt so … ausgeglichen in letzter Zeit, sie scheint sehr glücklich bei Ihnen zu sein.«

»Glück, lieber Walter, ist ein schwammiger Begriff und ist überdies in der Schöpfung nicht vorgesehen. Ich hoffe, ich sehe dich morgen beim … Gottesdienst?«, damit reichte Mano Walter Horvath die Hand.

»Selbstverständlich, Herr Pfarrer«, sagte Horvath, nachdem er den kurzen Schmerz weggeatmet hatte und in ein Daunenmeer von Glück zu fallen meinte.

»Und bitte, grüß mir die Ilse, wenn du sie das nächste Mal triffst«, rief Mano noch beiläufig, während er durch die Tür ins Freie trat.

Horvath blickte ihm mit offenem Mund hinterher. »Woher weiß der …?«, murmelte er in sich hinein.

✠

Keine halbe Stunde später läutete das Handy von Ilse Schwenk, der jungen Frau des Bürgermeisters. Ein Blick auf das Display entlockte ihr ein freudiges Lächeln.

»Servus, Walter«, sagte sie.

»Kannst du reden?«, fragte Horvath verschwörerisch.

»Ja, ja, er ist auf der Gemeinde und nimmt irgendeine Ehrung für die freiwillige Feuerwehr vor. Was gibt's?«

»Bitte halt dich fest, Ilse! Der neue Pfarrer war heute bei mir in der Filiale, hat nichts gekauft, und bevor er wieder gegangen ist, hat er ganz beiläufig gesagt, ich soll dich schön grüßen lassen!«

»Geh!«, stieß Ilse überrascht hervor.

»Hast du irgendwas gesagt oder angedeutet?«

»Aber woher denn, warum sollte ich?«

»Woher weiß er denn das … von uns?«

»Keine Ahnung, Walter!«

»Glaubst du, dass dein Mann …?«

»Unmöglich. Der Manfred ist doch viel zu blöd, als dass er sich was denkt. Kann es sein, dass deine Frau was spitzgekriegt hat?«

»Die Klara? Niemals. Und selbst wenn, wär es ihr egal. Die liest ihre Romanheftln, trinkt Prosecco und schaut sich im Fernsehen ihre Schlagersendungen an. Die merkt nicht einmal, wenn ihr rechter Fuß in Flammen steht.«

»Du, ich glaub, der Manfred kommt … hab dich lieb.«

»Bussi, baba«, sagte Horvath noch, aber das hörte Ilse nicht mehr, denn schnell verbarg sie ihr Handy in der Tasche ihrer ziemlich kurz geschnittenen, dezent geblümten Designer-Wickelschürze, die ihr Walter im Rahmen der BILLA-*Summerfashion Days* letztes Jahr hatte zukommen lassen.

»Mit wem hast du denn telefoniert, den du so lieb hast?«, fragte Schwenk misstrauisch.

»Ich? Mit niemandem.«

»Ah so? Gib mir einmal dein Telefon«, sagte er leicht drohend.

»Sag einmal, hat dir wer auf den Kopf g'haut, was bildest du dir denn ein? Ich bin doch nicht eine von deinen Gemeindeschnepfen, die du herumkommandieren kannst.«

»Lang schau ich da nimmermehr zu, Ilse. Hast gehört? Lang nimmer!«

»Mach doch, was du willst«, sagte Ilse mit Verachtung und Gleichgültigkeit zugleich.

Schwenk ging in die Küche, öffnete den Eiskasten und nahm eine Blutwurst von der Ursprunger Fleischerei *Ölsböck* heraus, schnitt sich ein *schönes* Stück ab, schob es in den Mund und schluckte es, nahezu ohne zu kauen, halsbrecherisch hinunter.

Manfred Schwenk war weder Bürgermeister noch *Gewerke* gewesen, als er die erheblich jüngere Ilse kennenlernte. Als Abteilungsleiter in einem Unternehmen für Elektronik, Automatisation, Industrie, Produktion, Maschinen- und Anlagenbau verdiente er *sehr schön*, wie man damals sagte. Als Fachkraft – heute würde es *Key Account Manager* oder ähnlich heißen – war er auf der einen Seite überaus geschätzt. Als Mensch jedoch war er unter anderem wegen seiner beruflichen Unerbittlichkeit zwar nicht gehasst, aber in hohem Maße unbeliebt. Er nutzte damals seine Position als Mitglied der Geschäftsleitung weidlich aus. So fing er mit vielen der jungen *Büro-Menscher*, wie er die Damen im Betrieb nannte, etwas an, um es nach einiger Zeit eiskalt wieder zu beenden. Manfred Schwenk war nicht das, was Frauen ohne Einschränkungen als *feschen Mann* bezeichnen würden, dafür war er zu klein und gedrungen, und auch sein früh einsetzender Haarausfall tat das Seine, aber seine Position im Betrieb gab ihm das Flair von *interessant* und die Aura von Macht. Bei romantischem Verführungsgeflüster pflegte er häufig heiser ins jeweilige Frauenohr zu flüstern: »Weißt, ich kann dir vielleicht nicht viel nützen, aber ich könnt dir ziemlich schaden.«

Das Lächeln in der Stimme nahm dem Satz aber kaum etwas von seinem Imponiergehabe, ja seiner Drohgebärde, und beschleunigte meist den diesbezüglichen Erfolg. Die Schreib- und Bürokräfte im Unternehmen, aber auch die Frauen außerhalb der Firma fühlten sich geschmeichelt ob seiner Aufmerksamkeit. Pausbäckig und blauäugig, glaubten sie, er wäre in sie verliebt, rechneten sich Vorteile für ihre Karriere aus und ließen sich für die Dauer der Liaison von ihm *aushalten*. Die einen waren gekränkt, traurig, bestürzt, wenn Schwenk sie satthatte, die anderen zuckten zwar mit den Schultern, als machte es ihnen nichts aus, sprachen aber dann doch von ihm als *glatzertes Orschloch.*

Als eines Tages die blutjunge Ilse eingestellt wurde, begann in Schwenk eine Saite zu schwingen, die noch nie in ihm erklungen war. Hatte er im Innersten an all seinen Affären irgendetwas auszusetzen gehabt – entweder zu große Füße, zu breite Hüften, zu dicke Waden, unverzeihlich dicke Fesseln oder eine zu hohe Stimme, schlechte Zähne, zu kleine oder zu große Brüste (*blöde Trutschn* waren sie ohnehin alle) –, so erkannte er, dass nun das Ideal, die Perfektion der mädchenhaften Reize, in sein Leben getreten war. Er griff auch sofort mit allen zur Verfügung stehenden Mitteln an: Da war die Rede von der Liebe auf den ersten Blick, von den Vorteilen, die eine junge Frau von einem Verhältnis mit einem älteren Mann hätte, und vom Luxusleben, das teure Textilien, wertvollen Schmuck und kostspielige Urlaubsreisen mit einschließen würde. Er begann, sich bei seinen zweiwöchentlichen Friseurbesuchen Einreibungen gegen Haarausfall, ja, schlechterdings für neuen Haarwuchs, verabreichen zu lassen, begann, sich deutlich jugendlicher zu kleiden, sich unbekümmerter und lockerer zu geben und in beruflichen Belangen schon mal *fünfe g'rade* sein zu lassen. Es fiel ihm nicht auf, dass er dadurch ein wenig lächerlich wirkte.

Nur Ilse schaute vom ersten Tag an durch ihn hindurch. Sie war höflich, zuvorkommend und respektvoll, lächelte ihn aber nie an oder tat sonst etwas Kokettes, das ihn ermutigte.

Nun war es nicht so, dass Schwenk etwa verliebt war oder gar ein unschuldiges, scheues Gefühl für Ilse entwickelt hätte. Es war naturgemäß Geilheit, wie sonst auch.

Aber nicht diese gewöhnliche Geilheit, sondern außergewöhnliche Geilheit, nicht größer als sonst, aber spezieller, aufregender und nicht von der üblichen, fast zynischen Siegesgewissheit getragen. Und je gleichgültiger, ja, unnahbarer ihr Verhalten ihm schien, desto obsessiver wurde sein Begehren. Seine Bemühungen, seine Anstrengungen bekamen etwas Trotziges, und er musste sich zusammennehmen, um seine Absichten nicht zu vordergründig darzulegen. Selbstverständlich waren da junge männliche Mitarbeiter, denen Ilse auch angenehm auffiel und die um sie herumscharwenzelten. Ein neuer, noch unbekannter Gedanke brach sich in Schwenk Bahn: zu alt zu sein. Trotz seiner Position, seines Gehaltes und seiner Erfahrung nichts zu gelten. Hinterrücks belächelt und als erotisch wertlos empfunden zu werden.

Nach mindestens drei Abenteuern mit jungen Mitarbeitern, die Schwenk ihr insgeheim unterstellte, musste er seine ganze Routine, seine ganze Niedertracht und perfide Beredsamkeit aufwenden, dass sie schließlich doch mit ihm ausging.

Ilse knüpfte, zwar mit launigen Worten, aber beredten Blicken, die Bedingung daran, sie zu heiraten, wenn er in den Genuss ihrer Gunst kommen wollte. Schwenk offerierte ihr daraufhin eine – heimliche – Verlobung, die er selbstverständlich nicht einzulösen gedachte. Ilse jedoch bestand auf einer Verlobungsfeier im Beisein aller Angestellten des Unternehmens und ihrer Familie, bei der auch gleich der konkrete Hochzeitstermin angekündigt werden sollte.

Getrieben von dem Fieber, Ilse zu besitzen, stimmte Schwenk letztlich allem zu. Erst Monate später, nach öffentlicher Verlobungsfeier – weil Ilse es so haben wollte – und pompöser Hochzeit, in der unvermeidlichen Hochzeitsnacht, kam er endlich zum Schuss. In dieser Hochzeitsnacht zeigte sich Ilse weder besonders leidenschaftlich noch liebevoll. Auch Schwenk empfand nicht den Triumph des Sieges wie sonst, war im Gegenteil tollpatschig und lendenlahm. Und beide waren danach in keiner Weise befriedigt.

Auch die Flitterwochen verliefen nicht, wie er es sich vorgestellt hatte: Keine Spur von der verschwörerischen, infantilen Verliebtheit, der sommerlichen Ausgelassenheit und prickelnden Intimität, wie er das aus Filmen und Magazinen oder vom Hörensagen kannte. Auf eigene Erfahrung in dieser Richtung konnte er, wie gesagt, kaum zurückgreifen.

Ilse ließ ihn von Anfang an jedes Mal fühlen, dass es sie Überwindung kostete, mit ihm zu schlafen, und Schwenk hatte niemals den Eindruck, dass sie sich ihm hingab oder wenigstens so tat als ob. Es gab so gut wie keine Momente, wo einer der beiden aus übervollem Herzen »Ich liebe dich« sagte.

Als im Laufe eines knappen Jahres die sexuelle Frequenz kontinuierlich nachzulassen begann, verstärkte sich Schwenks Verdacht, gewissermaßen in eine Falle gegangen zu sein. Und in dem Maße, in dem sich dieser Verdacht verstärkte, verringerten sich seine gönnerhafte Selbstsicherheit und sein herablassendes Siegesbewusstsein. Er hörte mehr und mehr auf, eine Führungskraft zu sein, und je weniger er eine war, desto stärker schlug ihm Ilses Geringschätzung, die sich bald in Verachtung umkehrte, entgegen. Er musste sich in stillen Momenten eingestehen, dass seine Ehe ein Geschäft war, aber nur für seine junge Frau ein gutes.

Er verlor seine Stellung, siedelte sich sehr zum Missfallen Ilses in Ursprung an und brachte es in kurzer Zeit mit den Rudimenten seiner Führungsqualitäten zum Bürgermeister und dem Titel Gewerke, den er sich letztlich selbst verlieh.

Am Sonntag war Adalbert Eibl schon früh in der Kirche, um für den ersten Gottesdienst des neuen Pfarrers alles vorzubereiten. Er ordnete gewissenhaft die Gebetbücher in den Bänken, stellte neue Kerzen auf den Altar und reinigte die Hinterglasmalerei des verklärten Christus. Das große Kreuz mit dem *Schmerzensmann* reinigte er mit einem Wettex-Tuch. Der Gekreuzigte selbst war nun nicht das, was man ein Kunstwerk nennen konnte. Der zweidimensionale Körper war lieblos auf das marginal an Holz erinnernde Kreuz montiert – oder besser geklebt – worden. Er blickte mit einem misslungenen, verwirrten Ausdruck im Antlitz geradewegs in die Kirche. Bei den kostspieligeren, serienmäßig körperhaft aus Holz gesägten Gekreuzigten war der gelockte Kopf mit der Dornenkrone ja meist nach links oder rechts auf die Schulter gefallen, und das Gesicht drückte ersterbende Demut und vor allem *Ohnmacht* aus. Aber dieser in keiner Weise göttliche Blick des Ursprunger Christus, der so unpassend nach vorne gerichtet war, legte das Götzenhafte und grundsätzlich Unbeseelte dieser Riesendevotionalie offen.

Adalbert Eibl deutete jedes Mal eine Kniebeuge an, wenn er, seine Pflichten verrichtend, vor dem Alter von links nach rechts oder retour ging. Er sollte mit dem

Mano über die Anschaffung eines ordentlichen Jesus am Kreuz sprechen, dachte er bei sich. Vielleicht sollte er eine Sammlung im Dorf organisieren? Er wusste aber, dass die Spendenbereitschaft der Ursprunger nicht recht groß sein würde. Eigentlich eine Schande, dachte er, wo doch, zumindest jeden Sonntag, die Gläubigen selbst irgendetwas von diesem Jesus erbaten. Vielleicht lag es daran, dass die Gebete der Ursprunger prinzipiell nicht erhört wurden.

Draußen auf dem Kiesweg hörte Eibl den neuen Pfarrer näher kommen, *Schritt-tack, Schritt-tack*. Mano Urian betrat die Kirche, und Eibl bemerkte verwirrt das kurze Zögern an der Schwelle und das merkwürdige Kreuzzeichen, das Mano nicht im Knien machte. Etwas an dem neuen Pfarrer war anders, aber er wusste nicht, was.

»Schönen Sonntag«, grüßte Mano aufgeräumt und wollte sich auf den Weg in die Sakristei machen.

»Entschuldigung, Hochwürden! Nachdem noch niemand hier ist … wäre es möglich, gleich jetzt meine Beichte abzulegen?«, hielt Eibl ihn auf.

»Selbstverständlich, lass mich nur schnell …« Geübt half Eibl dem Pfarrer in der Sakristei ins Messgewand, legte ihm die Stola um die Schultern und folgte ihm dann in den Beichtstuhl.

»In Demut und Reue bekenne ich meine Sünden«, sagte Eibl im Beichtstuhl kniend und vermied den Blick auf den neuen Pfarrer, dessen Züge er durch das holzvergitterte Fenster ohnehin nicht wahrnehmen hätte können.

»Sprich zu mir, sag mir alles.«

»Hochwürden, ich lebe im Zustand der schweren Sünde.«

»Wodurch hast du schwer gesündigt?«

»Durch Gedanken, Herr Pfarrer, durch Gedanken.«

»Und welcher Natur sind diese Gedanken?«

»Sie sind«, Eibl räusperte sich, »sie sind unkeuscher Natur.«

Mano schwieg.

»Ich bin«, fuhr der Mesner fort, »ich bin durch das heilige Sakrament der Ehe mit meiner Frau Elfriede verbunden. Sie ist sehr krank, wie Sie wissen, Herr Pfarrer. Aber anstatt im stummen Gebet um ihre Genesung zu bitten, denke ich immer wieder – obwohl ich dagegen ankämpfe! – begehrlich an eine junge Frau …«

»Wer ist diese junge Frau, an die du immer auf diese Weise denken musst?«

Eibl sagte nichts.

»Nun?«

Der Mesner flüsterte: »Die Mirli Egger, Herr Pfarrer, die Kellnerin im Holzinger. Ich sehe Bilder in meinem Kopf, die mir nur der Teufel eingeben kann. Ich sehe, wie sie mich begehrt und nackt, ganz nackt, Hochwürden, mit mir …«

»Und?«, fragte Mano unerbittlich nach.

»Ich bin selbst entsetzt von mir, Herr Pfarrer …«

»Aber du empfindest auch Freude, nicht wahr?«

Eibl nickte stumm.

»Und du fasst dich selbst an?«

»Ja«, hauchte er.

»Und du befleckst dich selbst?«

»Ja«, stöhnte Eibl, »mein Jesus, Barmherzigkeit!«

»Nun«, sagte Mano Urian, »hast du schon mit Fräulein Egger über deine Sehnsüchte gesprochen, hast du schon um sie geworben?«

»Um Gottes willen, nein. Wo doch Elfriede so krank ist. Und was würden die Leute im Dorf sagen?«

»Wenn du aus Liebe zu deiner kranken Frau Verzicht übst und nur dieses fruchtlose Begehren in deiner Seele trägst, so sündigst du nicht. Du würdest auch nicht sündigen, wenn du diesem Trieb nachgeben würdest.«

»Nein?«, staunte Eibl.

»Dein Verzicht macht dich unglücklich und lässt dich deine Pflichten als Beistand deiner armen Frau vernachlässigen und ihnen nur missmutig nachkommen. Der Herr möchte nicht, dass die Menschen unglücklich sind. Er wünscht sie sich froh und unbeschwert – nicht belastet von unterdrückten Leidenschaften, denn der Herr liebt dich. Klopfe doch abends an Fräulein Eggers Tür und lasse sie von deiner Sehnsucht wissen. Der Herr wird dich leiten.«

»Sie wollen, ich soll …?«

»Nicht ich, gott will es, mein Sohn. Ich entlasse dich frei von Schuld aus dieser Beichte und spreche dir Mut zu. Deine Schritte seien gesegnet. Gehe hin und sei glücklich. Amen.«

Eibl stand der Mund offen.

»Amen«, wiederholte Mano.

»Amen«, stieß Eibl hervor, erhob sich und verließ verstört den Beichtstuhl. Pfarrer Absenger hätte ihn eine ganze Reihe *Vater unser, Gegrüßet seist du Maria* und dergleichen beten lassen und ihm mit ewiger Verdammnis gedroht. Aber der neue Pfarrer, der Mano, ermutigte ihn ja geradezu, seine sündigen Pläne auszuführen und seinem inneren Pochen nachzugeben. Trotz seiner zweifelnden Gedanken nahm er beschwingt seine Arbeit auf.

»Diese modernen Geistlichen«, dachte er froh.

Nur einer fiel es deutlich auf, dass die Kirchenglocken an diesem Sonntag weniger unangenehm und blechern tönten als gewöhnlich. Sie lockten die Gemeinde auf eine dunkle Art, mindestens eine Oktave tiefer als sonst.

»Kein Zweifel«, raunte Hildgard, die auf Resi gestützt in Richtung Kirche schritt, »er ist es und er offenbart sich schamlos.«

Die Kirche war an diesem Sonntag voll wie schon lange nicht mehr, denn alle wollten bei der Premiere des neuen Pfarrers dabei sein. Obwohl der Mesner wie immer knapp vor Eintreten der Gemeinde routinemäßig versucht hatte, den schweren Geruch von Gülle, der wohl allen ruralen Gotteshäusern eigen ist, mithilfe des messingfarbenen Weihrauchkessels aus der Luft zu bekommen, schien an diesem Sonntag alles ganz anders. Erst als Josef Lüftl, der Lehrer an der kleinen Volksschule, an der Orgel so gar nicht sakrale Musik improvisierte, stellten die Kirchgeher verwundert fest, dass die Tafel links neben dem Altar, die normalerweise die Liederauswahl im Gesangbuch, dem *Gotteslob*, ankündigte, leer war.

Der neue Herr Pfarrer hatte Lüftl vor der Messe mit Bestimmtheit angewiesen: »Herr Lehrer, in meinen gottesdiensten werden keine Kirchenlieder gesungen. Spielen Sie zu den gegebenen Anlässen Meditatives, aber nicht etwa heilige Melodien, sondern etwas Leichtes, Entspannendes, vielleicht mit ein wenig Swing.«

»Ist gut, Hochwürden«, hatte Lüftl ein wenig befremdet geantwortet, »ich werde mich bemühen.«

»Und schon gar nichts Bemühtes!«, hatte ihm Mano Urian noch nachgerufen.

Josef Lüftl, der Lehrer an der Volksschule Ursprung, der auch das Amt des Schuldirektors innehatte, war nicht beliebt. Er war aber auch nicht unbeliebt, er war gewissermaßen nicht vorhanden, war im Bewusstsein der Ursprunger kaum präsent. Josef Lüftl war mit niemandem im Dorf auf Du und Du, und dass die Ursprunger untereinander alle per Du waren, berührte ihn unangenehm. So erschien es ihm geradezu suspekt, dass sich der neue Pfarrer – wenn auch nur außerhalb der Kirche – plump mit den derben Ursprungern duzte. Er ignorierte diese Unsitte geflissentlich und sprach Mano Urian ausdrücklich mit *Hochwürden* oder *Herr Pfarrer* an. Er saß so gut wie nie im Holzinger, beteiligte sich kaum am öffentlichen Leben im Ort und hatte nur Kontakt mit der Bevölkerung, wenn es sich um schulische Belange handelte – und hier wieder vorwiegend mit den Frauen, den Müttern der Kinder. Einmal im Jahr, bei der Verteilung der Jahreszeugnisse, trat er vor die Kinder und Eltern, sprach ein paar freundliche, unverbindliche Worte und wünschte *schöne Ferien*. Ansonsten wurde Josef Lüftl nicht wahrgenommen, nicht einmal am Sonntag in der Kirche, denn da saß er ja auf der Empore hinter der Orgel und spielte. Unter dem alten Absenger feierliches Kirchenliedgut und seit Mano Urian die Pfarre übernommen hatte, eben säuselnde Fahrstuhlmusik. Niemand im Ort wusste etwas über ihn, weil niemand etwas über ihn wissen wollte. Er wurde, wenn überhaupt, gesprächsweise nur erwähnt, wenn wieder jemand den Lehrern ihre neun Wochen Urlaub neidete. Er war so verzweifelt unauffällig, dass niemandem auffiel, wie verzweifelt er war.

Als Mano Urian dann vor den Altar trat, fehlte nicht viel und man hätte applaudiert. Er zelebrierte die Messe mit einer gewissen Beiläufigkeit, und keine seiner Bewegungen oder rituellen Posen drückten Demut oder gar Gottesfurcht aus.

Das mochte daran liegen, dass Mano im Vergleich zu anderen Geistlichen nichts Gebeugtes, vorauseilend Unterwerfendes, Buckelndes oder Bigottes an sich hatte. Mano war, was zumindest den Ursprunger Frauen angenehm auffiel, ein Mann – im besten oder vielmehr verwegensten Sinne des Wortes. Er führte akkurat durch die Liturgie, segnete knapp, fast peripher, und schlug das Kreuz auf diese ungewohnte Art.

»Das Teufelskreuz«, entfuhr es der alten Pfarrersköchin. Auf Resi gestützt, sank sie auf die harte Holzbank.

»Sei stad, du Hex«, zischte Resi, denn über ihren Mano ließ sie nichts kommen.

»Brüder und Schwestern in Christo«, sagte Mano laut in die spannungsgeladene Atmosphäre hinein. »Ich werde heute und in Zukunft keine langen Predigten halten. Über so gut wie alles wurde bereits aus den unterschiedlichsten Blickwinkeln gepredigt. Deshalb werde ich jedes Mal nur einen Satz sagen, den ihr kontemplativ reflektieren sollt und der dadurch in eurer Lebensführung einen zentralen Platz innehaben wird.«

Stille.

Die Ursprunger sahen einander ratlos an. Kontemplativ reflektieren? War das irgendwie mit Arbeit verbunden? Stumm und – was seit Jahrzehnten nicht mehr vorgekommen war – gespannt blickte die Gemeinde zur Kanzel, voller Ungeduld, aber auch voll Genugtuung, dass es nur eine sehr kurze Predigt werden würde. Die meisten erinnerten sich an die langweiligen Suaden von Pfarrer Absenger, die jedes Mal durch und durch einschläfernd wirkten.

Die festen, zwingenden Worte Mano Urians dröhnten wie in Stein gemeißelt durch das Kirchenschiff: »Lebt euer Leben, ihr habt nur eines! Alles andere sind Gerüchte. Amen.«

Und er segnete sie wiederum mit seinem schlampigen Kreuzzeichen.

»Amen«, antwortete die Gemeinde zögerlich.

Beim *Agnus Dei* ging ein Raunen durch die Bänke, denn für einen Augenblick schien es, als wäre die Hostie, die der neue Pfarrer in die Höhe hielt, giftgrün. Hildgard schloss die Augen, atmete hörbar durch den Mund ein und drückte Resis Oberarm so heftig, dass diese förmlich aufschrie: »Au weh! Was zwickst mich denn derartig?«

»Gott steh uns bei«, rief Elfriede Eibl.

Bei der Kommunion, der *Gottesverspeisung*, knieten die Menschen mit unnatürlich aufgerissenen Mäulern vor dem Altar, streckten bei geschlossenen Augen ihre Zungen heraus, schnappten fast wie Hunde, denen man eine *Scheibe Wurs*t hinhält, nach dem *Leib Christi*. Die Oblate schmeckte diesmal ungewöhnlich scharf, und so kehrten sie hustend oder hechelnd, manche sogar mit hochrotem Kopf, zurück an ihre Plätze.

Resi führte die alte Hildgard am Arm aus der Kirche. Ihre Laune hatte sich auch während der Kommunion nicht gebessert, und so murmelte sie weiter in sich hinein, bis Resi schließlich der Kragen platzte: »Jetzt hör doch schon auf mit deiner schwarzen Sprach«, zischte sie, »was soll denn der Blödsinn?«

Hildgard blieb stehen, hob ihren Kopf und sagte leidenschaftslos: »Der neue Pfarrer ist ein Dämon!«

»Geh, du spinnst doch! Warum soll denn der Man…, der neue Herr Pfarrer ein Dämon sein? Du wirst ja auf deine alten Tage noch deppert.«

»Er ist der Leibhaftige!«, beharrte Hildgard eigensinnig. »Er führt uns alle ins Verderben. Das ist seine Bestimmung.«

Resi, der die Nacht mit Mano nicht aus dem Kopf gehen wollte, antwortete nicht ohne Schärfe und persönliche Betroffenheit: »Jetzt halt dein böses Maul, Hildgard! Was weißt denn du schon?«

Wenn sie an die Nacht mit Mano dachte, wusste sie nicht recht, ob es so etwas wie die *heiligmachende Gnade* gewesen war, die ihr durch Mano verliehen wurde, oder doch nur ein beseeltes Traumgesicht. Sie glaubte grundsätzlich aber fest an die Tatsächlichkeit, denn so sagte sie sich, verschämt, aber glücklich: »Das war sicher wirklich. Ich war dabei ja gar nicht recht bei Sinnen …«

»Und führe uns nicht in Versuchung«, seufzte Hildgard.

»Wenn du jetzt nicht deine Papp'n hältst, lass ich dich einfach stehen, du Beißzange.«

Hildgard wollte es nicht zum Äußersten kommen lassen und sagte zu Resi, während sie ein verschlossenes Kuvert aus ihrer Manteltasche nahm: »Bitte, geh mit mir zum Postkasten, ich muss diesen Brief einwerfen.«

»Wem schreibst denn du einen Brief?«

»Bitte, sei einfach so gut, Resi.«

Auf dem Weg ins Holzinger wurde laut über den von den meisten als angenehm kurz empfundenen Gottesdienst diskutiert.

Nur Elfriede Eibl, die sich unübersehbar zitternd am Arm ihres Mannes Richtung Wirtshaus führen ließ, beschwerte sich über den Gottesdienst. Ja, sie habe sich direkt darüber geärgert, dass kein einziges Mal gesungen wurde und die Predigt nicht nur viel zu kurz, sondern überhaupt gotteslästerlich gewesen war. Der neue Pfarrer mit dem grünen *Dings* am Handgelenk missfalle ihr insgesamt gewaltig.

»Also mir hat die Singerei nicht gefehlt«, sagte der Mesner. »Beim alten Absenger haben wir doch ständig sämtliche Strophen singen müssen.«

»Der Lüftl hat auf der Orgel nur dahingeklimpert – keine Spur von Feierlichkeit und Ehrfurcht. ›Lebt euer Leben, ihr habt nur das eine‹, hat der Pfarrer gesagt. Bei Hochwürden Absenger bin ich immer voll Hoffnung heimgegangen ... Heute hab ich aber alles andere als Vertrauen in das ewige Leben im Angesicht Gottes gefasst.«

»Er hat ja eh gesagt, ›alles andere sind Gerüchte‹«, meinte Eibl boshaft.

Elfriede blieb jäh stehen und sah ihren Mann voll Missbilligung an. Als sie nach den ersten Schritten stark schwankte und fast hinzufallen drohte, meinte der Mesner nur: »Schau besser, wo du hintrittst, bevor du den neuen Herrn Pfarrer schlechtmachst. Denn genau das, meine Liebe, ist eine Sünde.«

Ein paar Reihen weiter gingen die Ursprunger Männer. Angeführt wurde der kleine Zug in Richtung Frühschoppen von Karl Paradeiser, dem Filialleiter der örtlichen Raiffeisenkasse, und Walter Horvath.

»Hast du auch den Eindruck gehabt, dass die Hostie grün war?«, fragte Karl.

»Ja, ich war kurz ganz perplex. Aber das war wohl vom einfallenden Licht durch die farbigen Kirchenfenster.«

»Es ist zwar ein recht trüber Tag … aber höchstwahrscheinlich«, sagte Paradeiser, dessen Frau Marianne wie eine Fremde neben ihm herging. »Auf jeden Fall war es insgesamt gnädig kurz. Wenn ich denk, dass wir beim alten Absenger nie vor eineinhalb Stunden aus dem Tempel draußen waren.«

»Was Besseres als der Mano hätte uns gar nicht passieren können«, murmelte Horvath, obwohl er das, seit Mano ihm Grüße an Ilse aufgetragen hatte, gar nicht so bedenkenlos unterschrieben hätte.

Seine Frau Klara tänzelte frivol und – zumindest für Ursprung – glamourös aufgemacht neben ihm her, so als hätte sie ein Glas Prosecco in der Hand und würde vom Blitzlichtgewitter verfolgt über den Red Carpet schweben. Sie blickte sich mit unsinnig weit geöffneten Augen um und zeigte ein entrücktes Lächeln, das sie sich von den Fotos glänzender Magazine abgeschaut hatte, in denen vorwiegend bundesdeutsche Promis und Damen aus dem europäischen Hochadel zu sehen waren, mit ihren sündteuren Kleidern, ihren Luxusproblemen und Bagatell-Schicksalen. Wenn sie sprach, bediente sie sich auch des diesen Zeitschriften ureigenen *Dodelsprechs*. Dann sang sie leise einen Schlager von *Andrea Berg*, der, wie man vernehmen konnte, offenbar den Titel *Traumpiraten* hatte.

»Hat er eigentlich ein Konto bei dir?«, fragte Horvath, der sich immer wieder wie von ungefähr nach der Frau des Bürgermeisters umdrehte.

»Der Mano? Nein« sagte Paradeiser. »Ich sollt mich drum kümmern.«

Als Walter Horvath Klara kennenlernte, war er gefangen von ihrer Prinzessinnenhaftigkeit. Prinzessinnen hatten Horvath bereits fasziniert, als er ein Knabe war. Wenn seine Eltern im Dreiwochenrhythmus zur Fußpflege gingen, bestand er darauf, sie zu begleiten, denn im Wartebereich lagen zahlreiche Illustrierte auf, die sich gegenseitig in ihrem opulenten Bildmaterial übertrafen, wenn eine junge Adelige heiratete. Die in weiße Brautkleidspitzen gehüllten jungen Frauen – für ihn waren sie alle Prinzessinnen – erregten ihn, schickten seine Fantasie auf Reisen, nicht nur gesellschaftlich, sondern mit der Zeit vermehrt auch erotisch. Die sauberen, reinen, stets bezaubernd lächelnden jungen Frauen mit ihren rot geschminkten Lippen, die – das gefiel ihm besonders – oft zu einem Kussmund gespitzt waren, konnte er gar nicht lange genug anschauen. Wenn einmal eine Prinzessin ein gewagteres Kleid mit hohem Schlitz oder tiefem Dekolleté trug, spürte er dieses Ziehen in den Lenden und wäre gerne ein Prinz.

Als er Ende zwanzig Klara kennenlernte, war es um ihn geschehen. Sie erinnerte ihn an die Prinzessinnenbilder und die diesbezüglichen Fantasien seiner Knabenjahre im Fußpflege-Wartezimmer, schien es ihm doch, als wäre Klara einer Illustrierten von damals entstiegen. Sie war nicht ganz so schön, wie er die Mädchen auf den Fotos in Erinnerung hatte, aber ausreichend puppenhaft in Aussehen und Verhalten, dass Walter sie vom ersten

Moment an hinreißend fand. Es war keine Liebe auf den ersten Blick, weil es nicht Liebe war, was ihn zu ihr hinzog, sondern eine Art Verklärtheit. Die Traumbilder seiner frühen Jugend waren Fleisch geworden. Wenn er mit ihr schlief, verwechselte er ihr erotisches Posieren mit Hingabe und war glücklich, wenn vielleicht auch nicht *seine*, so doch *eine* Traumfrau für sich gefunden zu haben.

Erst viel später sickerte durch, dass es bei Klaras Geburt Komplikationen gegeben hatte. Ihr Gehirn hatte, wenn auch eine gerade noch tolerable Zeitspanne, zu wenig oder gar keinen Sauerstoff bekommen. Im Laufe der Jahre war es dann nicht mehr zu leugnen, dass sie ein wenig zurückgeblieben war, und ab der dritten Volksschulklasse musste sie schließlich in die *Sonderschule* wechseln. Sie befand sich mit vierzehn Jahren etwa auf dem Niveau einer Neunjährigen. Dabei war sie von erfreulichem Äußeren, und besprach man mit ihr keine anspruchsvolleren Themen, so bemerkte man nichts. Klara war, ganz ähnlich wie Walter als Bub, in der Welt der Illustrierten gefangen, ohne diese jedoch jemals verlassen zu haben. Von größtem Interesse war für sie: wo unsere Stars Urlaub machen *oder* für welche die Sonne scheint, für welche es Ärger gibt *oder* Claudia Schiffer, nackt hinter dem Vorhang.

Von alldem war Walter Horvath anfangs hingerissen und berauscht, bis er erkannte, dass Klaras Lebensäußerungen nichts als Kopien, ihre übertrieben leidenschaftlichen Posen beim Beischlaf so gut wie immer die gleichen, ja, dieselben waren, und ansonsten nichts von einer originären Klara überblieb – außer latentem Schwachsinn. Sie redete, wie die Bildlegenden unter den Fotos von Adeligen, Mannequins und anderen Promis formuliert waren, übte vielfach die gezierten Körperhaltungen der Models vor ihrem Spiegel.

Pfarrer Absenger hatte einmal zu ihr gesagt, dass der Teufel sich im Spiegel verstecke, und wenn sich junge Mädchen gar zu gut gefielen, käme er hervor, zeige sich und hole sie.

Als sie Mano einmal vor dem BILLA begegnet war und knicksend sein sittsames Kompliment über ihren *Look*, ihren *Style* und ihre *Beauty* entgegengenommen hatte, erzählte sie dem neuen Pfarrer mit geschürzten Lippen von Absengers Spiegelgeschichte.

»Da hat mein Vorgänger zweifellos recht«, antwortete er. »In den Spiegeln wohnt der Teufel. Oder hast du jemals in einer Kirche einen Spiegel gesehen?«

Er gab Klara die Hand, und für einen Augenblick war alles Gekünstelte aus ihrem Gesicht verschwunden, um im nächsten Moment, begleitet von einem rolligen Seufzer, in vollem Glanze zu erstrahlen.

Im Gasthaus Holzinger lag der Geruch von gebackenen Schweinsschnitzeln und großzügig geknofeltem Schweinsbraten in der Luft, der von dem Qualm der gerauchten Zigaretten und Stumpen nur wenig überdeckt wurde.

Mano stand mit einem kleinen Bier an der Budel und rauchte. Gerade als Mirli ihn mit unverhohlener Weiblichkeit in der Stimme um Feuer für ihre Zigarette der Marke Kim bat, trat Resi Haslinger, die Pfarrersköchin, durch die Tür und schritt auf ihn zu. Es wäre an der Zeit, den Menüplan für die Woche zu besprechen, meinte sie. Sie wisse ja noch gar nicht, was er gerne esse, was seine Leibspeisen seien und was er denn so gar nicht möge.

»Liebe Resi«, sagt Mano, »ich esse alles gerne, wenn es gut zubereitet ist.« Und fügte sarkastisch hinzu: »Was ich allerdings gar nicht brauche, sind Bischofsbrot und Kardinalschnitten. Sehr gerne esse ich übrigens einen steirischen Heidensterz oder Teufelsroller.«

»Na, du bist ja ein braver Esser«, sagte Resi. Sie zögerte, sagte aber doch, wenn auch etwas leiser: »Wann schaust du denn wieder einmal bei mir vorbei … in der Nacht?«

Mano sah sie verblüfft an: »Wie meinst du das, Resi?«

Resi riss die ohnehin durch ihre Brillengläser vergrößerten Augen auf und meinte fast ein wenig entrüstet: »Das kannst du doch nicht vergessen haben … unsere gemeinsame Nacht …« Dann aber begriff sie. Der Mano war ja ein Geistlicher, ein Hochwürden, der durfte das ja gar nicht, der musste es ja abstreiten, auf Teufel komm raus! Und wenn es doch ein Traum gewesen sein sollte, so durfte sie wiederum gar nicht an diesen denken. Sie schlug sich selbst mit der Hand auf den Mund und nickte verschwörerisch.

Mano sagte noch zu Resi geneigt, mit garstiger Kälte: »War ich *ein*mal bei dir, bleibe ich dir bis zu deiner letzten Stunde.«

»Nur der guten Ordnung halber, Mano«, jemand tippte Mano schüchtern auf die Schulter, »brauchst du nicht ein Konto, auf das dein … ähh … Salär überwiesen wird? Ich könnte dir auch ein gutes Angebot machen, wenn zum Beispiel Arbeiten an oder in der Kirche notwendig werden.«

Adalbert Eibl, der Mesner, der gerade an die Bar getreten war, kommentierte Paradeisers Angebot, ohne

Mirli aus den Augen zu lassen – es kam ihr sogar vor, als zwinkerte er: »Gib ihm gleich einen Kredit, damit wir uns einen ordentlichen Gekreuzigten für die Kirche leisten können, der jetzige ist ja eine Schande für die Christenheit!«

»Du sollst dir kein Bildnis machen!«, mahnte Mano in Richtung Eibl, und zum Raiffeisenchef gewandt sagte er: »Kommt Zeit, kommt Rat, lieber Karl.«

»Ich stehe dir zu jeder Zeit zur Verfügung«, sagte Paradeiser, als spräche er einen Eid.

»Die Zeit fängt uns zuerst ein und verschlingt uns dann allmählich«, antwortete Mano.

Paradeiser sah ihn direkt an und meinte, als Manos Blick in den seinen tauchte, er blicke in ein offenes Grab, gerade so, wie er es oft in schweißnassen Träumen tat.

»Ja, natürlich …«, stammelte er. Und nach einer Pause fügte er in konstruierter Gemütlichkeit hinzu: »Auf mich und auf die Raiffeisenkasse kannst du immer zählen, Mano. Sämtlicher Geldverkehr der Pfarre wurde schon immer über meine Filiale abgewickelt. Das hat vor ein paar Jahren die Diözese St. Pölten, namentlich seine Exzellenz Bischof Pfundtner, erneut unterschrieben.« Er bedeutete Mirli, dass sie dem neuen Pfarrer noch ein Seidel zapfen sollte: »Auf Kosten der Raiffeisenkasse, gewissermaßen!«

»Bei dem musst du aufpassen, Mano«, flüsterte Eibl, »höllisch aufpassen!«

»In der Hölle kenne ich mich aus«, schmunzelte Mano und blickte Eibl mit seinen sprechenden Augen an.

»Wie?«, fragte Eibl zuerst verwundert. Dann aber, mit einem weiteren unverschämten Blick auf Mirli, schmunzelte auch er.

✠

Adalbert Eibl machte sich auf den Nachhauseweg in das kleine Mesnerhaus mit der verwitterten Eternitfassade und dem handtuchgroßen Garten zwischen Kirche und Friedhof. Elfriede erwartete ihn bereits in ihrem abgewetzten Ohrensessel und zitterte stärker als je zuvor.

»Du bist Mesner, Bertl, dein Wort hat Gewicht. Du musst dich höheren Orts beschweren über diesen Pfarrer Urian. Das ist ja fast schon Blasphemie, wie der die Sonntagsmesse runterratscht! Und ist dir aufgefallen, was er für ein komisches Kreuz schlägt? Ich hab gehört, was die Hildgard gesagt hat: Teufelskreuz, hat sie es genannt!«

»Elfi, ich bitte dich«, sagt Eibl. »Wo sollte ich mich denn beschweren: Beim Papst vielleicht oder beim heiligen *Bimbam?* Und worüber? Dass meine Frau sagt, der neue Pfarrer schlage ein merkwürdiges Kreuz, und eine alte Schachtel, die nicht mehr ganz richtig im Kopf ist, meint, es wär das Teufelskreuz? Ich bin jetzt seit 29 Jahren Mesner und ich habe diesen Ausdruck noch nie gehört. Die lassen mich doch einliefern, Elfi. Nimm lieber deine Tabletten und kümmere dich nicht um den Ma…, den neuen Herrn Pfarrer.«

»Überhaupt, dass sich der Mano nennen lässt … Das hätte der alte Absenger nie gemacht.«

Eibl grinste: »Hättest du zum Absenger vielleicht gar Borromäus sagen wollen? Das ist doch kein Name, das ist doch ein Witz!«

»Ja, du«, sagte Elfriede, und ein Zittern überkam sie, »du hast doch nur dieses sündhafte Weib, diese Mirli, im Kopf. Das ganze Dorf redet schon darüber, dass du sie im Wirtshaus mit den Augen auffrisst. Glaubst du, ich merk das nicht, wenn du an dir herumspielst, fast jede Nacht? Das ganze Bett zittert!«

Der Mesner schwieg einen Augenblick peinlich berührt, dann aber sagte er schroff und eine Spur zu laut: »Das Einzige, was in diesem Bett zittert, bist du, Elfriede. Weil du krank bist – und deine Krankheit scheint sich jetzt auch auf dein Hirn auszuweiten.«

Elfriede schluchzte auf: »Seit dieser Satan bei uns Pfarrer ist, bist du wie ausgewechselt, Bertl. Ich spüre doch, dass du mich nicht mehr liebst und mir den Tod wünschst, damit du dich mit dieser Hur abgeben kannst.«

»Blödsinn. Natürlich liebe ich dich«, log Eibl. Als er fortfuhr: »Ich will gar nichts von der Mirli, hörst du?«, log er noch einmal. Und als er sagte: »Ich wünsch dir doch nicht den Tod. Um Gottes willen, Elfriede!«, log er ein drittes Mal.

Und kein Hahn krähte.

Unter einer fahlen Sonne vergingen die Tage in Ursprung beklemmend schleichend. Die Wiederkehr des ewig Gleichen war hier beinahe zu greifen. Das Neue, das Unbekannte war ihnen so fremd, dass sie es vermutlich gar nicht bemerkten, selbst wenn es wie ein Monolith vor ihnen stünde. Sie spürten es erst, wenn das Ungewohnte, das Neue zum Gewohnten, zum Alten geworden war.

Josef Lüftl parkte seinen schmucklosen Mittelklassewagen nahe dem bischöflichen Palais am Domplatz in St. Pölten und ging mit hüpfendem Gang, wobei er bei jedem Schritt seine Ferse ungewöhnlich anhob, am prächtigen Hauptportal vorbei zum Hintereingang. Erst nachdem er mehrmals die auf den ersten Blick kaum sichtbare Klingel in bestimmtem Rhythmus gedrückt hatte, ertönte ein Summen. Lüftl zog die Tür auf und verschwand im Inneren des Gebäudes. Er ging einen Bogengang entlang, der von teilweise devastierten mannshohen Steinfiguren gesäumt war, und stieg eine Seitentreppe hinauf. In einem mit katholischem Mobiliar ausgestatteten Flur hielt der Schulleiter kurz an, um sich umzublicken, und ging dann geradewegs auf eine Holztür zu, die in die Wohn- und Amtsräume von Bischof Herbert Pfundtner führte. Mit raschen Schritten durchquerte er ein Kabinett, das als kleine Privatbibliothek diente, und betrat einen großzügigen Raum, das Wohnzimmer eines kirchlichen Würdenträgers. Seine Exzellenz Bischof Pfundtner wandte sich ihm jäh zu. Passend zur leichten, grauen Hose und ärmellosen Weste trug der zur Korpulenz neigende Mann ein hellgraues Hemd mit integriertem Kollar – das einzige Merkmal, das ihn als Geistlichen auswies. Rasch trat er auf Lüftl zu. Er umarmte den deutlich kleineren, schmächtigen Mann, der sich – so hätte man meinen können – in diese Umarmung hineinschmiegte. Dann hob er seinen Kopf, blickte dem Bischof in die Augen, und als dieser ihn überraschend leidenschaftlich küsste, schloss er sie.

»Wie geht es dir, Josef?«, fragte der Bischof. »Wir haben uns ja eine ganze Weile nicht gesehen.«

»Danke, gut«, antwortete Lüftl, er zögerte, bevor er fortfuhr. »Du solltest in nächster Zeit einmal nach

Ursprung kommen … wir haben da einen neuen Pfarrer. Er hat so gar nichts … Priesterliches.«

Pfundtner nahm Lüftl abermals in die Arme: »Bleibst du heute über Nacht?«

»Ja, Herbert«, hauchte Lüftl.

»Hast du Sehnsucht nach mir gehabt, Herbert?«, fragte Lüftl verspielt, als er wenig später nackt neben dem Bischof im Bett saß. Voll Zartheit und Respekt sah er ihn an.

»Das auch, mein lieber Josef, aber es gibt ein veritables Problem«, fast väterlich strich Pfundtner dem Dorflehrer über den Kopf und griff nach einem Buch, das auf seinem barocken Nachttisch lag. Er zog einige Schwarz-Weiß-Fotos heraus, atmete laut aus und legte sie vor Lüftl auf die Bettdecke. Dieser nahm sie, schaute sie kurz durch, erstarrte und warf sie angewidert, als hätte er Fäkalien berührt, von sich.

»Wer … wer hat die gemacht?«, fragte er mit brüchiger Stimme.

»Ich weiß es nicht. Gestern lag ein Kuvert auf meinem Schreibtisch«, antwortete Pfundtner und deutete in Richtung der anschließenden Räume. »Mir war, als griffe Gottes Hand an mein Herz, als ich sie angesehen habe.«

»Das war nicht Gottes Hand«, beeilte sich Lüftl zu widersprechen, »Gott kann nichts Verwerfliches an unserer Liebe finden. Das ist die Klaue Satans.«

»Wie auch immer, Josef«, beschwichtigte der Bischof, »wie sollen wir uns verhalten?«

»Jemand will uns erpressen, Herbert. Wer könnte das sein? Wir müssen die Polizei einschalten.«

»Bist du verrückt?«, stieß Pfundtner hervor, stand auf und ging, die Hände auf seinem Rücken, oberhalb seines umfangreichen, weißen Gesäßes verschränkend, im Schlafzimmer auf und ab, bevor er am Bettrand Platz nahm und Lüftl, wenn auch ein wenig verkrampft, wieder übers Haar strich. »Niemand darf diese Bilder je sehen! Ich stehe vor der Ernennung zum Erzbischof, der Kardinal hat, beiläufig zwar, etwas von Rom erwähnt, vom Vatikan … nein, wir brauchen eine Lösung, Josef. Wir brauchen einen Plan!«

»Was für einen Plan denn? Um Gottes willen, Herbert.«

»Hör zu«, Pfundtner senkte die Stimme, stand wieder auf und zog sich seine großflächige Unterhose an. »Wer diese Bilder gemacht hat, der will Geld erpressen, dazu muss er sich bei mir melden, verstehst du?«

»Nicht ganz.«

»So begreif doch: Wenn wir wissen, wer es ist, dann geben wir ihm Geld, und er muss die Negative hergeben …«

»Herbert, heutzutage werden die Fotos anders gemacht. Alles digital. Wenn wir ihm Geld geben, kann er uns nur schwören, dass er alles … ähh … alle betreffenden Daten löscht. Aber ein Erpresser hält sich gewiss nicht an die Heiligkeit des Eides.«

Pfundtner fuhr mit einer Hand unter die Bettdecke und berührte Lüftl sanft: »Josef«, sagte er und blickte ihm sekundenlang in die Augen, »Josef, wie sehr liebst du mich?«

Lüftl richtete sich auf und warf sich dem Bischof fast schluchzend an den Hals: »Bis in die Ewigkeit und zurück.«

»Josef«, sagte Pfundtner, »sag jetzt nichts. Hör mir nur zu.«

Der Bischof breitete vor Lüftl einen Plan aus, der ihn entsetzte, und er schrieb die Gedanken des Bischofs seiner nur allzu verständlichen Panik zu.

»Herbert«, sagte er, »ich glaube, ich habe eine bessere Idee.«

Pfundtner sah ihn erstaunt, aber in erster Linie hoffnungsvoll an.

»Lass mich machen, Herbert. Die Hoffnung stirbt zuletzt«, sagte Lüftl.

»Aber tot ist sie dann auch«, entgegnete der Bischof verzagt.

✝

An einem trüben Nachmittag in der Mitte der folgenden Woche schlich der Ursprunger Bürgermeister Gewerke Manfred Schwenk schon eine ganze Weile nervös um die Kirche herum. Er hatte zuerst das Grab seiner Familie besucht, goss das Gras, stellte ein paar Blumen in die grün patinierte Kupfervase und tat so, als würde er ein Gebet sprechen, während er immer wieder den Blick über die Schulter in Richtung Sakristei gleiten ließ. Als Mano Urian aus der Kirche trat, erhob er sich sofort und eilte zu ihm.

»Du hast auf mich gewartet, Manfred«, sagte Mano, ging auf ihn zu und reichte ihm die Hand. Schwenk zögerte kurz, bevor er sie nahm, denn er erinnerte sich an den heftigen Schmerz, aber auch an das wunderbare Gefühl, das ihn durchschauert hatte, als er Mano das letzte Mal die Hand gegeben hatte.

»Nein«, antwortete Schwenk, ungeschickt sein überbordendes Glücksempfinden verschleiernd. »Oder eigentlich ja, ich möchte gerne dein Angebot annehmen … ähh … die ausführliche Seelsorge in der Sakristei.«

»Gerne, Manfred«, sagte Mano.

In der Sakristei wies er Schwenk an, auf einem der abgewetzten Sessel, die rund um den Tisch an der feuchten Wand standen, Platz zu nehmen. Die Umrisse des Deckchens, auf dem unlängst noch das Kruzifix gestanden hatte, waren noch zu sehen. Offenbar hatte es erst unlängst jemand entfernt. Er selbst setzte sich ihm gegenüber, zündete sich eine Zigarette an und fragte in den ihn umwehenden Rauch hinein: »Möchtest du einen Schnaps, Manfred?«

Mano nahm zwei Gläser und füllte sie, ohne seine Antwort abzuwarten.

»Prosit omnes«, sagte er an Schwenk gewandt und nahm einen großen Schluck.

»Prost … und so«, antwortete dieser verwirrt und leerte das Glas.

»Nun«, sagte Mano, »sprich zu mir, sag mir alles.«

»Ja, es ist so …«, begann Schwenk. »Meine Seele … also ich … ich bin voll von Zorn, Hass und dem Gefühl der Demütigung.«

»Demut ist Christenpflicht«, sagte Mano. »Und wie kommt das?«

»Also, ich sage es rundheraus: Meine Frau Ilse, ich glaube, du weißt, dass sie etwas jünger ist als ich …«, er stellte Mano sein Glas hin, » … meine Frau betrügt mich.«

Als Mano nichts sagte, sondern ihn nur mit seinen sprechenden Augen ansah und beiden neuerlich Schnaps eingoss, fuhr Schwenk fort: »Sie betrügt mich mit dem Walter … dem Horvath, vom BILLA.«

»Und woher weißt du das, Manfred?«

»Ich bin nicht blind, Mano. Ich merke doch, wenn meine Frau mit einem anderen fi...«

»Manfred, wir sind in der Sakristei einer Kirche«, unterbrach ihn Mano bestimmt.

»Ich bin nicht blind, Herr Pfarrer. Ich schau schon lange zu, wie sie sich Blicke zuwerfen, miteinander flüstern, sich berühren und sich wie zufällig aneinander reiben, wenn sie sich unbeobachtet fühlen. Jetzt habe ich sie gewissermaßen ertappt und eine Weile zugesehen, wie sie in dem alten Heuhäusl gleich am Beginn des Weges auf den Dunkelstein[+] zugange waren.«

»Du hast zugesehen?«, fragte Mano, und es klang amüsiert.

»Ja, aber nur kurz. Um ganz sicher sein zu können.«

»Und gegen wen richten sich dein Zorn und dein Hass?«

Schwenk meinte etwas Lauerndes in der Stimme Manos zu vernehmen.

»Gegen beide. Immer wieder stelle ich mir vor, dass ich die beiden erschlage oder auf andere Weise töte.«

»Du sollst nicht töten«, sagte Mano leichthin und drohte scherzhaft mit dem Finger.

»Das ist mir ja bewusst, aber ich bin machtlos gegen diese Gedanken, und der Drang wird immer stärker. Schon seit Monaten. Immer wieder finde ich Spuren, Heu in ihrem Haar, an den Kleidern oder Röcken, und sie tut so, als bedeute es gar nichts. Ich habe sie schon mehrmals zur Rede gestellt und ihr auf den Kopf zuge-

---

+ Der Dunkelstein ist eine Erhebung (625 m) in der Umgebung von Ursprung, die aus verschiedenen Gneisen besteht. Seinen Namen verdankt er der dunklen Tönung des Amphibolits.

sagt, dass sie eine Affäre mit dem Walter hat. Sie lacht immer nur … auf eine so hinterfotzige Art, dass ich sie … Was soll ich nur tun, Hochwürden?«

Schwenk hatte die Stimme erhoben und seine Fäuste geballt. Ungesunde Röte war ihm ins Gesicht gestiegen: Ja, er fühlte sich gedemütigt. Christenpflicht hin oder her. Er sah, wie ihn die Männer und Frauen beim Holzinger spöttisch ansahen: Da sitzt er, der alte Hahnrei. Wir haben doch immer gesagt, das mit seiner erheblich jüngeren Frau, das wird nicht halten. Die wird außer Haus gehen, und bitte – jetzt hat er es. Das ganze Dorf weiß Bescheid, nur er nicht. Sollen wir so einen alten Sack noch einmal zum Bürgermeister wählen? Alle Flächen, die wir gebraucht haben, um unsere Häuser zu bauen, sind bereits vor Jahren umgewidmet worden, und es geht nichts weiter in Ursprung. Wir versumpern hier, während die halbe Welt sich neu erfindet. Er schämte sich und fühlte sich wertlos. Das taubenhalsgraue Gefühl des Lebensekels regte sich immer stärker in ihm.

»Sei dir bewusst«, sagte Mano und umfasste mit beiden Händen sein rechtes Knie, »dass sie brennen werden im Feuer der Vergeltung, und dieses Feuer wird auch deinen Hass und deinen Zorn versengen.«

»Ich weiß ja, dass sie für diesen schamlosen Ehebruch in die Hölle kommen, irgendwann. Aber meine Gefühle sind gegenwärtig, verstehst du? Sie quälen mich, sie machen mich zum Sünder.«

»Manfred«, sagte Mano mit ernster Stimme, »du sollst nicht lügen. Du warst ein Leben lang Sünder, und es hat dich noch nie gestört oder gar aus der Bahn geworfen. Erzähle mir also nicht, dass du deinen Hass und deinen Wunsch zu töten auf einmal als Sünde empfindest. Umso mehr, als wir beide wissen, dass du auch in Zukunft sündigen wirst!«

Schwenk verschlug es in der Sekunde die Sprache. Woher wusste dieser vertrauenserweckende und dennoch so unnahbare Pfarrer, dass er gesündigt hatte und weiterhin sündigen würde? Schwenk hatte den Eindruck, dass Mano Urian bereits alles wusste, bevor er es überhaupt ausgesprochen hatte.

»Nun«, sagte Mano, »sprich zu mir, sag mir alles.«

»Was soll ich tun, wie kann ich jemals wieder ... glücklich werden, Herr Pfarrer?« Etwas Abgründiges lag in seiner Stimme.

»Sie werden brennen«, sagte Mano in jenem Tone, den er am Sonntag auch in diesen einen Satz gelegt hatte: *Lebt euer Leben!* »Sie werden brennen.«

Er stand auf und reichte Schwenk die Hand. Mit Genugtuung nahm dieser Schmerz und Erlösung entgegen. Als er die Sakristei verlassen hatte und sich, ohne genau zu wissen, warum, beinahe erleichtert auf den Weg ins Gemeindeamt machte, sprach er halblaut bekräftigend zu sich selbst: »Sie werden brennen!«

In seinem Innersten sagte etwas: »Amen.«

»Bis neulich!« Nachdem ihr Mann wie jeden Morgen mit diesen Worten in *seine* Raiffeisen-Filiale aufgebrochen war, griff Marianne Paradeiser zu ihren Pillen. Zunächst die *forte*-Version eines Antidepressivums, das bei ihr immer wieder zu starkem Juckreiz in der Unterbauchregion und im Genitalbereich führte. Der Kreisarzt Doktor Matthias Allinger wollte sie aber nicht absetzen, weil sie –

wie er sagte – Mariannes *zentnerschwere Trübsal* dadurch halbwegs im Griff hatten. Die Nebenwirkungen wären im Gegenzug vernachlässigbar. Gegen die blutig gekratzten Hautpartien hatte er eine Kortisonsalbe verschrieben, und so schleppte sich Marianne im seelischen Halbdunkel mit düsteren Gedanken und fixen Ideen durch die Tage. Ihr Zustand verschlimmerte sich nur bei Sonnenschein oder wenn sie – was sie zwar tunlichst vermied – unversehens in Gesellschaft ausgelassener, lebensfroher oder gar *lustiger* Menschen kam. Da konnte es geschehen, dass sie ohne jede Vorwarnung von einer derartigen Wut befallen wurde, dass sie Menschen aufs Unflätigste beschimpfte. Doktor Allinger vermutete ein fortschreitendes Tourettesyndrom, behielt die vorläufige Diagnose aber vorerst für sich und versuchte, die Symptome mit einem zusätzlichen Sedativum niederzudrücken. Eine Ahnung blassen Frohsinns überkam Marianne nur, wenn sie, über den Tag verteilt, immer wieder einen Schluck Scharlachberg-Weinbrand zu sich nahm, was die Wirkung des Antidepressivums segensreich verstärkte. Am Abend war sie dann sogar in der Lage, eine schrille Fröhlichkeit vorzutäuschen, wenn ihr *Bankdirektor*, wie sie ihn nannte, nach Hause kam.

Eine ihrer fixen Ideen hatte sich über die Jahre gehalten und geisterte ihr in Form abstruser Gedanken mehr oder weniger stetig durch den Kopf: Klara Horvath, die mittlerweile leicht angejahrte, aber stets glamourös aufgemachte und frivol kichernde Frau des BILLA-Filialleiters, machte ihrem Karl schöne Augen! Niemand bemerkte etwas von dem, was sich in Marianne aufbäumte. Sie verließ das Haus kaum, und die Medikamente taten das Ihre, um jeden Ausdruck aus ihrem Gesicht zu wischen. Ihr Mann, war sie überzeugt, war dieser Metze wehrlos ausgeliefert. Und so saß sie tagsüber, gepeinigt von ihren Gedanken, auf der Eckbank in der Küche und starrte durchs Fenster auf den Dunkelsteinerwald. Erst nach etlichen Scharlachbergs war sie in der Lage, ihren Mann vor den lästerlichen Absichten Klara Horvaths nicht zu warnen.

Dabei wäre es Klara niemals eingefallen, Paradeiser zu umgarnen, denn der war zwar von hohem Wuchs, dabei aber schwammig, weichfleischig und gewissermaßen auf ekelhafte Art unmuskulös. Da war ihr Mann Walter ganz anders. Zwar nicht größer als einen Meter sechsundsiebzig, aber elastisch, und durch mehr oder minder regelmäßiges Hanteltraining und immer wieder eine Stunde Dauerlauf durch den Dunkelsteinerwald war Walter das, was landläufig *fit* genannt wurde. »Kein Wunder«, dachte sie, »dass die Frau Bürgermeister, obwohl in keinster Weise eine Prinzessin wie ich, sich meinem Walter mit freudiger Begeisterung hingibt.«

Karl Paradeiser nahm seine Frau seit Jahren nur noch als Ding wahr. Verliebt war er in sie nie gewesen, selbst die anfängliche Leidenschaft für Marianne verkam im Laufe der Zeit. Und das nicht einseitig.

Als Paradeiser damals die Leitung der Ursprunger RAIKA-Filiale übernahm, war Marianne bereits dort angestellt. Eine Mitarbeiterin mit null Ambitionen und keinerlei Kompetenz. Sie war ihm aufgefallen, weil sie mit waidwundem Blick ihre anspruchslose Arbeit machte und zwischendurch – verstörend lange, in scheinbar mentaler Abwesenheit – unbewegt Paradeiser anstarrte. Nach anfänglicher Irritation fasste er das als Bewunderung, vielleicht sogar Begehren auf und lud sie auf weitgehend sprachlose Rendezvous ein. Nach einigen Treffen ließ sich Marianne widerstandslos und unaufgeregt begatten.

Der Versuch des Pfarrers Absenger, der die kirchliche Hochzeit rituell anleitete, seine Predigt etwas aufzulockern, scheiterte naturgemäß am katholischen Humor, der streng pointenlos stets ins Salbungsvolle verkam. Während Absengers Worten knieten die Eheleute Paradeiser auf der für diesen Zweck vorgesehenen Bank vor dem Altar, und Marianne hielt während der ganzen Zeit Karls Hand mit einer Kraft, als würde sie in einen Abgrund stürzen, ließe sie sie los.

Die Ehe war von Beginn an von einer veritablen Düsternis überschattet. Nicht nur weil Karl Paradeiser keineswegs mit überbordender Eloquenz gesegnet war, sondern vor allem, weil Marianne dermaßen introvertiert war, dass ihre Tage in fast bedrohlicher Schweigsamkeit vorübergingen. In der Bank lief es – von Paradeiser präzise organisiert – grundsätzlich reibungslos. Außer, dass Marianne Karl nicht mehr so häufig und so durchdringend ansah wie vor der Eheschließung. Als von der Raiffeisen-Zentrale immer mehr eingefordert wurde, dass die Mitarbeiter an Schulungen und Seminaren teilnahmen, entschied Karl, dass Marianne sich dem Überprüfungsprozedere besser nicht stellen sollte – vor allem um das Gerede in der Bank zu unterbinden. Ein freudloses Hausfrauenleben folgte auf das freudlose Angestelltenleben.

Nach außen hin trug Paradeiser eine Weltläufigkeit zur Schau, die er sich angewöhnt hatte, seit Marianne ihn *mein Bankdirektor* nannte. Er ging Fragen nach seiner Frau und seiner Ehe aus dem Weg, was ein Leichtes war, da ihn kaum jemand nach Marianne fragte. Wenn sie doch einmal schweigsam und verschlossen im Holzinger saß, gelang es ihm, durch eine gewisse Großspurigkeit von ihr abzulenken, ja, sie unsichtbar zu machen. Mit ihr direkt zu sprechen vermieden die Ursprunger geflissentlich, da sie mit den Symptomen des beginnenden und zügig fortschreitenden Tourettesyndroms nichts anzufangen wussten. Obwohl Doktor Allinger einmal zu später Stunde einem kleinen und alkoholisierten Publikum bei einem Vogelbeer das zu erklären suchte. Als er damals nur stürmische Heiterkeit erntete, ließ er es bleiben, Mariannes Anamnese zu erörtern.

✠

»Heute hat der Holzinger Ruhetag«, dachte Adalbert Eibl, »heute gehe ich am Abend zur Mirli, heute mache ich es!«

Diese Gedanken ließen den Mesner beschwingt seine rücksichtslos zitternde Frau auf den Abort begleiten. Gerade hatte er Doktor Allinger verabschiedet, der Elfriedes Medikamente neu dosiert und tröstend zu ihr gesprochen hatte. Es ginge ihr den Umständen entsprechend ganz gut, meinte er. Eibl wusste Worthülsen wie *den Umständen entsprechend* mittlerweile korrekt zu deuten. Der Kreisarzt hatte vor der Haustür die Hand auf Eibls Schulter gelegt und eindringlich geraten, Elfriede nach diesem neuerlichen Krankheitsschub besondere Zuwendung und liebevolle Pflege angedeihen zu lassen.

»Ich tue ja, was ich kann«, beteuerte Eibl unkonzentriert.

»Bertl!«, rief seine Frau von drinnen, »Bertl, so komm doch! Lass mich nicht hier verrecken wie einen Hund!«

Allinger verabschiedete sich eilig, und als Eibl ins Zimmer trat, roch es säuerlich nach Erbrochenem.

»Putz mich ab, Bertl«, zeterte Elfriede immer noch würgend. »Was hast du mit dem Allinger vor der Tür zu flüstern?«

»Du könntest dich wenigstens entschuldigen und vor allem *bitte* sagen, wenn ich schon deinen Dreck wegmachen muss«, sagte er scharf und wischte das Erbrochene von Elfriedes Kleiderschürze.

»Heute Abend«, dachte er sogar jetzt und blickte sie angeekelt an.

Als seine Frau endlich eingeschlafen war, stahl sich Eibl aus dem Bett, zog sich ein vorbereitetes, seiner Meinung nach jugendlich wirkendes, Hemd an, wuchtete sich in seine Jean, zwang seine stets etwas geschwollenen Füße in die alten Cowboystiefel und schlich aus dem Haus. Als er die Tür ins Schloss fallen ließ, glaubte er, die widerwärtig hohe Stimme seiner Frau zu hören, die verschlafen »Bertl, was machst du?« rief. Er schrieb es aber seiner Erregung und seinem schlechten Gewissen zu.

Mirli hatte sich gerade ausgezogen, stand nackt vor dem Spiegel, betrachtete sich, und was sie sah, gefiel ihr. Sie drehte sich hin und her und freute sich, dass ihre handlichen Brüste weder schaukelten noch hingen.

»Eigentlich bin ich viel zu cool, als dass ich in diesem düsteren Kaff hier verkomme«, dachte sie bei sich. Mirli Egger war die einzige Tochter der gleichnamigen Wirtsleute, die in Scheibbs das Gasthaus »Zu den zwei Linden« führten, wo sie nach ihrem Hauptschulabschluss eine

Kellnerinnen-Lehre begann, die ihr – wie man im elterlichen Betrieb vielleicht hätte meinen können – in keiner Weise Privilegien einbrachte. Besonders der Vater war streng, weil er nicht wollte, dass Mirli wie eine *Königstochter* aufwuchs, sondern alles von der Pike auf lernte, ja, verinnerlichte, denn *wenn wir einmal nimmermehr sind,* müsse sie den Betrieb übernehmen. Die Idee war, dass die Tochter den um drei Jahre älteren Sohn des *Safferwirtes* heiratete, der dann die beiden Betriebe zusammenlegen und gewissermaßen den Grundstein für eine Wirtshausdynastie in Scheibbs legen würde. Mirli, damals knapp siebzehn, fühlte sich von dem männlichen Nachkommen des Safferwirtes aber von Anfang an abgestoßen, und so schien die beabsichtigte Grundsteinlegung in weite Ferne zu rücken. Vor allem, da sich Mirli dann in einen geschmeidigen *zuag'rastn* Italiener verliebte, der sich Vittorio nannte und in Scheibbs eine Pizzeria aufmachte. Die Scheibbser beäugten diese Liaison mit Misstrauen und ergötzten sich in satter Zufriedenheit über prognostizierte und tatsächlich eingetretene Katastrophen, als Vittorio, der schneidige Pizzabäcker, wegen Suchtgiftmissbrauchs und geschäftsmäßiger Weitergabe von Marihuana verhaftet wurde. *Wir haben es immer schon gesagt.* Vittorio hatte nämlich eine Geschäftsidee, die (nicht nur) von der Scheibbser Jugend begeistert aufgegriffen wurde. Für Eingeweihte gab es auf der Speisekarte eine *Pizza Müdl* genannte Kreation, die anstelle von Rucola, Oregano oder Ähnlichem mit Marihuana bestreut wurde. Vittorio verkaufte diese Spezialanfertigung nur an *veri amici,* und den Stoff selbst – in kleinen Gebinden – *per consumare a casa.*

Über ein Jahr lang verdienten Vittorio und Mirli gutes Geld, bis Roland Göttl, ein eifriger Gendarm der

Scheibbser Dienststelle, als *amici* getarnt, alles auffliegen ließ. Auch Mirli Egger wurde als Mitwisserin oder gar Mittäterin mehrmals verhört, aber dann in Ruhe gelassen, während Vittorio in den Mühlen der Justiz verschwand.

Mirli lief dann mehr oder weniger bei Nacht und Nebel davon und landete im Holzinger in Ursprung, wo sie nicht als Lehrmädel, sondern von Anfang an als vollwertige Servierkraft eingestellt wurde. Fritz Holzinger sah sofort, dass ihre Anmut und ihre offene Art umsatzfördernd wirkten. Auf ihr Salär sollte sich das zunächst allerdings nicht auswirken.

Mirli wandte den Blick von ihrem Spiegelbild ab, zündete sich eine Zigarette an und schenkte sich ein Gläschen Vogelbeer ein – die Flasche war fast leer, also würde sie bald eine neue aus dem Holzinger schmuggeln müssen. Nach dem Betthupferl ging sie daran, sich die Zähne zu putzen, und spülte den Mund mit einem überaus scharfen *Mouthwash,* als es verschwörerisch in einem ungewohnten Rhythmus an ihre Tür klopfte.

»Mirli, mach auf, ich bin es, der Bertl!«

»Herr Eibl? Was wollen Sie denn da? Um diese Zeit?«, fragte sie ungläubig. Sie warf sich ihren Bademantel über, öffnete die Tür einen Spaltbreit und lugte vorsichtig ins Freie.

»Mano?«, lachte sie, ihre Freude kaum verbergend.

Sie öffnete Mano die Tür. Er nahm sie wortlos in seine Arme, trug sie zu ihrem Bett, schälte sie aus ihrem Bademantel und warf sie nackt, wie sie war, hin, knöpfte seine Hose auf und *nahm sie wortlos.* So wie sie es schon oft gelesen, im Fernsehen oder Kino gesehen und sich insgeheim immer schon gewünscht hatte.

Sie sank in ein Paradies der Lust und spürte, als Mano sie spaltete, eine knappe Sekunde lang einen grauenhaften Schmerz zwischen den Beinen. Eng verschlungen, wie sich paarende Vipern, liebten sie sich, und gleich darauf entfuhr ihr schrill, kehlig und zugleich orgiastisch »Oh, mein Gott!« und konnte deshalb Manos Worte, die er ihr ins Ohr wisperte, nicht verstehen.

Danach, Mano lag neben ihr und sah sie – sie konnte sich des Eindrucks nicht erwehren – höhnisch an, legte sie ihren Kopf mit dem kurzen, gelockten Haar auf seine Brust, nahm sein Glied zärtlich in eine Hand und flüsterte zutiefst befriedigt und liebevoll erstaunt: »Oh ... Mano ... du Hochwürden du, du bist ja noch immer ganz hart!«

»Kein Schwanz ist so hart wie das Leben«, sagte Mano Urian.

Es dämmerte bereits ein wenig, als sich Mirli, nachdem sie frierend von der Toilette zurück ins Bett zu Mano schlüpfte, an ihn schmiegen wollte. »Oh, mein Gott«, entfuhr es ihr panisch. Aber dieses Mal aus einem ganz anderen Grund. Neben ihr lag leise schnarchend Adalbert Eibl, der Mesner.

Sie hüllte sich in ihren Bademantel und schrie in einer Frequenz, die für das menschliche Ohr kaum mehr zu hören war. Erschrocken richtete sich Eibl auf, ein Beben durchlief seinen massigen Körper, als jemand gegen Mirlis Wohnungstür hämmerte. Eine hysterische Frauenstimme erklang von draußen: »Du Hure, du Schlampe. Weibsteufel, du, mach die Tür auf!«

Elfriede rüttelte in ihrer ganzen Zittrigkeit an der Tür: »Bertl, du Dreckschwein. Mach auf und komm raus!«

Es war interessant, dass Ehefrauen, wenn sie der Argwohn, das Misstrauen und die Eifersucht packten, einen schier magischen Spürsinn hatten, der sie mit untrüglicher Sicherheit wissen ließ, wo, oder vielmehr bei wem, sich der Gatte gerade befand. Mit übernatürlichem, masochistischem Impetus führte er die Gekränkte zu der – für sie letztlich schmerzhaften – Wahrheit. Der fatale Drang, das Vermutete zu einer mit eigenen Augen gesehenen Gewissheit werden zu lassen, stellt jede Miss Marple in den Schatten. So kam es also, dass Elfriede Eibl trotz ihrer Hinfälligkeit die Kraft aufbrachte, sich zu Mirli Eggers Wohnung zu schleppen, um ihren Bertl zur Rechenschaft zu ziehen.

»Lass mich rein, Bert, ich weiß alles!«, rief sie und hämmerte – sie wäre beinahe umgefallen – mit ihrem Stock gegen die Tür.

All das löste bei dem Mesner einen schweren hämorrhagischen Schlaganfall aus, »verbunden mit der Ruptur eines größeren Gefäßes« – so Doktor Allinger, der die Todesursache später festhalten sollte. Eibl lag entseelt, das Geschlecht mit Smegma und Fäkalien verklebt, in Mirlis Bett. An den Füßen hing immer noch die großflächige Unterhose, die er im Eifer des Gefechts nicht über die Cowboystiefel bekommen hatte.

Resi, die mit großer Einkaufstasche auf dem Weg zum BILLA war und Elfriedes Gekreische mit angehört hatte, informierte aufgeregt den Ursprunger Postenkommandanten. Inspektor Roland Göttl eilte sofort herbei.

»Fräulein Egger, öffnen Sie, Polizei!«, rief er und warf sich in bester *Tatort*-Manier immer wieder gegen die Wohnungstür, bis diese endlich aufsprang. Mirli kauerte in der Ecke bei ihrem Waschtisch, es war ihr vollständig gleichgültig, dass ihr Bademantel weit offen an ihr hing.

Elfriede stürmte hinter dem Inspektor ins Schlafzimmer und schrie: »Du läufiger Hund, du vermaledeiter. Schau dich an, wie du da liegst, wie ein Schwein im eigenen Dreck, und wie du stinkst, du …«

Göttl, von der Szene völlig überfordert, witterte Mord und begann auf der Stelle, die halb nackte Kellnerin zu verhören: »Sie waren zur Tatzeit anwesend?«

Doktor Allinger, von Göttl telefonisch herbeizitiert, schätzte die Situation einigermaßen realistisch ein und wandte sich dem Dorfpolizisten zu, der voll und ganz in der unerwarteten Rolle des Ermittlers aufging.

»Gehn S', Göttl, hören S' doch auf. Sie können ja nicht wirklich glauben, dass die Mirli vermittels Auslösung eines schweren Insults den Eibl umgebracht hat. Der alte Mesner wird sich übernommen haben, wenn Sie wissen, was ich meine …«

»Ich mache nur meine Arbeit«, sagte Göttl im Tonfall der zurzeit so beliebten Landkrimi- Kommissare. »Überhaupt kenne ich die junge Dame von früher. Ich habe sie schon einmal als Komplizin im Rahmen eines Suchtmittelvergehens verhört.«

Roland Göttl frönte seiner Leidenschaft, Hüter des Gesetzes zu spielen, meist im Verborgenen – war doch seinerzeit die Aufdeckung des Pizzeria-Falles in Scheibbs sein einziger nennenswerter kriminalistischer Erfolg geblieben. Dann fuhr er mit dem klapprigen Polizeiwagen an den Rand der vorbeiführenden Autobahn, wo er streng die Geschwindigkeit der Autos und das Fahrverhalten ihrer Lenker beobachtete. Ahnden durfte er – mangels Befugnis – Geschwindigkeitsübertretungen oder Gesetzwidrigkeiten nicht, ja, konnte es gar nicht, weil der Ursprunger Posten über keine Radarpistole verfügte. Er stand hinter einer Hecke und hatte mit der Zeit Augenmaß entwickelt, wenn einer schneller als 130 km/h fuhr.

»Dich tät ich reinholen und saftig eintunken«, murmelte er dann und erinnerte sich wie so oft mit großer Freude zurück an die drei Wochen, als auf diesem Abschnitt eine Baustelle gewesen war. Die Autobahn war damals nur einspurig befahrbar, und eine 60-km/h-Beschränkung galt. Er durfte mit einer Kelle, die rot leuchten konnte, hinter *seiner* Hecke stehen und Verstöße gleich vor Ort bestrafen. Wiegenden Schrittes ging er um das angehaltene Fahrzeug herum und stellte dem Lenker, sofern er keine vorschriftsmäßigen Fahrzeugmängel fand, ein Organstrafmandat aus, hielt noch eine ausufernde Moralpredigt und wünschte zum Abschluss zynisch salutierend eine gute Fahrt.

Schon während seiner Pubertät war Diabetes diagnostiziert worden. Die damit einhergehende Impotenz – drei frustrierende geschlechtliche Begegnungen bestätigten diese aufs Beschämendste – bescherte ihm ein Leben voller Minderwertigkeitskomplexe und Neurosen. Wenn er Zeuge von Männergesprächen über nicht enden wollende Begattungen und unbesiegbare Manneskraft wurde, begann er zu röcheln. Das wiederum beendete die Gespräche, weil man meinte, man müsse ihm zu Hilfe kommen. Jedes Mal musste er ein hohes Maß an Verdrängungsarbeit aufwenden, um sich wieder halbwegs normal zu fühlen. Den Drang, seinem Leben, das ihm unter dieser Prämisse sinn- und freudlos erschien, ein Ende zu machen, musste er geradezu niederringen. Hoffnungsvoll hatte er, damals noch in Scheibbs, diese neuen Potenzpillen, über die zahllose Witze gemacht wurden, in einem Amstettner Laufhaus bei einer jungen Weißrussin ausprobiert. Weit entfernt von einer ausreichenden Durchblutung seines Sexualorganes fiel er beinahe ins Koma und wurde mit Blaulicht und Folgetonhorn aus dem Separee direkt auf die Intensivstation des Landeskrankenhauses verbracht. Er flehte die Ärzte an, seinen *Fall* mit äußerster Diskretion zu behandeln, er bot sogar an, sich für das Krankenhauspersonal zu verwenden, sollte es jemals zu polizeilichen Kalamitäten kommen. Die Herren und Frauen Doktoren versprachen, den weißen Mantel des Schweigens über die wahren Gründe seines Aufenthalts auf der Intensivstation zu breiten und alles seinem Diabetes zuzuschreiben.

Der angeschlagenen Autorität wegen hatte man für ihn daraufhin diesen – im Innersten wusste er es – bedeutungslosen, lächerlichen Posten in Ursprung gefunden, der keinerlei Aussicht auf Versetzung oder gar Beförderung beinhaltete.

Abgesehen davon, dass er Diät halten musste, hatte er ab sofort den Alkohol zu meiden, was seinem Ansehen in Ursprung nicht gerade förderlich war. Er schob Bier und Schnaps, die im Zuge von Fraternisierungen für alle am Tisch bestellt wurden, dem Nebenmann zu und orderte Mineralwasser. Naturgemäß wurde ihm das übel genommen und führte zu Ächtung sowie herablassendem Mitleid. Daran änderte auch seine schmucklose Uniform nichts, deren Pflege er schimpflich vernachlässigte. Oft sagten die Frauen des Dorfes, wenn sie Göttl mit seiner fleckigen und nicht selten sogar muffig riechenden Montur begegneten: »Roland, du schaust schon wieder aus wie ein *Strotter*. Komm, ich bring dir die Uniform in die Putzerei.«

Was dann folgte, waren ein paar Tage Dienst in Zivil – und so war es amtlich, dass er derartig unwichtig war, dass ihm nicht einmal eine zweite Uniform zustand.

Wenig später betrat Mano Urian die Szene. Mirli sprang auf und warf sich ihm nackt in die Arme.

»Da!«, schrie Elfriede Eibl mit dem Gesichtsausdruck einer Erinnye, »sogar an unseren Hochwürden schmeißt sie sich dran, diese Potiphar, diese verdammte … diese Kurtisane.«

Doktor Allinger warf einen überraschten Blick auf Elfriede, denn dass ihr diese alttestamentarische Figur geläufig war, verblüffte ihn.

Sie beugte sich zu Eibl hinab und schrie ihm ins Gesicht: »Und wer wird mich jetzt pflegen, du verwunschene Seele, du Todsünder … wer pflegt mich denn jetzt? Wollt ihr mich zugrunde gehen lassen?«, wandte sie sich an alle.

Doktor Allinger versuchte sie zu beruhigen, was nur in Ansätzen gelang. Schulterzuckend wandte er sich an die Umstehenden: »Ich trau mich ihr kein Sedativ mehr zu geben, sie ist ohnehin voll mit Diazepam. Andererseits …«

Göttl horchte auf: »Diazepam? K.-o.-Tropfen!«

Allinger holte ein Fläschchen heraus: »… Kommen S' her, Frau Eibl, ein bisserl was geht immer noch.«

»Wie gibt es das?«, schluchzte Mirli in Manos Achselhöhle. »Wie kann das sein? Wie kommt denn *der* in mein Bett? *Du* bist doch …« Mano verschloss ihr mit der Hand den Mund.

»Versuche dich zu fassen, Schwester in Christo«, sagte er und schob sie sanft von sich und half ihr, sich wieder in ihren Bademantel zu hüllen.

»Ich glaub, ich werde irrsinnig!«, schluchzte Mirli. »Das geht ja mit dem Teufel zu!«

»Fräulein Mirli«, sagte Mano amtlich, »du bist bei mir in der Sakristei immer willkommen, und wir wollen im geschwisterlichen, seelsorgerischen Zwiegespräch dieses Vorkommnis durchgehen.«

»Vorkommnis?«, rief Mirli, »*Vorkommnis* sagst du?«, sie machte eine ausholende Handbewegung. »Das ist wie in einem bösen Traum, das ist Hexerei!«

Mano trat auf sie zu und strich ihr wie vor ein paar Wochen über das zerzauste Haar. Mirli spürte wieder diesen Schmerz, erinnerte sich aber, dass dieser damals schlimmer gewesen war. Mit einem tiefen Einatmen ließ sie sich in die sie durchrieselnde Seligkeit fallen.

Nach einer guten Woche, die gewohnte Gleichgültigkeit und das unglückselige Einerlei in Ursprung hatten sich wieder eingestellt, stand Mano am Grabe des alten Mesners und verlor in beinahe sarkastischem Tone ein paar Worte darüber, dass der Herr in seiner umfassenden Liebe und übergroßen Gnade *unseren* Bruder in Christo, Adalbert, zu sich ins Paradies geholt hätte.

»Der ist nicht im Paradies, der ist im tiefsten Höllenschlund«, sagte seine Witwe Elfriede Eibl, gestützt von der Pfarrersköchin Resi, für alle hörbar.

»Archont. Schwarzkünstler«, murmelte neben ihr die sich strikt aufrecht haltende alte Hildgard, die mit wässrigen Augen in Richtung des neuen Pfarrers blickte. Sie hatte dessen wahres Sein erkannt und erschauderte bis ins Innerste, als er die Trauernden segnete.

Resi zischte energisch: »Schscht, halts euer Papp'n, wenn der Herr Hochwürden redet.«

Es hatte sich nur eine kleine Trauergemeinde zu Eibls letztem Weg eingefunden, obwohl das Wetter weit freundlicher war als bei der Beerdigung des alten Absengers. Aber die Umstände um Adalberts Ableben waren den Ursprungern eher Belustigung als Anlass zur Trauer. »Eigentlich ein schöner Tod«, dachten vor allem die Männer. Nicht einmal die obligaten Blasmusiker waren gekommen, und so geriet das finale Versenken des Sarges in der Ursprunger Erde gewissermaßen zu einem Kammerspiel.

Die Gäste im Holzinger, die, die der Beerdigung ferngeblieben und lieber gleich ins Wirtshaus gegangen waren, saßen an den Tischen und tranken bestens gelaunt Bier, Wein oder Vogelbeer. Die Herren gefielen sich mit steigendem Alkoholspiegel darin, Mirli mit Hohn und Häme zu übergießen.

»Bei der muss man ja vorsichtig sein als Liebhaber«, sagte zum Beispiel Walter Horvath, »dass einen in ihrem Bett nicht der Schlag trifft.«

»Das hab ich immer schon gewusst«, ergänzte Karl Paradeiser, »stille Wasser und so … die Mirli ist eine ganz eine Wilde!«

Der Bürgermeister Manfred Schwenk lachte: »Die Mirli ist zu hundert Prozent das, was man als Liebes*abenteuer* bezeichnet!«

»Geh, was verstehst du denn schon davon, Manfred«, zischte seine Frau Ilse und warf dabei einen verstohlenen Blick in Richtung Horvath.

Schwenk schnaubte, ballte eine Faust, zündete sich ein Zigarillo an und schaute Horvath hasserfüllt an.

»Essen und Beischlaf waren seine beiden großen Begierden«, äußerte Josef Lüftl, der Herr Lehrer, »Konfuzius.« Danach verließ er, wie immer, ohne etwas zu konsumieren, das Gasthaus.

»Und beides hat ihm die Mirli serviert!«, sprach der Dorfpolizist Roland Göttl.

»Bis sie ihn abserviert hat«, sagte Fritzl Holzinger und kniff Mirli ungeniert in die Wange.

Inspektor Göttl tippte mit dem Zeigefinger auf die Tischplatte und meinte: »Dass sich die Mirli keinen Schöneren gefunden hat … Ich sage euch, da stimmt was nicht. Am Tatort war sie!«

»Ja, freilich«, antwortete Holzinger, »um eine Tat zu tun, braucht es einen Ort.« Er klopfte Mirli, die sich gerade hinunterbückte, um die Gläserspülmaschine auszuräumen, auf den Hintern. Von der Dreistigkeit des Gastwirtes überrascht, drehte sie sich um und gab ihm eine Ohrfeige.

Ein Raunen ging durch die Gaststube, und jemand grollte: »Ah, da schau her: aufs Herrl schnappen!«

Mirli war über ihre eigene Courage erschrocken und hielt sich eine Hand vor den Mund. Holzinger starrte sie an und sagte erst leise und langsam, immer lauter und schneller werdend, bis er fast schrie: »Ja, was glaubst denn du, du freches Mensch? Deinem Chef ins Gesicht schlagen, bist denn du noch ganz bei Trost? Du Flitsche, du, du Badhur!«

Bei den letzten Worten ging er bedrohlich auf Mirli zu, sprang sie förmlich an, holte aus …

Mano, der bei den letzten Worten gemeinsam mit der Trauergemeinde eingetreten war, packte Holzingers

Handgelenk. Mit einem Wehklagen, dass man meinen könnte, die Hand werde ihm abgesägt, wimmerte der Wirt auf und ließ die zum Schlag erhobene Faust sinken.

»Bruder in Christo«, sprach Mano ernst zu Holzinger gewandt, »gedenke der Worte des Herrn: *Wenn dir jemand auf die eine Backe schlägt, dann biete ihm auch die andere dar.*«

Er legte Holzinger seine Hand auf die Schulter, und nach dem neuerlichen Schmerz überkam ihn dieses Hochgefühl, das bewirkte, dass er sich bei der schluchzenden Mirli entschuldigte und ihr verschämt einen Geldschein in die Hand drückte. Mano lehnte sich federnd an die Schank und zündete sich eine Zigarette an, blickte auf seine *Baume & Mercier,* richtete sein hellgrünes Kunststoffband, in das ENJOY eingestanzt war, und bestellte ein Seidel.

Mirli stellte ihm das Bier hin und flüsterte: »Mano, bitte, ich muss mit dir reden.«

»Gerne«, sagte dieser, »komm am Nachmittag in die Sakristei.«

»Ich möchte aber privat mit dir reden. Ich kann nicht begreifen, was geschehen ist. Du bist doch zu mir gekommen und wir haben …«

Mano legte den Finger an seine Lippen: »Ich erwarte dich heute Nachmittag in der Sakristei. Und jetzt schweige.«

Resi, die Pfarrersköchin, stellte sich neben Mano, schaute ihn durch dicke Brillengläser an und sagte schlecht gelaunt: »Was gibt es denn zu wispern mit dieser Sünderin?«

»Therése«, sagte Mano, »was weißt du schon von den Sünden der anderen? Nimm zuerst den Balken aus deinem eigenen Auge.«

»Ich kann nichts dafür, dass ich solche Brillen tragen muss«, sagte Resi beleidigt und flüsterte weiter: »Hast du mich gar nicht mehr gern, Mano? Ich warte jeden Abend auf dich.«

»Ich weiß nicht, was du von mir willst. Ich war an keinem Abend bei dir, das musst du geträumt haben, Resi.«

»Du bist ein Schuft!«, zischte sie aufgebracht, so laut, dass es ein paar von den Umstehenden hören konnten.

»Hat dem Herrn Pfarrer etwas nicht geschmeckt, was du ihm gekocht hast?«, fragte Ilse Schwenk und lachte schief. »Der Mano hat jetzt sicher ganz andere Sorgen«, wandte sie sich Mano zu. »Wer wird denn jetzt den Platz vom Eibl einnehmen?«

»Ich!«, rief Resi Haslinger mutig. »Ich werde der neue Mesner. Ich meine, die neue Mesnerin.«

Alle lachten: »Das wäre ja noch schöner, Resi. Eine Frau, das glaubst du ja selber nicht.«

»Das ist gar keine schlechte Idee, Freunde.« Mano lächelte. »Gut, Resi, ich versuche es mit dir.«

Er reichte ihr die Hand, sie schlug ein, zuckte zusammen und stieß dann ein zufriedenes *Aaahh* hervor und schielte heftig.

»Mano«, sagte Ilse Schwenk, die aufgestanden und zu Mano an den Tresen getreten war, halblaut, »ich möchte kommenden Sonntag vor der Messe zu dir beichten kommen, okay?«

»Wohlan«, sagte Mano, trank sein Bier aus, drehte sich um und verabschiedete sich mit einer grüßenden Geste bei den übrigen Gästen. Dann rief er dem Holzinger ein herzliches »Servus Fritzl« zu und verließ das Wirtshaus.

Für einen Moment herrschte in der Gaststube völlige Stille. Draußen entfernten sich – *Schritt-tack, Schritt-tack* – die Schritte des Pfarrers.

Zweiter Teil

Victor Oslansky – der Pfötler, wie Bischof Pfundtner den Hausdiener und sein *Mädchen für alles* bei sich nannte – kam gerade aus dem Garten des Bischöflichen Palais, klopfte an die Tür des Arbeitszimmers, öffnete sie vorsichtig, sah, dass der Raum leer war, ging auf den Zehenspitzen zum bischöflichen Schreibtisch und schob blitzschnell ein großes braunes Kuvert so unter ein Buch, dass man es nach geraumer Zeit bemerken musste.

Da betrat Pfundtner das Zimmer. »Was machen Sie da, Oslansky?«, fragte der Bischof pikiert. »Können Sie nicht warten, bis ich *Herein* sage?«

»Nichts für ungut, Exzellenz«, antwortete Victor mit schiefem Lächeln. »Ich bin für heute mit dem Garten fertig. Morgen wird noch der Rindendekor geliefert.«

»Schön, mein Sohn«, sagte Pfundtner. »Und danach können Sie sich dann den alten Sicherungskasten draußen vornehmen. Wenn Sie Geld für die Reparaturen brauchen, lassen Sie es mich wissen.«

»Okidoki, Exzellenz, so machen wir das.« Er wandte sich ab und entfernte sich eilig, ja hastig, kam es dem Bischof vor.

»Moment noch, Oslansky!«, rief Pfundtner ihm nach.

»Gute Nacht!«, rief Victor bereits von draußen und schlug die Tür bestimmt und geräuschvoll zu. Dann eilte er die breiten Stufen mit dem dunkelroten Teppich hinunter zum Haupteingang.

Pfundtner ging kopfschüttelnd und räsonierend zurück an den Schreibtisch.

»Dieser Oslansky«, dachte er, »hat doch irgendwo eine junge Frau sitzen lassen mit einem schwer behinderten Kind … hat mir der Josef doch erzählt. In Ursprung … Zuzutrauen wäre es ihm. Alles an dem hat etwas Animalisches, etwas Mitleidloses, ich muss immer an einen riesigen Affen denken, wenn ich ihn sehe, einen verschlagenen Gorilla, ohne die *Güte* oder die *Weisheit* in den Zügen, die diesen gewaltigen Primaten ins Gesicht gefilmt werden. Je höher ein Wesen auf der Leiter der Evolution steht, desto gnadenloser und perfider ist es, und darum hat sich der Mensch, als vorläufige Endversion dieser Entsetzlichkeit, die Erde untertan machen können.«

Oslansky war tatsächlich eine beängstigende Geschmeidigkeit eigen, was den Bischof, seiner Neigung entsprechend, aber immer wieder auch ein bisschen erregte.

✠

Mirli stahl sich während ihrer Zimmerstunde aus dem Holzinger. Ein wenig zurechtgemacht und nicht unaufgeregt lief sie Richtung Kirche. Ohne sich zu bekreuzigen, trat sie ein und blickte sich um. »Das ist vielleicht eine Rumpelkammer«, dachte sie. »Eine Sünde ist das, diese Kirche so verkommen zu lassen. Wenn Gott hier jemals gewohnt haben soll, dann ist er längst ausgezogen.«

»Mano, bist du hier?«, hallte ihre Stimme ein wenig gespenstisch durch den Raum. Sie ging auf den Altar zu. »Was schaut mich der Blech-Jesus so blöd an?«, ging es ihr gerade durch den Kopf, als sie Geräusche von splitterndem Holz aus der Sakristei vernahm, so als würde jemand etwas im Zorne zertrümmern.

»Tertiae decimae aevum!«+, skandierte eine Stimme immerfort, begleitet von einem rhythmischen Lärm der Zerstörung.

Als Mirli sich der Sakristeitür näherte, verstand sie die Worte, ohne deren Sinn zu erfassen, zweifelte jedoch zuerst, ob es Manos Stimme war. Voll Furcht klopfte sie an die Sakristeitür, aber niemand bat sie einzutreten. Sie vernahm nur das Knarzen des Sakristeibodens. Es wurde ihr kalt vor Angst. Gerade als sie kehrtmachen, die Kirche fluchtartig verlassen wollte, hörte sie ein heiseres, beinahe schmerzvolles »Amen«. Die Tür öffnete sich, und Mano Urian stand vor ihr. Mit dem Handrücken wischte er sich den Schweiß von der Stirne. »Du bist es«, sagte er spöttisch und deutete auf die vorderste Kirchenbank. »Setz dich, möchtest du einen Schnaps?« Er drehte sich um, aber als sie ihm in die Sakristei folgen wollte, rief er: »Bleib sitzen, du kannst da jetzt nicht hinein.«

Er holte zwei Gläser Vogelbeer, und als Mirli durch die halb offene Türe in die Sakristei lugte, sah sie die zerborstenen Überreste eines … ja, was? Vielleicht eines größeren Bildes.

»Was willst du?«, fragte Mano unwirsch, als er zurückkam.

»Kannst du mir erklären, was …?«

»Können *Sie* mir erklären, Hochwürden ... Wir sind in der Kirche.«

»Was soll das? Nach allem, was war? Ich brauche … haha … *Seelsorge*. Ich muss mit dir, ich meine Ihnen, reden.«

+ Dreizehntes Aeon, siehe dazu *Pistis Sophia,* die gnostische »Bibel«

»Sprich zu mir, sag mir alles!«

Mirli schüttelte den Kopf und verdrehte genervt die Augen: »Also, können *Sie* mir erklären, *Hochwürden*, was da vor ein paar Tagen geschehen ist? Du kommst zu mir in mein Bett, wir haben eine wunderschöne Nacht zusammen, und wie ich aufwache, liegt der grausliche Eibl neben mir! Bin ich verrückt geworden? Was treibst du für ein Spiel mit mir? Was bist du denn für ein Arschloch, verflucht noch einmal?«

»Wir sind in der Kirche, Schwester in Christo«, ermahnte Mano sie erneut. »Es steht mir zwar keine Diagnose über deine geistige Gesundheit zu, jedoch sei dir bitte darüber im Klaren: Ich war zu keiner Zeit in deinem Bett, wir haben auch nie eine wunderschöne Nacht verbracht. Ich bin *Geistlicher*, ich habe ein Gelübde abgelegt, Versuchungen des Sexus zu widerstehen. Also pass bitte auf, was du redest, und versündige dich nicht.«

»Aber das kann doch gar nicht sein. Ich bin doch nicht verrückt!«

»Vielleicht lässt du dich am besten untersuchen«, unterbrach Mano sie forsch. »In St. Pölten oder vielleicht besser in Linz gibt es sicher ausgezeichnete Fachärzte.«

Mirli sprang auf, wollte ihn anschreien, doch stattdessen schluchzte sie laut. In machtloser Wut wandte sie sich abrupt um und stürmte aus der armseligen Kirche.

»Bekreuzige dich!«, rief ihr Mano nach.

»Justament nicht!«, rief sie zurück.

Es war wieder Sonntag in Ursprung. Unterwiesen von Mano Urian begann Resi als Mesnerin ihren Dienst. Sie war schon weit früher da gewesen und bereitete den Gottesdienst vor. Als Mano Urian sich mit seiner merkwürdigen Schrittfolge näherte, hielt sie inne und blickte auf. Sie beobachtete, wie er – ohne das Knie zu beugen – das Kreuzzeichen schlug, und es schien ihr, als würde er nicht vier, sondern fünf Punkte an seinem Körper berühren. Ja, er ließ dabei nämlich seine Stirn aus und tippte stattdessen auf der linken und der rechten Seite der Brust einen Punkt. In der Gegend der kurzen Rippen verfuhr er genauso, um dann an einer Stelle etwas unterhalb der Nabelgegend zu enden. Unwillkürlich kam Resi Hildgards Teufelskreuz in den Sinn, obwohl sie nicht wusste, was diese Eigenart mit dem Teufel zu tun haben sollte.

»Gelobt sei Jesus Christus«, grüßte Resi und machte Richtung Mano einen Knicks.

»Schon gut«, antwortete dieser beiläufig, blickte sich um und sah, dass die Köchin sich im Zuge ihrer neuen Pflichten anschickte, die Gesangsbücher auf die Bänke zu legen.

»Das kannst du dir sparen«, sagte Mano, »du weißt doch, dass ich während der Messe keine Gesänge möchte.«

»Warum eigentlich nicht, Hochwürden?«, fragte Resi und richtete sich ihre unvorteilhafte Brille. »Beim alten Pfarrer haben wir immer so schöne Lieder gesungen.«

»Ich mag Kirchenlieder grundsätzlich nicht, ihre Worte sind dumm und ihre Melodien bigott und pathetisch. Wenn Musik in Kirchen, dann Bach, Mozart, Schubert, Händel. Oder Jazz. Aber das würde hier den Rahmen sprengen. Also sammle die Liederbücher wieder ein und lege mir in der Sakristei mein Messgewand zurecht.«

Der sachliche, ja, gestrenge Tonfall des Pfarrers trieb Resi die Tränen in die Augen, und während sie ein paarmal durch die Nase aufzog, räumte sie die Bücher ab und ging in die Sakristei, wo sie Mano behilflich war, sein Priestergewand anzulegen.

Resi stand, nachdem Mano im Beichtstuhl verschwunden war, noch ein wenig verstört in der Sakristei. Etwas war anders. »Komisch«, dachte sie, als ihr Blick auf die akkurat rechteckige, etwas hellere Stelle an der fleckigen Sakristeiwand fiel. Das Bild mit den gefallenen Engeln war verschwunden. Der grüne Plastikmistkübel stand dort, wo er immer gestanden hatte.

Indes betrat die Frau des Bürgermeisters in moderner Tracht – die ja seit Neuestem ideologiefrei sein soll – den Beichtstuhl. Sie kniete nieder und sprach die üblichen Einleitungsformeln.

»Sprich zu mir, sag mir alles.«

»Ja, was soll ich sagen?«, kamen die Worte stockend aus ihr heraus.

»Sag mir alles«, wiederholte Mano Urian.

Ilse Schwenk atmete tief ein und fasste sich ein Herz. »Ich habe gesündigt, aber ich empfinde es nicht so, als hätte ich gesündigt. Das ist vielleicht überhaupt die größte Sünde«, fügte sie nachdenklich hinzu.

»Zu beurteilen, was die größte Sünde ist, kannst du getrost mir überlassen. Wenn du dich nicht schuldig fühlst, keine Reue empfindest und nicht bußfertig bist, warum gehst du dann zur Beichte? Deinen Worten entnehme ich, dass du deine Seele rein wähnst?«

Ilse lauschte Manos Worten nach, dann fuhr sie fort: »Ich betrüge meinen Mann schon seit geraumer Zeit.«

»Mit wem betrügst du den mit dir durch das heilige Sakrament der Ehe, bis dass der Tod euch scheidet, verbundenen Mann?«

»Muss ich das beichten, Mano, äh, Herr Pfarrer? Noch dazu, wo Sie es ohnehin schon wissen?«

»Woher willst du wissen, was ich weiß? Du musst es beichten«, sagte Mano kategorisch, »denn dieser hat sich genauso schuldig gemacht.«

»Ja«, sagte Ilse, »er betrügt ja auch seine Frau. Aber ...«

»Wer ist es?«

Ilse zögerte.

»Der Walter. Der Horvath Walter vom BILLA.« Rasch setzte sie rechtfertigend nach: »Aber er liebt seine Frau nicht mehr, und ich liebe meinen Mann nicht!«

»Liebt ihr euch, du und Walter?«

»Er liebt mich schon, glaube ich, zumindest sagt er das.«

»Dass Frauen es für Liebe halten, wenn sich ein Mann für ihren Körper interessiert!«, murmelte Mano schmunzelnd.

»Jetzt ist es so, ich bin schwanger vom Walter. Aber ich kann doch das Kind nicht kriegen. Das wäre ja *der* Skandal, das wäre ja *das* Drama. Außerdem will ich kein Kind und Walter sicher auch nicht. Aber es wegmachen zu lassen ist eine so schwere Sünde, wird doch immer gepredigt. Eine Todsünde! Da komm ich nie wieder aus der Hölle raus. Sagen Sie, Herr Pfarrer, gibt es die Hölle tatsächlich? Gibt es einen Teufel? Ganz ehrlich, bitte.«

»Glaubst du an Jesus Christus, unseren Herrn?«, fragte Mano, und es schien Ilse, als grinste er dabei.

»Also, offen gesagt, weiß ich nicht so recht.«

»Du zweifelst also?«

»Wenn ich ehrlich bin, ja. Ich kann mir das alles nicht vorstellen, aber vielleicht ist ja was dran … und dann hab ich den *Scherm* auf.«

»Zweifelst du auch an dem Teufel?«

Ilse zögerte. »Darüber habe ich noch nie nachgedacht. Aber in den Fernsehfilmen über den Teufel gewinnt der Jesus immer erst knappe zehn Minuten vor dem Schluss. Die ganze restliche Zeit kann der Teufel eigentlich machen, was er will. Er ermordet Priester, bitte. Aber so ganz ohne Teufel wären doch Jesus und die Verdammnis und all diese Sachen eigentlich unnötig.«

Mano schwieg, dann sagte er beinahe freundschaftlich: »Laut Umfragen glauben mehr Menschen an den Teufel als an *g*ott, denn der Teufelspakt ist ein Pakt, den der Mensch grundsätzlich jederzeit bereit ist abzuschließen. Also fürchte dich nicht, es wird alles gut werden. Erforsche dein Gewissen und handle so, wie es dich anleitet.«

»Ich möchte es wegmachen lassen. Der Walter kennt einen Frauenarzt in St. Pölten, der würde das privat machen, ohne viel Tamtam. Ist das jetzt eine Todsünde? Können Sie mich freisprechen?«

»Amen«, sagte Mano.

»Muss ich gar nichts beten?«, fragte Ilse verblüfft.

»Amen«, bekräftigte Mano und zog den Beichtvorhang zu.

Nachdem niemand sonst das Beichtangebot des Pfarrers wahrnahm, blieb er bis zum Beginn der Messe regungslos im Beichtstuhl sitzen, bis die Glocken melancholisch und dunkel die Gemeinde zur Messe riefen.

Es war gespenstisch still in der Kirche, als Mano nach dem nicht gerade begnadeten Gesäusel von Josef

Lüftl die Kanzel betrat. Mano ließ seinen Blick stumm über die Gemeinde gleiten. Ganz hinten schob Anni Jascha den verrotzten und krähenden David in seinem Rollstuhl vor sich her.

Mit einer Stimme, die von allen Seiten zu kommen schien, sagte er: »Manche wundern sich, dass die Flüsse bitter schmecken, obwohl sie sie selbst vergiftet haben.«

Die Ursprunger tauschten ratlose Blicke, manche nickten unwissend. Als Mano beim *Agnus Dei* die Hostie hochhielt, ging ein Raunen durch die Kirche, wieder hatten einige von ihnen den Eindruck, die Hostie wäre grün.

Auch diesmal schmeckte die Oblate scharf, wenn auch wieder ein klein wenig süßer als an den letzten Sonntagen. Alle hatten sich daran gewöhnt, dass Mano am Ende des Rituals nicht wie der alte Absenger *Ziehet hin in Frieden* sagte, sondern mit den Worten *Ite, missa est*[+] schloss.

Als Mano das letzte Kreuz schlug, hörte man Hildgard verzweifelt seufzen. Anni Jascha dachte enttäuscht: »Wieder keine Wunderheilung. Gott hat mich vergessen.«

Nach der Messe half Resi Haslinger ihrem Pfarrer aus dem Priesterkleid: »Herr Pfarrer, wo ist denn das schöne Bild hin?«, sie deutete auf das leere, fast noch weiße Rechteck an der Sakristeiwand.

»Welches Bild?«, fragte Mano unwirsch.

»Das mit den Engeln, die ins Feuer stürzen.«

»Fort«, knurrte Mano und verließ grußlos die Sakristei. Der Holzboden knarzte laut.

»Wir haben wieder kein einziges Mal gesungen«, murrte Elfriede, als Resi aus der Sakristei gekommen

---

[+] Spätlateinisch für *Gehet hin, ihr seid gesandt;* wörtlich: *Geht, das ist die Entlassung.*

war. Zitternd hatte sie gemeinsam mit Hildgard in der Kirchenbank auf die neue Mesnerin gewartet.

»Giftgrün war die Hostie für einen Augenblick«, meinte Resi und begann die Kirche von den Spuren des stattgehabten Zeremoniells zu säubern.

»Hilde«, sagte Resi zu der ehemaligen Pfarrersköchin, »du hast recht gehabt: Ich habe heute auch gesehen, dass er sich ganz komisch bekreuzigt.«

Hildgard nickte kaum wahrnehmbar und bewegte tonlos die Lippen, vielleicht hauchte sie ein Gebet vor sich hin und atmete dabei immer wieder hörbar ein und aus.

»Und was hat er von den bitteren Flüssen gesagt, die vergiftet sind?«, fragte Elfriede.

»Hochwürden ist sehr belesen. Wir können alle von ihm lernen«, ergänzte Resi. »Im Übrigen, das Bild mit den gefallenen Engeln hängt nicht mehr.«

»Stringoi«[+], hauchte Hildgard mit dünner Stimme und bekreuzigte sich.

»Hör auf mit deiner schwarzen Sprach!«, herrschte Resi sie an.

»Ein schrecklicher Pfarrer«, flüsterte Elfriede, und etwas rann an ihrem Kinn hinunter, »direkt unheimlich.«

Just in diesem Moment tauchte Mano wie aus dem Nichts auf und ging auf sie zu. *Schritt-tack, Schritt-tack.* Er streckte Elfriede die Hand entgegen, und sie griff unwillkürlich danach. Ihr stöhnender Schrei erinnerte Resi aufs Grauenerregendste an die Szene, als die Tür des Mesnerhauses damals offen gestanden hatte. Erleichtert sank Elfriede in die Kirchenbank zurück – das Zittern hatte für einige Sekunden aufgehört.

+ Rumänisch für Untoter

Wie jeden Sonntag nach der Messe regierte im Holzinger eine satt-zufriedene rurale Behaglichkeit. Die Gespräche über Mano Urians Gottesdienst-Variationen waren nach und nach zum Erliegen gekommen und anderen Themen gewichen. An diesem Sonntag berichtete etwa der (ehrenamtliche) Förster Julius Prüger mit unheilschwangerer Stimme, dass sich im Dunkelsteinerwald ein Rudel Wölfe herumtrieb.

Auf seinem Weg ins Wirtshaus überholte Mano Hildgard und Elfriede, die beide mühsam an Resi geklammert ihren Heimweg bewältigten. »Das ist gelebte Nächstenliebe, Resi. Wie heißt es: Der Himmel zählt die guten Werke von euch Menschen«, lachte er.

»Ich möchte wieder einmal singen in der Kirche, Herr Pfarrer, ohne Gesang ist der Gottesdienst für mich keine Erbauung!«, entgegnete Elfriede, als spräche sie mit vollem Mund.

»Die heilige Messe ist nicht zur Erbauung da, Elfriede«, sagte Mano. »Sie dient dazu, die Eucharistie, das Messopfer, das Sakrament der heiligen Kommunion im Innersten zu erfahren. Bei der Kreuzigung und bei der Auferstehung hat auch niemand gesungen.«

Hildgard schaute ihn hasserfüllt und voller Angst an. Beinahe hätte sie ihre stolze – sichtlich mühsam hergestellte – Haltung verloren, als er ihren Blick erwiderte.

»Schönen Sonntag, meine Damen«, sagte Mano und ging weiter. *Schritt-tack, Schritt-tack.*

Als er im Holzinger ankam, war die Aufregung um das Wolfsrudel im Dunkelsteinerwald und die davon ausgehende potenzielle Gefahr für die Ursprunger Bürger am Siedepunkt.

»Wir müssen sie erschießen!«, rief Julius Prüger. »Jeder Mann, der ein Gewehr hat – und ihr habt alle eines –, geht morgen früh mit mir auf die Jagd, und wir schießen diese Teufelsviecher tot!«

»Ich kann aber erst nach sieben Uhr«, rief der Fleischer und Selcher Ernst Ölsböck. »Ich muss das G'schäft herrichten. Übrigens, meine Herren, ich hab eine ganz feine Blunzen gemacht. Ein Gedicht, sag ich euch!«

»Ihr wisst schon, dass der Wolf unter Artenschutz steht«, sagte Mano. »Das ist grundsätzlich illegal, was ihr da vorhabt.«

»Ich bitte dich, Mano«, sagte Julius Prüger, »die Viecher vermehren sich rasend schnell und werden uns bald das Wild wegfressen!«

»Und zum Schluss kommt einer und frisst meine Großmutter!«, sagte Karl Paradeiser.

»Geh, du hast doch gar keine Großmutter mehr, du alter Depp!«, rief Fritz Holzinger.

»Wer sagt denn das? Meine Frau ist schon als Großmutter geboren, bitte.«

Alle lachten, nur nicht Marianne Paradeiser, die, stetig an einem kleinen Schwenker Scharlachberg nippend, neben ihrem Manne saß. Die Paradeisers hatten keine Kinder. Für Paradeiser lag es an seiner Frau, aber bewiesen war das nicht.

»Der heilige Hubertus möge sich euer erbarmen«, grinste Mano und trank unter den unverwandten Blicken Mirlis sein Bier aus.

Lüftl küsste den Bischof auf den Mund und ließ sich in einen der geräumigen Polstersessel im Wohnzimmer fallen: »Was ist geschehen, Herbert?«

Lüftl war stante pede, nachdem ihn Pfundtner mit Panik, aber auch Genugtuung in der Stimme angerufen und zu sich gebeten hatte, nach St. Pölten aufgebrochen. Pfundtner legte einen in Versalien beschriebenen Zettel vor Josef auf den Tisch: 250 000. DAMIT ALLES SICHER IST.

Lüftl starrte auf den Zettel: »Großer Gott, was soll das heißen?«

»Ich weiß, wer der Erpresser ist«, antwortete Pfundtner bedeutungsschwanger, »Vickerl Oslansky.«

»Der Pfötler?«

»Ja, der Primat.«

Lüftl stand auf, ging zu einem der großen Fenster und sagte mit dem Rücken zum Bischof: »Du hattest recht. Wir brauchen einen Plan, und ich habe einen, wie du weißt.«

Zwei Tage später eilte der Ursprunger Fleischer und Selcher Ernst Ölsböck in aller Herrgottsfrüh kurzatmig aus den der Fleischverarbeitung dienenden Räumlichkeiten seines Betriebes in Richtung Baumeisterhaus. Hinter sich her zog er einen zerfransten Vorstehhund zum Treffpunkt für die verabredete Wolfsjagd. Sein *Jagdhund* glühte nicht eben vor Jagdfieber an der Leine. Eher skeptisch blickte er dem Unausweichlichen entgegen. In den vergangenen Tagen hatte er sich vorsichtshalber, wann immer das Wolfsgeheul zu ihm drang, auf seine Decke geflüchtet und von hier aus mehr ängstlich denn wachsam mit aufgestellten Lauschern und eingezogenem Schwanz verzagt ins Leere geblickt.

Der Fleischer trug sein verschossenes Jagdgewand, seine doppelläufige Schrotflinte und seinen mit einem Riemen quer über die Brust geschnallten Waidsack, der diverse Utensilien barg, vor allem einen großzügigen Flachmann mit hochprozentigem Destillat und reichlich Blutwurst, die, wie Ölsböck verbreitete, ein Gedicht war.

Ernst Ölsböcks Berufswunsch, Fleischer zu werden, stand ab jenem Tag fest, als er zum ersten Mal den Ausdruck Fleisch*hacker* vernahm. Der Begriff, der in Österreich geläufig ist, holte aus der Tiefe seines Bewusstseins Bilder und Gefühle hervor, die ihn nicht mehr verlassen sollten. Fleisch *hacken*, das klang für ihn nach Macht, nach Siegen und Herrschen. Kaum etwas erfüllte ihn dann tatsächlich so sehr, wie wenn er beispielsweise eine Schweinehälfte *zerhackte*. Ein akkurat in zwei Hälften getrennter Knochen und das damit verbundene Geräusch riefen in ihm das seltsam erregende und zugleich befriedigende Gefühl von getaner Arbeit hervor, er befand sich dabei in einer Art Weltabgewandtheit.

Seine Frau Vilma lernte er kennen, weil sie einander auf frappierende Art ähnlich sahen. Beiden war es sofort aufgefallen, und Vilma hatte es so ausgedrückt: *wie zwei Ferkel aus einem Wurf*. Wäre Ernst als Frau geboren, hätte er ausgesehen wie Vilma und vice versa. Beide hatten diesen Veltliner-Teint, der sich im Laufe der Zeit, wie bei allen Fleischern, zu einem entzündlich wirkenden Rosaton wandelte. Besonders die Haut ihrer Hände glich eher frisch abgehackten *Schweinsfusserln*, wie Vilma Ölsböck gern sagte. Besonders Vilmas Hände vollzogen im Laufe der Jahre die formale Metamorphose zu zwei Paarhufen, während Ernsts Hände zu derben Pranken wurden, was aber, weil er sich die Fingernägel immer selbst abkaute, wiederum das Schweinehafte hervorholte. Ebenfalls eigen waren beiden die kleinen, listigen und farblosen Augen sowie dieselbe Fleischigkeit, die bereits in ihren jungen Jahren eine Neigung zu Übergewicht signalisierte. Im Laufe der Zeit trat diese immer deutlicher zutage und schrammte in Wahrheit nur knapp an der Adipositas vorbei.

Ernst hatte um Vilma nicht umständlich werben oder gar geistreich mit ihr flirten müssen. Allein ihre äußerliche Gemeinsamkeit war Gesprächsbasis genug und ließ sie schnell erkennen, dass sie füreinander geschaffen waren. Die Irritationen, die dadurch während ihres Beischlafs auftraten, wurden nie besprochen oder persönlich reflektiert. Sie waren aber zweifelsfrei Grund dafür, dass intime Begegnungen der Eheleute Ölsböck äußerst rar waren. Dennoch entsprang dieser fleischigen Verbindung eine Tochter, die mittlerweile zu den Rädelsführerinnen der pummeligen, kurzbeinigen und überschminkten Teenager-Hautevolee von Ursprung zählte.

Als Vilma und Ernst Ölsböck in Ursprung ihre Fleischhauerei aufsperrten, kamen nach einiger Zeit viele Kunden aus den umliegenden Gemeinden und Städten, um bei den Ölsböcks einzukaufen, war doch die Fleischerei, der Qualität ihrer Produkte wegen, weit über Ursprung hinaus bekannt. Als Ernst Ölsböck aber eine eigene Schlachterei aufmachen wollte, wurde dieser Plan von Manfred Schwenk vereitelt, der eine Abmachung mit dem Bürgermeister eines Nachbardorfes hatte, das seinerseits eine große Schlachterei beheimatete und keine Konkurrenz wünschte. Alle Ansuchen Ölsböcks wurden abgeschmettert, und so musste es geschehen, dass es zu einer direkten Konfrontation zwischen den beiden Akteuren kam – zumal die Ursprunger Bevölkerung zu dieser Zeit noch nicht so deutlich überaltert und abendlichen Wirtshausraufereien nicht abgeneigt war.

»Was brauchst denn du eine Schlachterei? Ihr habts doch eh schon genug Geld! Mehr als drei Schnitzel könnt ihr nicht fressen, du und deine Saufrau!«

»Ich hack dich um!«, brüllte daraufhin Ölsböck und schickte Schwenk mit einem gewaltigen rechten Schwinger über einen Tisch hinweg auf die Bretter des holzingerschen Wirsthausbodens. Der Bürgermeister blieb zunächst wie ein Sack liegen und rührte sich nicht. Erst als Ölsböck ihm einen Fußtritt gab, kam dieser zu sich: »Steh auf, du *Krewecherl*«, schrie er und pflanzte sich vor dem in ohnmächtigem Zorn schnaufenden Schwenk auf und brüllte mit erhobenem Zeigefinger: »Wie viele Schnitzel meine Frau und ich fressen können, geht dich einen Scheißdreck an!«

Dann setzte er sich wieder auf seinen Platz und rief: »Eine Runde Vogelbeer, Fritzl! Auf mich.«

Anni Jascha zuckte zusammen, als es fordernd an der Haustür klopfte. Gerade hatte sie David ins Bett gehoben und dabei, wie üblich, seine heftigen Proteste ignoriert. Sie öffnete nur einen Spaltbreit und sah sich Victor Oslansky, ihrem Ex, gegenüber, der in unangenehm provokanter Attitüde am Türstock lehnte.

»Vickerl?«, entfuhr es Anni verwirrt.

»Lass mich rein, Anni. Es darf mich niemand sehen«, flüsterte Victor und drückte die Tür zur Gänze auf. Forsch trat er in den Flur und warf die Tür hinter sich zu.

»Was willst du«?, fragte Anni. »Bist du besoffen? Oder willst du deinen Wunderknaben sehen, den du mir gemacht hast?«

»Anni, ich brauche deine Hilfe. Du musst in den nächsten Tagen etwas für mich erledigen.«

»Du bist also doch besoffen«, sagte Anni kalt und wunderte sich über ihr bisschen Courage. Aber als er sie an den Oberarmen gepackt, das Gesicht nahe an ihrem, festhielt und eindringlich auf sie einredete, musste sie feststellen, dass er nicht getrunken hatte.

»Hör zu! In ein paar Tagen musst du für mich etwas abholen und etwas überbringen, eine Tasche und ein kleines Packerl. Die Details erfährst du noch. Du bist doch ein patentes Mädel, Antschi.«

Jetzt spürte sie ihn wieder, diesen abgrundtiefen Hass, den sie auf ihn hatte, besonders wenn er sie herablassend *Antschi* nannte. Sie versuchte sich aus seinem Griff zu befreien, aber Victor ließ nicht locker.

»Ich hole das dann hier ab. Jetzt pass auf: Dafür kriegst du fünftausend Euro, und du siehst mich nie wieder.«

»J… ja.«

»Okidoki, gib mir deine Nummer, ich melde mich, wenn es so weit ist.«

Victor ließ sie los und ging zur Tür.

»Moment«, sagte Anni, »was ist denn das für eine Linke, in die du mich hineinziehen willst?«

»Das brauchst du nicht zu wissen, ist besser so.«

»Fünftausend?«

»Fünftausend! Und jetzt tschüss, mich braucht hier niemand zu sehen. Ich verlass mich auf dich, Antschi!«

Kurz nach sieben stieß Ernst Ölsböck keuchend zu den anderen.

»Neun Minuten zu spät!«, tadelte Julius Prüger mit Blick auf die Uhr. Die anderen *Wolfsjäger*, Karl Paradeiser, Roland Göttl und Walter Horvath, waren selbstverständlich längst am vereinbarten Ort, dem Baumeisterhaus, und rieben sich die klammen Finger. Der nebelverhangene Herbstmorgen barg schon deutlich den Winter in sich.

»Meine Herren, wegen der paar Minuten … Ich hab meiner Frau noch alles zeigen müssen, bevor sie das Geschäft aufsperrt«, beschwichtigte der Fleischhacker.

»Weil sich die Vilma nicht auskennt, was? Gib es zu: Du bist nicht aus dem Bett gekommen.«

Ölsböck nahm einen festen Schluck aus dem Flachmann und reichte ihn weiter: »Ho ruck!«

Da trat Mano aus dem Haus. Er stand in der offenen Tür, blickte stumm in die Runde – denn die Männer schauten verstört an ihm vorbei ins Innere des Hauses. Durch die offene Tür drang grünliches, zart flackerndes Licht. Der Hund des Fleischers schien magisch davon angezogen, es erschien ihm offensichtlich einladend und behaglich. Er zerrte, wenn auch halbherzig, an der Leine und wollte an Mano vorbei ins Haus. Ölsböck zog ihn zurück und herrschte ihn an: »Toni, da geh her!«

»Guten Morgen«, sagte Mano Urian, besah sich die jagdgrüne Gruppe und kam grinsend näher. Er griff nach dem Flachmann, den ihm Paradeiser wortlos reichte, trank einen kräftigen Schluck und zog die Luft scharf ein.

»Der heilige Hubertus beschütze euch. Waidmannsheil!«, segnete er und schlug dieses verwirrende Kreuz über der Gruppe.

»Waidmannsdank!«, grölten die fünf und machten sich im Gänsemarsch auf in den Wald hinein, aus dem Mano seinerzeit nach Ursprung geritten kam.

✠

Resi, die um diese Zeit schon längst mit Mesnerarbeiten in der Kirche beschäftigt war, blickte auf den schäbigen Schmerzensmann an seinem schäbigen Kreuz und murmelte vor sich hin: »Eine Schand ist das. Ich werde mit dem Mano reden, ein anständiger Christus kann doch nicht die Welt kosten. Der Mano soll eine Spendenaktion ins Leben rufen.«

»Keine schlechte Idee, Resi«, sagte Mano. Resi fasste sich erschrocken ans Herz.

»Jesus, haben Sie mich erschreckt, Herr Pfarrer. Das dürfen Sie nicht machen mit mir, da kann einen ja der Teufel holen«, entgegnete sie atemlos.

»Das ist recht, Resi. Fürchte stets den Teufel«, antwortete Mano und verschwand – *Schritt-tack, Schritt-tack* – in der Sakristei.

✠

Marianne Paradeiser hatte sich dazu durchgerungen, die Wohnung zu verlassen, um Doktor Allinger um Nachschub ihres *Pulverls* zu bitten. Wie aus dem Nichts stand plötzlich der neue Pfarrer vor ihr und begrüßte sie höflich, ging aber gleich in medias res: »Warum habe ich dich noch nie in der Kirche gesehen, Marianne?«

»Hochwürden, ich fürchte mich in der Kirche, ich fürchte mich vor all diesem Gold, diesen Bildern, dieser ganzen Fülle …«

»Du bist gesegnet, Schwester in Christo«, antwortete Mano. »Diese Furcht ist die Ehrfurcht, die gottesfurcht! Gib dich ihr demutsvoll hin und komm am Sonntag in die Messe.«

Er reichte ihr die Hand, und als Marianne sie ergriff, zeigte sie keine Reaktion, weder diesen ersten, kurzen Schmerz noch die darauf folgende Glückseligkeit.

Als sie weiterging, flüsterte sie Unflätigkeiten vor sich hin.

Am Abend war die Enttäuschung und vor allem die Scham der *Wolfsjäger* groß. Das einzige Tier, das sie zur Strecke gebracht hatten, war Toni, der nicht jagdaffine Vorstehhund des ortsansässigen Fleischers und Selchers, der mit deutlich geröteten Wangen im Holzinger saß. Zwar hatte er seiner Frau immer wieder beteuert, dass es nicht seine Schuld gewesen wäre, aber seine Frau ließ sich nicht erweichen und verabreichte ihm eine Serie von Ohrfeigen.

»Vilma, es muss eine verirrte Kugel gewesen sein. Überhaupt, ich jag ja nur mit Schrot. Auweh, jetzt hör schon auf, Vilma!«

»Solche blöden Mannsbilder«, sagte Vilma Ölsböck und ohrfeigte bei jedem Takt ihren Ernst, »machen sich wichtig wie ein Wald voll Affen. Großspurig auf Wolfsjagd gehen und dann den armen alten Toni erschießen. Ihr Seifensieder …«

Auch die paar Vogelbeer, die sie sich später im Holzinger genehmigt hatten, halfen nicht. Sie verstanden die Welt nicht mehr: »Dabei hatten wir schon Fährte aufgenommen, uns herangepirscht … aber die Mistviecher waren auf einmal wie weggezaubert«, resümierte Julius Prüger, der das Amt des Försters (ehrenhalber) innehatte.

»Ich hab es euch ja gesagt, die haben uns gewittert, weil wir aus der falschen Richtung gekommen sind … nämlich aus der Windrichtung.«

»Was denn für ein Wind?«, fragte Horvath. »Es ist doch kein Lüfterl gegangen.«

»Ja, du merkst das nicht«, sagte der zuckerkranke Roland Göttl. »So ein Wolf hat doch ganz andere Instinkte. Der wittert alles!«

»Geh, Roland«, warf Paradeiser ein, »du findest doch oft nicht einmal dein *Insulin*, hörst. Tät mich nicht wundern, wenn du den armen Toni erschossen hättest mit deinem Instinkt.«

»Bitte, Karl, bitte, da hast du meinen Stutzen. Kannst ihn ja kriminaltechnisch untersuchen lassen. Nicht einen Schuss hab ich abgegeben!«

»Ich bin so an dem Toni gehangen, auch wenn er ein feiger Hund war«, sagte Ölsböck und wischte sich über die Augen. »Eine Runde noch, Mirli!«

»Hörts doch auf«, fuhr Julius Prüger dazwischen, »der alte Toni ist tot, und aus. Das Schwache stirbt weg, damit das Starke wieder Platz hat. Ich werde mir jetzt endlich selbst einen Jagdhund nehmen, einen Killer, da werdet ihr schauen.«

Mirli sagte, mehr zu sich selbst, als sie die georderten Vogelbeer eingoss: »Gar lustig ist die Jägerei.«

»Wie gesagt«, insistierte Göttl, »ihr könnt meinen Stutzen ruhig kriminaltechnisch und ballistisch untersuchen lassen.«

Julius Prüger winkte ab: »Wir werden deswegen jetzt nicht den *James Bond* kommen lassen. Bring uns auch noch einmal fünf Krügel, Fritz!«

Julius Prügers Großeltern, *dero von Prüger,* hatten auf einem weitläufigen Gut namens *Friedrichsruh* residiert und waren sogenannte Großdeutsche gewesen, die, so heißt es, Vorläufer der Nationalsozialisten waren. Eine diesbezügliche Vergangenheit seiner Eltern war allerdings nicht bekannt. Julius aber, der den ihm zustehenden Titel »von« *nicht führte* (wie er stets betonte), waren das Völkische, das Stramme und das Patriotische grundsätzlich nicht fremd. Wenn auch immer auf die Jägerei gemünzt, sprach er von *natürlicher Auslese* und missbrauchte gerne das Schillerwort aus dem Tell: *Der Starke ist am mächtigsten allein.* Im Dorf wurde erzählt, Prüger wäre jahrelang beim Bundesheer gewesen und hätte als Major abgerüstet, wirklich sicher war man sich aber nicht. Natürlich wäre es ein Leichtes gewesen, es herauszufinden, aber wie so oft in Ursprung begnügte man sich mit schwammigen Gerüchten. Nicht zuletzt deswegen, weil es in Wahrheit niemanden interessierte. Er war nie verheiratet gewesen und er hielt sich mit Frauengeschichten grundsätzlich bedeckt, so viel konnten die anderen im Wirtshaus gar nicht damit angeben. Es hieß, er begleite ein- oder zweimal im Monat Karl Paradeiser in ein Bordell in der Nähe von Linz, in dem auch auf *Spezialwünsche* eingegangen werde. Anni Jascha hatte einmal erzählt, sie hätte gehört, dass sich der (ehrenamtliche) Förster peitschen lasse. Aber wie gesagt, Genaues wusste man nicht. Auf der anderen Seite war es doch auch sehr reizvoll, wild spekulieren zu können. Denn auf die anstrengende Empörung und die wilden Spekulationen folgte stets eine besonders wohltuende Entspanntheit. Was man von Julius Prüger wirklich wusste, war, dass er vor Jahren, als er nach Ursprung kam, das leer stehende Forsthaus am Waldrand von der Gemeinde mietete und es – aufgrund der damit verbundenen Auflagen – wieder *auf Vordermann* brachte. Einen offiziellen Försterposten erhielt er aber nicht, da Gewerke Schwenk der Auffassung war, Ursprung bräuchte keinen offiziellen Jäger, die Waidmänner der umliegenden Gemeinden würden die Arbeit ja gewissermaßen mitmachen. Manchmal allerdings kaufte zum Beispiel Fritz Holzinger unter der Hand ein von Prüger während der Wildsaison *zufällig* erlegtes Reh, um die Speisekarte mit Rehragout, Rehrücken oder – auf Bestellung – Rehkeule aufzuwerten. Und es war ein offenes Geheimnis, dass Ölsböck das Wildbret für Fritz Holzinger zerhackte. Bürgermeister Schwenk ließ das alles geschehen, zum einen, weil er selbst mit großer Freude gebackenes Rehschnitzel aß, und zum anderen, weil der Fleischhacker seinen Groll ihm gegenüber mehr und mehr vergaß.

Die Nässe der vergangenen Wochen hatte Schwenk einen Strich durch die Rechnung gemacht und seine Verbitterung, dass ihm seine Frau Ilse immer wieder fadenscheinige Erklärungen vorsetzte, die ihm mit einer nicht mehr zu leugnenden, spöttischen Herablassung präsentiert wurden, wuchs von Tag zu Tag.

Als Schwenk am frühen Nachmittag seine Amtsräume verließ, war Ilse wieder nicht zu Hause.

Aber er wusste ja Bescheid.

Er schwang den bereits gepackten Rucksack mit erheblicher Kraftanstrengung über seine Schultern und machte sich auf den Weg zur Heuhütte am Beginn des Weges auf den Dunkelstein. Hysterisch blickte er sich alle paar Meter um und hoffte, niemand würde das verräterische blecherne Glucksen in seinem Rucksack hören oder gar das leichte Benzinaroma, das ihn umwehte, riechen. Aber es begegnete ihm niemand.

Als er am *Heuhäusl* angekommen war, hörte er gleich Gekeuche und tiefes Grunzen (das er Horvath zuordnete) und kleine, spitze Schreie (die er wiederum Ilse zusprach). Er konnte nicht umhin, durch die Spalten der Holzbalken zu spähen, und sah, wenn auch nur unvollständig, ein Stück von Horvaths sich stoßweise auf und ab bewegendem weißem Arsch. Der Oberschenkel, der diagonal den Bildausschnitt teilte, gehörte zweifellos Ilse. Schwenk schritt – den priesterlichen Segen im Hinterkopf – zur Tat. Gerade rechtzeitig bevor sich Ilse dem Höhepunkt näherte, hatte Schwenk die Tür mit einem Stück Holz von außen verkeilt und den Benzinkanister rund um den Stadl ausgegossen. Er nahm eine benzingetränkte, zusammengeknüllte Zeitung, hielt sie an sein Feuerzeug und entzündete nach und nach die vier Ecken des *Heuhäusls*, wobei jedes Mal sofort eine spitze Flamme in die Höhe schoss und die Hütte binnen kürzester Zeit in hellen Flammen stand.

Aufgewühlt und nach Luft schnappend machte sich Schwenk davon. Der leere Benzinkanister im Rucksack schlug ihm bei jedem Schritt ins Kreuz, und im Rhythmus dazu ließ er einen Gedanken im Kopf zirkulieren: *Sie werden brennen.* Vermeintlich ungesehen ging er zurück ins Amt.

Mit zusammengekniffenen Augen blickte Elfriede Eibl aus dem Fenster: »Ja schau, das ist doch der Herr Bürgermeister, der Herr Gewerke, wo kommt denn der in Gottes Namen her um die Zeit?«

☩

Unterdessen schob Anni den Rollstuhl vor sich her, in dem David heute irgendwie besonders verkrüppelt und abscheulich hing, guttural jauchzte und mit seinen missgestalteten Armen sinnlos herumzuckte. Sie war – ermutigt durch sein Versprechen, rund um die Uhr zur Verfügung zu stehen – auf dem Weg zu Mano Urian. Außer Atem erreichte sie das alte Baumeisterhaus.

Anni wurde, zu ihrer Verwunderung, bereits erwartet. Noch bevor sie anklopfen konnte, öffnete Mano, lässig eine Zigarette im Mundwinkel, und sagte: »Grüß dich, Anni. Tritt ein. Ohne Furcht.«

Mano reichte Anni die Hand, und sie spürte wieder diesen mächtigen Schmerz, der sich noch in der Sekunde in heiliges Glück wandelte und sie komplett ausfüllte.

Er half ihr, den Rollstuhl ins Innere zu hieven, und stellte David in der Ecke bei dem kalten Kachelofen ab, und obwohl keine Lampe brannte, leuchtete ein eigenartiges Licht in der Stube. Ein Licht, das die Dunkelheit nicht durchdrang.

David zeigte durch rotzendes Schnaufen, dass er lieber weiter spazieren geführt werden wollte, als in diesem befremdlichen Raum zu sein. Aber nachdem Mano zu ihm gegangen war und ihm die Hand auf die Schulter gelegt hatte, saß David schweigend und blödsinnig vor sich hin glotzend da und rührte sich nicht.

»Möchtest du etwas trinken, Anni? Einen Tee vielleicht?«

»Nein, da... oder doch, ja bitte.«

Mano nahm, sie konnte nicht sehen, woher, einen Becher Tee und sagte: »Trink, Anni.«

Der Tee schmeckte, sie konnte nicht sagen, wonach, angenehm süß und säuerlich zugleich. Vor allem aber verschaffte er ihr ein gutes, selbstsicheres Gefühl.

»Was ist denn das für Tee?«, fragte Anni.

»Hauptsächlich Sassafras«, sagte Mano und zündete sich noch eine Zigarette an. »Nun, wie kann ich dir helfen, Anni?«

Sie warf einen Blick auf ihr abstoßendes Kind.

»Sprich zu mir, sag mir alles«, sagte Mano, und es schien Anni, als spräche er diese Worte in ihrem Kopf.

»Ich war ja schon bei dir im Beichtstuhl und habe«, sie stockte, »gebeichtet, dass mir Gott die Fähigkeit genommen hat, meinen Sohn zu lieben und ...«

»Vielleicht hat gott dir diese Fähigkeit nie gegeben«, unterbrach sie der neue Pfarrer.

»Jetzt ist es so weit, dass ich oft den sündhaften Wunsch in mir spüre, ihn zu ... erlösen.«

Sie blickte zu David, der stumpf vor sich hin sah.

»Und auch dich selbst zu erlösen, liebe Anni, vergiss das nicht«, warf Mano ein.

»Ich habe kein Leben mehr!«, rief sie. »Alles dreht sich ohne Unterbrechung um David: David füttern, David abputzen, David wickeln, David baden, David anziehen,

David ausziehen, David spazieren fahren. David, David, David … ich kann nicht mehr. Und wenn ich mich einmal fünf Minuten mit jemandem unterhalte, beginnt er zornig zu quietschen, und wenn ich nicht gleich zu ihm eile, um ihn zu beruhigen, ernte ich vorwurfsvolle Blicke von diesen widerwärtigen Menschen hier … ich kann nicht mehr!« Sie hatte sich in ein trockenes Schluchzen hineingeredet, nun saß sie da und hielt Mano wortlos ihre leere Teetasse hin.

»Erinnere dich an die Bergpredigt«, sagte Mano, drehte sein grünes Kunststoffarmband zurecht, sodass die Buchstaben ENJOY für Anni gut leserlich waren. »Der Herr spricht: Freuet euch und jubelt: Euer Lohn im Himmel wird groß sein.«

»Im Himmel«, lachte Anni auf und erinnerte sich an einen Satz, den sie einmal in einem Theaterstück gehört zu haben glaubte: *Wer die Welt nicht vergisst, für den kann's gar keinen Himmel geben.*[+] »Wer garantiert mir denn das? Muss ich auf Erden mein Leben wegwerfen, damit ich im Himmel glücklich bin? Mano, was soll ich bloß machen?«

Er sah ihr in die Augen, dann zog er sie aus dem Stuhl hoch und führte sie in eine dunkle Ecke, wo Mano sie behutsam auf einen bequemen Diwan bettete: »Ruhe dich ein wenig aus«, flüsterte er. »Ich achte derweilen auf David.«

✠

Die Aufregung im Holzinger hätte größer nicht sein können als Stunden später die Freiwillige Feuerwehr Ursprung und Doktor Matthias Allinger mutlos, aber vor allem

---

[+] Frei nach Johann N. Nestroy

sichtlich erfolglos von der so gut wie vollständig niedergebrannten Heuhütte mit zwei ineinander verschlungenen verkohlten Leichen zurückkehrten.

Mano musste schmunzeln, als sich alle – einschließlich Manfred Schwenk – bekreuzigten. Roland Göttl, der zuckerkranke Ursprunger Postenkommandant, stand missmutig, zur Untätigkeit verurteilt, an der Bar und keifte herum, dass er die Spurensicherung gar nicht erst bemühen müsse, weil die Feuerwehrleute und die Schaulustigen alle Spuren zertrampelt hätten. Vertreter der freiwilligen Feuerwehr diskutierten, ob es sich um Brandstiftung, Selbstentzündung oder Fahrlässigkeit gehandelt habe. In erster Linie sprachen sie aber davon, dass die beiden bis auf die Knochen verbrannten Körper mit einem Brecheisen, wenn auch vorsichtig, voneinander getrennt werden mussten.

Göttl sagte giftig in Richtung der Feuerwehr, »das ist mein Tatort«, wie er es immer wieder in diversen Landkrimis gehört hatte.

»Ob das dein Tatort ist, das wird sich noch herausstellen«, sagte der Schwenk, »oder weißt du vielleicht nicht, dass ein hochrangiger Kommissar aus Amstetten für den Fall eingesetzt werden soll?«

»Wie bitte?«

»Ja, endlich kommt ein Profi, der zeigen wird, wie's geht«, rief Prüger.

»Und wieso erfahre ich das so … nebenbei?«

»Weil dich keiner fragen braucht«, feixte Ölsböck.

Göttl stampfte aus der Wirtsstube.

»Fallts doch alle tot um«, dachte er.

✝

Als einige Tage später zur Dämmerstunde in die Stille des bischöflichen Arbeitszimmers hinein das Telefon am Schreibtisch klingelte, erschrak Herbert Pfundtner zunächst, sammelte sich aber, während er es noch zweimal läuten ließ. Das war vielleicht das schicksalsträchtigste Telefonat seines Lebens.

»Pfundtner«, meldete er sich tapfer.

Am anderen Ende waren zuerst nur Rascheln und heftiges Atmen zu hören, dann eine dumpfe Stimme, die der Bischof sofort Oslansky zuordnete. Offenbar war er sich seiner Sache sehr sicher, wenn er nicht die geringsten Sicherheitsvorkehrungen getroffen hatte. Ein offenbar nur notdürftig vorgehaltenes Taschentuch reichte auf keinen Fall aus.

»250 000 Euro, Exzellenz, übermorgen in Ursprung. Bringen Sie das Geld an die Tür der bewohnten Doppelhaushälfte in Ursprung. Keine Polizei!«

»Moment noch …«, sagte Pfundtner rasch. »Wo ist denn diese Doppelhaushälfte? Ich kenn mich in Ursprung doch gar nicht aus …«

»Ihr *Mann* weiß schon, wo das ist. Punkt null Uhr. Eine Frau wird die Tasche übernehmen und, wenn alles reibungslos läuft, Ihnen eine CD übergeben. Okidoki?«

»Woher weiß ich denn, dass diese CD die richtige ist? Woher soll ich wissen, dass Sie nicht noch einmal und immer wieder …«

»Exzellenz, wissen können Sie das nie. Sie müssen es glauben, das können Sie ja!«

Sie lag wach auf diesem Diwan, es roch nach dem Tee, den Mano ihr verabreicht hatte. Totenstille. Sie spürte einen Körper neben sich, einen Mann, wie sie an den Händen erkannte. Am giftgrünen Kunststoffarmband, in das ENJOY eingestanzt war, erkannte sie, dass es Mano Urian war, der sie besänftigend streichelte.

Ein unbekanntes erotisches Gefühl überkam sie, und als Mano ihren Rock hochschob und ihr die Unterhose über die Beine zog, dachte sie, das muss diese Erfüllung sein, dieses Glück, von dem alle sprachen.

Sie hörte einen warmen, satten Orgelton, der ein wenig anschwoll, und als sich Mano auf sie legte, beschlich sie eine nie gefühlte Angst. Sie jauchzte vor Lust und Glück auf, als er in sie eindrang. Einen Moment lang meinte sie, den kurzen Schmerz wegatmend, Mano versinke mit seinem ganzen Körper in dem ihren.

Anni erwachte mit einem erstickten Schrei und richtete sich schweißgebadet auf dem Diwan in Mano Urians Haus auf. Der Pfarrer war nicht da, und sie bemerkte beschämt, dass sie sich heftig eingenässt hatte. Staunend stellte sie fest, dass alles, was eineinhalb Meter von ihr entfernt war, in einem feinen, undurchdringlichen Nebel versank. Selbst David, der unweit in seiner Ecke im Rollstuhl saß, war unscharf und wie an den Rändern ausgefranst zu erkennen.

Als David bemerkte, dass Anni wach war, begann er wie gewöhnlich idiotisch zu lachen und mit den dünnen Armen zu fuchteln. Anni stand auf und ging, nachdem sie ihre Unterhose wieder angezogen, Bluse und Rock in Ordnung gebracht hatte, vorsichtig einen Fuß vor den anderen setzend, fast tastend, in den Raum hinein. Ganz langsam nahmen nach und nach der Tisch und die zwei Lehnsessel, in denen sie mit Mano diesen Tee getrunken hatte, wieder Gestalt an. Woher dieses schwache grüne Licht kam, konnte sie nicht ausmachen.

Da hörte sie draußen Manos Schritte – *Schritt-tack, Schritt-tack* – näher kommen, die Tür ging auf, und Mano trat ein. Sie stellte sich schnell so vor den Diwan, dass Mano den feuchten Fleck nicht sofort zu sehen bekam.

David wimmerte und versuchte sich in seinem Rollstuhl zusammenzukauern, was ihm natürlich nicht recht gelingen wollte. Mano berührte ihn wieder kurz an der Schulter, und David quiekte auf wie ein Ferkel, schien sich aber gleich darauf mit einem hündischen Winseln zu entspannen.

»Konntest du dich ausruhen?«, fragte Mano freundlich.

»Ja, schon. Ich hab nur was ganz Blödes geträumt. Es war so wirklich – und doch nicht real.«

»Die Realität hat mit der Wirklichkeit meist gar nichts zu tun«, sagte Mano.

Er empfahl ihr, mit David doch hin und wieder entlang des Waldrandes spazieren zu gehen. Er selbst müsse zurück ins Dorf: »Man benötigt meinen geistlichen Beistand.«

Bei der Trennung der ineinander verschlungenen Brandopfer stellte man mit Entsetzen fest, dass die kleinere Leiche schwanger gewesen war. Keine Sekunde bestand auch nur der geringste Zweifel ob der Identität der beiden, hatte doch jeder im Ort von diesem Pantscherl gewusst.

Mit einem fast lächerlich dramatischen Ausdruck in den Augen und in einer theatralischen Pose ins Leere starrend, hatte Klara Horvath pathetisch gesagt: »Auf einmal sind da nur mehr Tränen.« Es klang wie ein Satz, den sie in einer ihrer bunten Illustrierten gelesen hatte. Aber ihre Trauer war enden wollend, hatte sie doch beim Anblick ihres verkohlten Gatten keine einzige Träne vergossen, sondern sich lediglich übergeben, und selbst dabei versucht, fotogen zu sein.

Jetzt saß sie im Herrgottswinkel des Holzinger. Mit einem Blick in den Taschenspiegel versuchte sie sich die grünliche Blässe wegzuschminken. Klaras Augen waren wie immer auf Teenagerart weit offen, und um ihren Mund spielte eine groschenromanwürdige Tragödie.

Als hätte die Journalistin einer Frauenzeitschrift gefragt, durchbrach sie lachend die Stille: »Und ein Baby hat er ihr auch gemacht, dieser …«, sie wandte sich zu Schwenk, » … dieses Luder! Deine Frau war schon immer eine Hure. Sie ist schuld an dem Beziehungsdrama mit meinem Walter. Frag den Paradeiser, mit dem hat sie es auch getrieben! Jetzt ist das Liebes-Aus endgültig.«

Die Ursprunger blickten sie aus sicherer Entfernung ratlos und verlegen an.

»Halt dein Maul, du *verfickte* Hex, du!«, rief Marianne Paradeiser, offenbar geritten von einer Tourette-Attacke. »Der Karl hat nie was gehabt mit der *verschissenen Scheißdreck-Ilse*. Du hättest gern was mit ihm gehabt, mit dem Karl, du *Orschgeburt*, du … mit deinen *verschissenen* Schundheftl-Fantasien.«

Klara antwortete mit einer unheimlichen, sanften Sachlichkeit in der Stimme, während sie sich in Jungmädchenmanier kokett eine weißblonde Strähne um den Zeigefinger wickelte, so wie sie es in der *Stadlpost,* dem Fachjournal für Fragen der volkstümlichen Musik, bei einer jungen Interpretin gesehen hatte: »Marianne

Paradeiser findet nur noch harte Worte für Klara Horvath. Die beiden Frauen eint nichts mehr. Die Einsamkeit und die Finsternis in deiner Seele haben tiefe Furchen in dein Gesicht gegraben, sieh dich an, Marianne, du bist eine alte Frau, verloren in der Zeit.«

Marianne sprang auf, griff sich entschlossen das Kruzifix, das über Klara in der Ecke hing, und schlug es ihr mit erstaunlicher Wucht wieder und wieder auf den Kopf und ins Gesicht. So lange, bis sich Karl Paradeiser aus seiner Schockstarre löste und ihr das mittlerweile blutige Kruzifix aus der Hand riss: »Marianne, bist du wahnsinnig geworden?«

Klara blutete aus mehreren Kopfwunden, und es sah so aus, als wäre ihr ein Auge aus der Höhle geschlagen worden. Das andere Auge war weit aufgerissen und blickte mit starrer Fröhlichkeit in eine Welt, der sie nicht mehr angehörte.

»Hallo, hallo!«, rief Fritz Holzinger.

»Sie ist tot«, stammelte Resi, die Pfarrersköchin und Mesnerin, von Entsetzen und Frömmigkeit überwältigt, »gelobt sei Jesus Christus.«

Schritt-tack, Schritt-tack. Die Wirtshaustür flog auf, und Mano trat ein.

»Dich hat das Unheil selbst zu uns geführt«, sagte Marianne im emotionslosen Tonfall sicheren Wissens und ließ sich noch tiefer in die Arme ihres Mannes sinken. Dann murmelte sie als Nachbeben des Tourettesyndroms: »Scheißhäuslhurerei ang'schissene.«

Nur wenige Minuten später führte Göttl die Auswärtigen von der KTU samt zweier Ziviler ins Holzinger, und Marianne Paradeiser machte keinerlei Schwierigkeiten, als die zwei Amstettner sie in ihr Polizeiauto brachten.

Das gleichgültige Geständnis von Marianne Paradeiser, die übereinstimmenden Aussagen von sieben Zeugen und die völlig eindeutige Sachlage erstickten Göttls Hoffnung auf weitere Ermittlungen im Keime. Göttl war aber ohnehin nicht mehr befugt, die Vorkommnisse des heutigen Tages allein zu administrieren, und so blieb ihm nur die Aufgabe, den Beamten eine Art Aservatenschachtel nachzutragen, in der sich das fettstaubige Kreuz – die Tatwaffe – befand. Was außer Klaras Schminktäschchen und Mariannes Scharlachberg-Fläschchen sonst noch hätte drin sein können, wusste niemand. Karl Paradeiser ging während der Amtshandlung in einiger Entfernung auf und ab und schien das Szenario nicht wahrzunehmen.

»Karl, bitte sag mir, dass du mit der Schwenk Ilse nichts gehabt hast. Schwöre es!«, brüllte Marianne aus dem halb offenen Fenster. Aber Paradeiser drehte weiterhin ohne Unterbrechung, den Blick auf den Boden gerichtet, seine Runden. Ihm war mit einem Schlag klar geworden, dass er seine besten Jahre in einer Ehe mit einer psychisch kranken, ungeliebten, ja, fremden Frau verpfuscht hatte. Er würde sie nicht vermissen oder gar im Gefängnis oder womöglich in einer Anstalt für geistig abnorme Rechtsbrecher besuchen. Obwohl er es herbeisehnte, konnte er nicht weinen.

Der Ursprunger Postenkommandant Roland Göttl hatte den Bürgermeister Manfred Schwenk, nicht ohne den nötigen Respekt, auf die Wache gebeten. Schließlich war es seine Frau, die in einer nicht zu missdeutenden Ineinanderverschlungenheit mit Walter Horvath bis aufs Gebein verbrannt war.

»Mein Beileid, Manfred«, sagte Göttl im Ton österreichischer TV-Kommissare.

»Ja, ja. Danke.«

»Manfred«, Göttl wurde sachlich, »hast du gewusst, dass deine Ilse offenbar eine ... Dings ... eine Affäre mit dem Horvath Walter hatte?«

»Gewusst, gewusst ...«, brauste Schwenk auf. »Was weiß man schon? Gedacht hab ich es mir manchmal. Aber gewusst ...«

»Bist ihr nicht nachgegangen? Hast nicht gewusst, dass sie sich immer wieder im Stadl treffen?«, Göttl kramte in den Verhörprotokollen, die vor ihm lagen. »Du weißt schon, dass man den Brandanschlag auch als Eifersuchtsmord auslegen kann? Eifersucht ist *das* Mordmotiv schlechthin.«

»Roland«, Schwenk wurde ernst, »hältst du mich für einen Menschen, der imstande ist – Eifersucht hin, Eifersucht her –, seine eigene Frau zu verbrennen?«

Eigentlich schon, lag es Göttl auf der Zunge, aber er entschied sich für:

»Den Horvath allein aber schon?«

»Geh, hör auf!«

»Die Eibl Elfriede sagt, sie hat gesehen, wie du ungefähr zur *Tatzeit* ...«, Göttl ließ sich den Fachausdruck auf der Zunge zergehen, » ... auf dem heimlichen Weg hinterm Holzinger vom Dunkelstein heruntergekommen bist.«

Das gnadenlose Neonlicht im Wachzimmer verhinderte günstigerweise, dass Göttl bemerkte, wie Schwenk für eine Sekunde jede Farbe aus dem Gesicht wich. Schwenk strich sich nicht vorhandenes Haar aus der Stirn und sagte aufgebrachter als nötig: »Die Friedl, der schwachsinnige Trampel, entschuldige schon, sieht auch den lieben Gott in ihrem Vorzimmer, wenn's sein muss. Das ist doch ein Blödsinn!«

»Ja, das stimmt schon, Manfred, aber wenn ich ermittle …«, wieder ein Terminus, den Göttl liebte, »… muss ich allem nachgehen und jeden befragen. Das verstehst du doch?« Göttl versachlichte seinen Tonfall spürbar: »Außerdem, Herr Bürgermeister, bei nüchterner Betrachtung gibt es ein starkes Motiv und eine Zeugin, die einen Tatverdacht nicht ausschließen, ja, in gewisser Weise sogar nahelegen.«

Schwenk beugte sich ein wenig vertraulich zu Göttl vor: »Ich habe mich ja dem Mano, dem Herrn Pfarrer, anvertraut und mich mit ihm über mein Unglück, also meinen Verdacht auf die … also, was die Ilse betrifft, unterhalten.«

»Und was hat der Herr Pfarrer gesagt?«

»Beichtgeheimnis«, sagte Schwenk mit leisem Triumph, wie aus der Pistole geschossen.

Die Gemeinschaft der Gläubigen war die Ein-Satz-Predigten ihres Pfarrers längst gewohnt, und sie sprachen auch kaum mehr über den jeweiligen sonntäglichen Aphorismus. Mit leeren Augen hatten sie sich auch an diesem eingefunden und blökten, nachdem Mano sein *verwortakeltes* Kreuzzeichen machte, brav »Amen«. Was sollten sie auch mit dem Satz »Kennt ihr jene Stille, wo die Vögel tot sind, und man dennoch Vogelgezwitscher hört?« anfangen?

Noch in der Kirche trat Josef Lüftl, der unauffällige Volksschullehrer, nach der Messe scheu an Mano Urian heran: »Herr Pfarrer …«

»Herr Lehrer«, entgegnete Mano gönnerhaft, »was kann ich gegen Sie tun?«

Lüftl schwieg verwirrt und vor allem unangenehm berührt, bis Mano auf eine Kirchenbank deutete und ihn aufforderte, Platz zu nehmen.

»Also, was haben Sie auf dem Herzen?«

Als Lüftl betreten schwieg, setzte Mano mit vertrauensbildender Stimme fort: »Sprich zu mir, sag mir alles.«

Befangen erzählte Lüftl von der Erpressung, die ihn, und vor allem einen *kirchlichen Würdenträger,* beträfe. Er erwähnte Bischof Pfundtner namentlich mit keinem Wort, gab aber sehr wohl preis, dass Victor Oslansky der Erpresser war, dem es *mit teuflischer Hinterlist* gelungen war, eine Reihe Fotos zu machen, die ihn und den erwähnten kirchlichen Würdenträger in einer Reihe sehr privater Situationen zeigten. Er verabsäumte es auch nicht, darauf hinzuweisen, dass, sollten diese kompromittierenden Bilder an die Öffentlichkeit gelangen, auch die *heilige Mutter Kirche* enormen Schaden erleiden würde.

»Ich entnehme Ihrer vorsichtigen, sachlichen Schilderung der Ereignisse, dass der kirchliche Würdenträger und Sie ein homosexuelles Verhältnis haben?«, fasste Mano Urian trocken zusammen und verbarg, so schien es, ein maliziöses Lächeln.

»Ja«, sagte Lüftl, von so viel Direktheit betroffen, und setzte trotzig nach, »wir lieben uns.«

»Liebe deinen Nächsten«, antwortete Mano mit hohem Ernst. »Wer dieser kirchliche Würdenträger ist, wollen Sie mir nicht verraten? Und wie kann ich Ihnen in dieser Sache seelsorgerisch behilflich sein?«

»Hochwürden, ich wüsste schon, was die Situation bereinigen würde. Das wäre allerdings eine schwere Sünde.«

»Sie denken an Mord?«

»Herr Pfarrer, ich bitte Sie, ich würde doch niemals …«

»Glauben Sie an *gott*?«

»Selbstverständlich, Herr Pfarrer, wieso fragen Sie?«

»Sie glauben ohne jeden Zweifel?«

»Gerade Zweifel stärkt den Glauben, Hochwürden.«

»So, so«, sagte Mano und rieb sich das Kinn. »Kommen Sie wieder, wenn Ihr Zweifel Ihren Glauben gerade weit übersteigt. Bis dahin werde ich wissen, wie ich Ihnen und Seiner Exzellenz, dem Bischof, helfen kann. Amen.« Mano stand auf und verließ – *Schritt-tack, Schritt-tack* – die Kirche.

»Woher wissen Sie, wer …?«, rief Lüftl ihm nach, seine Stimme hallte in der Kirche wider.

»Tja, Herr Lehrer, wir Geistlichen …«, antwortete Mano leichthin, ohne sich noch einmal umzudrehen.

Lüftl hätte am liebsten gleich in St. Pölten angerufen, aber er wollte seinen Herbert nicht beunruhigen.

✠

Anni war an diesem Sonntag nicht unter den Kirchgehern. Sie schämte sich, Mano zu begegnen, weil sie seinen Diwan vollgepisst hatte. Und sie schämte sich, weil ihr der wunderbare Sex mit ihm nicht aus dem Kopf ging. Natürlich wusste sie, dass es bloß ein Traum gewesen war, ja, gar nichts anderes sein konnte, und dennoch fühlte sich diese Erinnerung ganz real an. Und manchmal wachte sie in der Nacht auf, weil sie von ihrem Traum geträumt und dann ein bisschen ins Bett geludelt hatte.

Nach einigen Wochen des Zögerns entschloss sie sich schließlich, den Rat des Pfarrers anzunehmen. Sie schob David in seinem Rollstuhl am mittlerweile verschneiten und eisigen Wegesrand entlang des Dunkelsteinerwaldes, anstatt mit den anderen in der Kirche zu sitzen. David war eingeschlafen und hing wie leblos in seinen Gurten. Das einzige Lebenszeichen war ein Faden Nasenschleim, der bei jedem Ausatmen aus einem Nasenloch kam und beim Einatmen wieder verschwand. Denn dass es David, der erheblichen Unebenheiten wegen, in seinem Rollstuhl hin und her warf, konnte nicht als *Lebenszeichen* gewertet werden.

Nicht ohne Mühe schob Anni den Rollstuhl über den verwurzelten, holprigen und stellenweise vereisten Weg. Gedankenverloren in ihrer Verzweiflung versunken, blickte sie auf und hielt an, als sie den Wolf ein paar Meter vor sich stehen sah. Sie empfand keine Furcht, nur Verwunderung. Das Tier blickte sie mit seinen eng nebeneinanderstehenden Augen, naturgemäß ohne jeden Ausdruck, an. Interessant ist vielleicht, dass die wenigsten Tiere irgendeine Mimik haben. Eisbären und Haie definitiv gar keine. Auch Menschen nicht, wenn sie einen Vollvisierhelm tragen.

Wie lange sie Aug in Aug mit dem Tier stand, vermochte sie nicht zu sagen. Sie stand nur da, die Griffe des Rollstuhls umfasst, und spürte nichts. Keine Angst, keine Sorge, keinen Fluchtreflex. Sie nahm sich selbst nicht wahr – ihr Herz, ihr Kopf, ihre Seele waren leer. Ein Gedanke huschte ihr durchs Bewusstsein, über den sie beinahe schmunzeln musste. Das musste der Zustand sein, der in ihrem Taschenbuch *Meditation für Dummies* als Idealziel der rechten Versenkung beschrieben wurde. Völlige Leere, keine Welt, kein Ich, kein Du, die Abwesenheit alles Seins und alles Seienden. Außer dem regelmäßigen Rotz-Aufziehen Davids war kein Mucks zu hören.

Das Tier hob den Kopf und stimmte ein kurzes, lautes Heulen an, worauf zwei weitere Wölfe aus dem Wald traten und sie gleichfalls unverwandt anblickten. Sie fletschten die Zähne, und Anni erwachte. Sie drehte sich um und rannte, wie sie noch nie gerannt war, und sie meinte Mano Urian in sich rennen zu spüren. Erst als sie auf dem gefrorenen und teils verschneiten Weg ausglitt und hinschlug, warf sie einen Blick zurück und sah, wie die Wölfe ohne jede Hast auf den Rollstuhl zugingen. Sie sprang auf und lief – wurde gelaufen –, keinen Gedanken im Kopf, weiter und entleerte dabei, ohne es zu bemerken, ihre Blase.

Fast zeitgleich klopfte Manfred Schwenk hartnäckig an Elfriede Eibls Tür.

»Lasst mich in Ruh, was wollt ihr denn?«, rief sie und weigerte sich zu öffnen. Es dauerte lange, bis Elfriede endlich auf ihren Stock gestützt an die Tür kam.

»Manfred?«, sagte sie undeutlich, während es sie schüttelte. »Was willst du?«

Schwenk schob sie zur Seite und betrat brüsk das Haus. Es stank nach Erbrochenem und Fäkalien und sah erbärmlich aus. Angeekelt setzte er sich mit nur einer

Arschbacke auf einen Sessel und sagte zu der sich notdürftig aufrecht haltenden Elfriede: »Setz dich, ich muss mit dir reden.«

»Was hätten wir zwei denn zu reden?«, stotterte sie.

»Also, rundheraus: Der Göttl sagt, dass du mich am Waldweg gesehen hast, grad zu der Zeit, als der Stadl gebrannt haben muss. Stimmt das? Hast du mich wirklich gesehen oder hat der Göttl da etwas missverstanden?«

»Freilich habe ich dich gesehen, du Feuerteufel!«, fauchte Elfriede guttural. »Ich bin zwar sehr schlecht beisammen, aber blind bin ich noch nicht.«

»So, so«, sagte Schwenk, nahm ihr den Stock weg und warf ihn in eine Ecke. Ohne jede Gefühlsregung stieß er Elfriede zu Boden und scherte sich keinen Deut um das ersterbende Gezeter, als er das Haus in Richtung Holzinger verließ.

Im Gasthaus saßen nur noch ein paar hartgesottene, vorwiegend alkoholisierte Ursprunger und dämmerten vor sich hin. Als der Bürgermeister gekommen war und eine Runde spendiert hatte, war das Vorhaben, nach Hause nachtmahlen zu gehen, rasch vergessen.

»Was ist los, Manfred?«, fragte Mano Urian, der an der Theke stand und Mirli dabei zusah, wie sie den Vogelbeer einschenkte. »Gibt es etwas zu feiern?«

»Das ist der Wahlkampfauftakt des Herrn Bürgermeister!«, rief Paradeiser.

»Nein, nein«, beschwichtigte Schwenk, »mir ist nur grad danach. Prost, Herrschaften!«

»Prosit omnes!«, sagte Mano und hob sein Glas. An Schwenk adressiert fügte er hinzu: »Kümmerst du dich eigentlich ein bisschen um die Eibl Elfriede? Zu allem Übel ist ihr auch noch der Mann weggestorben.«

Gerade als Schwenk an einem Hustenanfall zu ersticken drohte, riss Göttl, der höchste, weil einzige Ursprunger Polizist, die Tür auf und krakeelte: »Ja, zum Teufel noch einmal, was ist denn da in der letzten Zeit los? Ist denn nur noch Unglück in diesem Ursprung?«

Am Waldrand stand, gespenstisch beleuchtet, Davids Rollstuhl. Noch mit dem Gurt festgeschnallt, saß eine bis auf das Skelett zerrissene Leiche darin, und hätte nicht jeder gewusst, dass es nur die aasigen Reste Davids sein konnten, hätte sie niemand identifizieren können. Sein Gesicht war nämlich bis auf den lose an einem Halswirbel hängenden Unterkiefer nicht mehr da. Nach und nach offenbarten die Strahlen der Taschenlampen weitere Details dieses grausigen Fundes. Spuren von Gehirn klebten auf der Kopfstütze des Rollstuhls, und der linke Unterarm lag abgerissen – die Elle und die halbe Speiche – auf der Armstütze. Aus dem Abdomen drängten Reste von Dünn- und Dickdarm, und auf der Sitzfläche, neben dem Kreuzbein, kauerte eine angebissene Niere.

Roland Göttl, der mit fast übermenschlicher Anstrengung dagegen ankämpfte, sich zu übergeben, spannte ein gelbes Polizei-Absperrband um den Rollstuhl, um Unbefugte fernzuhalten.

»Zurück«, rief er in harschem Ton, »zurück bitte, das ist ein Tatort!«

»Roland!«, rief da Doktor Allinger, der herbeigerufen worden war. »Was denn für ein Tatort? Der David ist von zwei, drei Wölfen zerrissen worden. Das sieht man sogar mit den Lampen sehr gut.«

»Aber, man sieht auch sehr gut, dass er nicht allein am Tatort war. Die Spuren zeigen eindeutig, dass noch jemand dabei war.«

»Ja, und wer glaubst du, war das? Ein Amstettner, der sich in einen Werwolf verwandelt hat? Der Chebberwalki? Untote aus Scheibbs?«

»Das kann doch nur die Anni gewesen sein«, sagte Paradeiser, der sich erstaunlich schnell gefasst zu haben schien, nachdem seine Frau unlängst die Klara Horvath erschlagen hatte. »Wer denn sonst?«

Göttl stellte sich in Positur und sagte amtlich: »Bitte, ich leite hier die Ermittlungen, Herr Paradeiser. Hier gibt es keine sieben Zeugen, die den Tathergang beobachtet haben. Da liegt der Fall nicht so klar. Das sieht unmissverständlich nach unterlassener Hilfeleistung aus, das riecht nach Mord! Können Sie etwas Wichtiges zu diesem Fall aussagen?«

»Ich, was soll denn ich dazu aussagen? Ich bin doch auch gerade erst hergekommen.«

»Roland«, seufzte Doktor Allinger, »hast du gar einen Glucose-Schub? Ich lass dich einweisen, hörst? Freilich war die Anni hier. Sie liegt bei mir in der Ordination, voll mit Morphium. Die Resi ist bei ihr.«

Göttl rieb sich die Hände: »Morphium, aha!«

»Ja, ich habe sie damit in einen Dämmerschlaf versetzt. Die war ja nicht mehr sie selbst, als sie zu mir gekommen ist: Geschockt und traumatisiert.«

»Hat sie gestanden?«

»Was soll sie denn gestehen, Roland? Dass sie ihren eigenen Sohn z'sammg'fressen hat? Als Roher?«, fragte Julius Prüger, der Förster (ehrenhalber), und schlug sich gegen die Stirn. »Das Kranke ist abgestorben, die Natur hat sich ihren Tribut geholt! Sagen wir es doch, wie es ist.«

»Machen S' keine Fisimatenten, Göttl. Lassen S' den Rollstuhl wegbringen und irgendwie putzen, dann kann ihn die Anni ja abholen …«, sagte Bürgermeister Schwenk, der gerade dazugekommen war, sich aber rasch einen Überblick verschafft hatte.

»… oder besser: Wir geben ihn der Eibl Elfriede«, schlug Doktor Allinger vor, »die kann ja bald eh nimmer gehen.«

Just als diese Worte gesprochen wurden, verschwand Göttl hinter einem Baum und erbrach sich in einem armdicken Strahl. Etwa zeitgleich erstickte in dem kleinen Mesnerhaus mit der Eternitfassade Frau Elfriede Eibl.

»Gott steh uns bei«, röchelte sie ein letztes Mal.

Als Mano Urian den Behandlungsraum der Ordination Allinger betrat, lag Anni flach atmend auf einer Liege und starrte mit halb offenen Augen an die Decke. Resi Haslinger stand daneben, eine Art Schlaflied summend, hörte aber in der Sekunde damit auf, als Mano Urian eintrat.

»Danke, Resi«, flüsterte Mano. »Lass mich allein mit ihr, bitte!«

Resi zögerte. Kurz überlegte sie, die Gelegenheit zu nutzen, um Mano zu fragen, wie es jetzt zwischen ihnen beiden stünde. Sie entschied sich dagegen und ging mit vor der Brust verschränkten Armen hinaus.

Als Mano Anni übers Haar strich, verkrampfte sich ihr ganzer Körper kurz, bevor sie sich in eine entspannte, erlösende Geborgenheit fallen ließ.

»Ich kann nichts dafür«, wisperte sie und schlief ruhig atmend ein.

Resi öffnete die Tür einen Spaltbreit und zischte eifersüchtig: »Sie hat sich angepischt, nur dass du's weißt.«

Mano blickte auf die schlafende Anni Jascha und *segnete* sie mit seinem Kreuzzeichen.

»Grüß Gott, Mano«, sagte Doktor Allinger, der leise eingetreten war, »sie schläft, sehr gut. Ich weiß nicht, wie sie das verkraften wird. Ich fürchte, es wird notwendig sein, sie zumindest für einige Zeit einzuweisen und stationär behandeln zu lassen. Sie wird in jedem Fall deinen geistlichen Beistand benötigen.«

Allinger blickte sich um. Der neue Pfarrer war nicht mehr da.

»Alle Religionen sind die falschen Antworten auf die gleichen Fragen«, dachte Allinger, fühlte Annis Puls und verließ beklommen das Zimmer.

Die Beerdigung von Ilse Schwenk und Walter Horvath gestaltete sich ein wenig kompliziert, da Ilse Schwenk und Walter Horvath separat bestattet werden mussten. Ilse im schwenkschen Familiengrab, das eigentlich gar kein Familiengrab war, denn Schwenks Eltern und Großeltern lagen am Haupt- und Waldfriedhof in St. Pölten in einem, der Vergessenheit anheimgefallenen, Urnengrab. Manfred Schwenk hatte später aber ein Grab in Ursprung gekauft und einen repräsentativen Granitstein mit den eingemeißelten Worten *Familie Schwenk* aufstellen lassen und sprach seitdem eben von einem Familiengrab. Wo Ilses Eltern und Großeltern begraben waren, wusste niemand, denn von solchen Dingen hatten die Eheleute Schwenk nie gesprochen.

Mano bestand auf einen Leichenzug mit zwei Stationen. An der ersten Station wurde Ilses Sarg im Beisein der Trauergemeinde unter Mollklängen in die Erde gelassen. Sodann wälzte sich der Zug weiter zur zweiten Station, wo sie ein nicht fertig ausgehobenes Grab vorfanden. Die beiden Totengräber Klaus und Karl Floricz schaufelten noch, als Mano, der die Zeit nicht ungenutzt verstreichen lassen wollte, bereits die Ritualformeln sprach. Und so flogen während der Zeremonie die letzten Schaufeln Erde aus dem leidlich rechteckigen Loch auf den Aushub. Walter Horvath wurde ohne Musik begraben, obschon Schwenk sich wünschte, bei Horvaths Beerdigung *Ring of fire* zu blasen, was aber im Vorfeld von Resi – schließlich war sie die Mesnerin – strikt untersagt wurde.

Die meisten waren ja der Ansicht gewesen, dass eine Verbrennung der beiden Toten *logischer* gewesen wäre, da die halbe *Arbeit* ja bereits getan war. Die wenigen Trauergäste konnten sich ein boshaftes Grinsen nicht verkneifen, als der Herr Pfarrer *Asche zu Asche* sagte.

»Na, geh schon, du Graffelwerk«, schimpfte der Bürgermeister Gewerke Schwenk, als er Davids Rollstuhl aus dem Kofferraum seines Kombis vor dem alten Mesnerhaus herausholte und ihn zur Eingangstür schob. Er wusste, dass sie unversperrt sein würde, tat aber trotzdem, als nähme es ihn wunder, sie offen vorzufinden. Obwohl er ahnte, was ihn hier erwarten würde, benahm er sich, als wäre er überrascht, als ihm widerwärtiger Geruch entgegenwehte. Er spielte sich selbst Überraschung, ja, Entsetzen vor, als er die tote, bereits von Fliegen umsummte und leicht angemürbte Leiche der Elfriede Eibl fand.

So wie sie dalag, musste sie vor Todeseintritt versucht haben, an ihren Stock zu gelangen, der neben ihr am Boden lag, denn ihr linker Arm war grotesk weggestreckt, als hätte sie versucht, ihn zu verlängern. Aber selbst wenn sie den Stock zu fassen bekommen hätte, wäre sie ohne fremde Hilfe nicht in der Lage gewesen aufzustehen.

Schwenk flüsterte – ganz Schauspieler für sich selbst – betroffen: »Elfriede, um Gottes willen.«

Sich das Ein-Personen-Stück *Der Unschuldige* vorzuspielen, fiel dem Bürgermeister gar nicht schwer, lagen doch sowohl die Brandstiftung als auch der Mord an Elfriede Eibl in einem vagen Nebel seiner Erinnerung. War das tatsächlich er, den er da, von außen auf die Szenen blickend, sah? War er es gewesen, der im Wachzustand mit einer Kaltblütigkeit das *Heuhäusl* angezündet hatte? War er es gewesen, der aus eigenem Impetus der schlotternden Elfriede den Stock entrissen und, ohne sich noch einmal umzublicken, das Haus verlassen hatte? Freilich, Manfred Schwenk war grundsätzlich keiner, der ein reines Gewissen brauchte, um gut zu schlafen. Aber war es nicht so gewesen, dass er nach seinen Taten, als er wieder in *Sicherheit* war, wieder er selbst wurde? Hätte er, im Zuge eines Geständnisses, die Tathergänge genau beschreiben müssen, hätte er sich hochwahrscheinlich in Widersprüche verwickelt, und an seiner Täterschaft wären berechtigte Zweifel aufgekommen. Je weiter alles zurücklag, desto mehr war er von seiner Unschuld überzeugt.

Er rief zunächst am Wachtposten, dann bei Doktor Allinger an.

»Ein tragischer Sturz«, konstatierte Doktor Allinger, besah sich die tote Elfriede beiläufig und ergänzte: »Zeitpunkt des Todes plus/minus achtundvierzig Stunden.«

Göttl kämpfte abermals mit einem aufkommenden Brechreiz, wandte sich ab und sagte giftig zu Schwenk: »Noch ein Unfall, Herr Bürgermeister?«

Schwenk entging der sarkastische Unterton in dieser Bemerkung nicht, trotzdem nickte er betroffen.

Schwenk spielte den Nichtsahnenden weiter. Nicht etwa, weil er sich – als Täter – ein solches Verhalten strategisch zurechtgelegt hätte. Nein, er war tatsächlich von der ersten Sekunde an selbst von seiner Unschuld überzeugt. Sein erster Gedanke war gewissermaßen wörtlich: »Ich bring der armen Elfriede jetzt den Rollstuhl vom David« – und die Wirklichkeit wurde und blieb konsequent *seine* Wirklichkeit. Wer Unschuld gut darstellt, ist unschuldig. Und *scheint* es nicht nur für die anderen zu sein, sondern *ist* es primär für sich selbst.

Die Einzige, die dann beim Begräbnis der Elfriede Eibl Tränen vergossen und Trauer gezeigt hatte, war Hildgard. Sie stand wie immer kerzengerade am Grab, und man konnte sich des Eindrucks nicht erwehren, dass irgendetwas sie stützte, denn ihre äußerliche Bresthaftigkeit harmonierte so gar nicht mit ihrer strammen Haltung.

»Seit der neue Pfarrer zu uns gekommen ist, hat das Unheil breiten Raum eingenommen«, flüsterte sie Resi zu, »alle scheinen die Scheu vor dem Schlechten verloren zu haben, raffen die Tabus in ihren Seelen hinweg. Die Elfriede war mit Mano Urian, seinem Gehabe und seiner Liturgie nicht einverstanden und hat kein Hehl daraus gemacht, darum musste sie sterben.«

Resi stand ungerührt neben ihr und sagte trotzig: »Für die Elfriede war es eine Erlösung!«

Hildgard blieb stehen, holte seufzend Luft und sagte mit dünner Stimme: »Wir sind unerlöste Wesen, und nur der Tod ist uns gewiss.«

»Hörst auf mit deiner schwarzen Sprach, Hilde!«

Mano Urian, so schien es, leitete die Beerdigung unkonzentriert und routinemäßig. Denn außer den Ursprunger Totengräbern, Resi, Hildgard und Bürgermeister Schwenk stand niemand am Grab.

Resi, Mesnerin und Pfarrersköchin in Personalunion, stand an dem alten gusseisernen Herd. Auf einer Platte köchelte eine ausgiebige Erbsensuppe mit mundgerecht geschnittenen Debrezinern, und daneben richtete sie einen Kaiserschmarren mit vielen Rosinen in karamellisiertem Zucker. Es war zwar, wie Resi sagte, eine rechte Patzerei, aber für ihren Mano nahm sie diese Mühe gerne auf sich. Was sie enttäuschte, ja, ärgerte, war, dass Mano Urian meist die Hälfte der Portionen, die sie ihm servierte, übrig ließ.

»Schmeckt es dir nicht, Mano?«, fragte sie dann missbilligend, aber der neue Pfarrer antwortete immer: »Danke. Es war köstlich, Resi. Aber ich kann nicht so viel essen.«

Wenn eine der Matronen aus dem Dorf sie fragte, wie sie sich mit dem neuen Pfarrer so tat, antwortete sie: »Ein guter Mann, nur essen tut er nichts.«

Als der alte Absenger noch lebte, da kochte sie für ihn und Hildgard, was auch nicht die reine Freude war, denn Absenger aß hektisch, kaute kaum, schlang alles hinunter und hatte fast nie ein Wort des Dankes für Resi. Hildgard wiederum aß so wenig, dass Resi ihr manchmal den Hungertod, während sie esse, prophezeite. Noch dazu aß sie so langsam, dass sie mit dem schwachen Viertel der Portion des Pfarrers gleichzeitig mit ihm fertig war. Resi selbst griff mit gutem Appetit zu und sagte oft, wenn sie Hildgard beim Essen beobachtete: »Du bist vielleicht eine Zezn.«

Für Mano kochte Resi gerne, denn sie sah, dass es ihm schmeckte, obwohl ihm, ihrem Dafürhalten nach, selbst kleine Portionen zu groß waren. Und jedes Mal war sie ein wenig aufgeregt, wenn er sich bei ihr bedankte und sie lobte. Immer wieder dachte Resi: »Von ihm geh ich nicht mehr weg. Bis ans Ende der Welt geh ich mit ihm. Ich gehöre ihm.«

Kommissar Gruber eilte der Ruf eines erstklassigen Kriminalisten voraus. Er war ein polternder, gelinde gesagt, massiger Mann, Anfang fünfzig, der die meisten *verzwickten* Mordfälle und andere hochkarätige Gewaltverbrechen in der Region aufgeklärt hatte, und stand im Rang eines Hauptmanns. Sein Rang war, da er seit Jahren Dienst in Privatkleidung tat, für Außenstehende naturgemäß nicht erkennbar. Er fuhr in einem Polizeifahrzeug –

VW Passat – bei der Ursprunger Dienststelle vor, betrat selbstsicher die Wachstube, nahm unaufgefordert am Schreibtisch Göttls Platz und breitete eine Handvoll Akten vor sich aus. Mit einer beiläufigen Handbewegung bedeutete er Göttl, sich ebenfalls zu setzen, und zwar auf den unspektakulären Stuhl, der den *Parteien* vorbehalten war. Göttl blieb trotzig vor *seinem* Schreibtisch stehen.

Roland Göttl war in keiner Weise erfreut, als Kriminalkommissar Phillip Gruber aus Amstetten den ärmlichen Posten Ursprung betreten hatte. Der Kommissar Gruber war ihm von der Landesgebietsstelle St. Pölten angekündigt worden, und Göttl hatte missmutig zur Kenntnis genommen, dass ihm da einer von den *Höheren* vor die Nase gesetzt wurde. An Göttl war die Aufforderung (nicht etwa eine *Bitte*) ergangen, den Vorgesetzten in jeder Hinsicht dabei zu unterstützen, Licht in das Dunkel der sich häufenden Vorkommnisse zu bringen.

Dabei war *er* der Chefermittler in Ursprung, auch wenn er bislang nur festgestellt, protokolliert und gemeldet, aber nichts ermittelt hatte. Was gab es denn auch schon groß zu ermitteln, die Fälle lagen klar. Das Einzige, was Göttl stutzig machte, waren die verfluchte Regelmäßigkeit und die kurzen Abstände, in denen all die vergangenen Katastrophen passiert waren. Und wenn auch die Unfälle einander nicht ähnelten, so schienen sie doch eine gemeinsame grausam-aufsehenerregende Handschrift zu zeigen. »Eigentlich hat das Ganze begonnen, als der alte Absenger gestorben und dieser neue merkwürdige Pfarrer aufgetaucht ist«, war eine der Erkenntnisse, wenn Göttl kriminalistisch vor sich hin brütete. Er wollte ihm auch wirklich auf den Zahn fühlen, fand aber keinen plausiblen Grund, weshalb er mit ihm ein Ermittlungsgespräch führen sollte. Er konnte nicht einmal sagen: »Ich führe eine Mordermittlung durch, da muss ich auch Sie routinemäßig befragen.« Von Mord konnte ja keine Rede sein, sondern nur von bizarren *Unfällen* oder *Vorkommnissen*.

»Diese *Unfälle* …«, begann Gruber ohne einleitenden Small Talk, blätterte im Papierkram und bohrte in der Nase, »… diese Unfälle, die sich in schöner Regelmäßigkeit bei euch ereignet haben … sind das alles wirklich Unfälle gewesen? Das scheint wenig glaubwürdig, Herr … ähh … Göttl. Wurde da jedes Mal vorschriftsmäßig, soll heißen *professionell,* ermittelt?«

Göttl fühlte sich sehr unwohl. Was sollte das heißen, *professionell?* Was glaubte dieser Fettwanst? Er bemühte sich, unbefangen zu antworten: »Herr Kriminalkommissar, die Akten- und vor allem die Faktenlage zeigen deutlich, dass es sich um furchtbare Vorkommnisse, aber eben um Unfälle handeln muss. Für Mord – und darauf wollen Sie ja hinaus – gibt es außer weniger, dürftiger Indizien keine handfesten Anzeichen. Man kann ein Wolfsrudel nicht in U-Haft nehmen.«

»Das ist mir schon klar. Was ist denn mit dieser Anni Jascha? Laut eigener Aussage ist sie davongelaufen, als der erste Wolf sich gezeigt hat.«

»Ich sag's Ihnen, wie es ist, Herr Gruber, ich wäre auch davongerannt, wenn auf einmal ein Wolf vor mir steht. Jeder tät sich vor Angst in die Hose scheißen, Herr Kommissar.«

»Das Rotkäppchen nicht«, sagte Kriminalkommissar Gruber und popelte ein bisschen in seiner Nase herum. »Ist diese Jascha vernehmungsfähig?«

»Da müssen wir Doktor Allinger fragen«, sagte Roland Göttl. »Unser Kreisarzt hat sie für ein paar Tage ins LKH Amstetten überstellen lassen. Dort haben sie sie *eingestellt,* sagt der Doktor Allinger, wahrscheinlich ist sie noch nicht ganz da.«

»Schon, schon. Aber vernehmen muss ich sie trotzdem. Wie lang wird man sie denn noch … schonen müssen.«

»Der Allinger sagt, drei, vier Tage, vielleicht eine Woche.«

»Sagen Sie, Göttl«, erkundigte sich Gruber, »habt ihr in den letzten Jahren schon einmal Probleme mit den Wölfen gehabt?«

»Nicht dass ich wüsste, Herr Kommissar. Erst in letzter Zeit haben sie darüber geredet, dass man Wolfgeheul aus dem Wald hört, aber das war hauptsächlich der Prüger …«

»Prüger?«

»Ja, Julius Prüger, ehrenamtlicher Förster, aber der will ja immer gleich alles erschießen.«

»Ah ja, der stramme Waidmann«, sagte Gruber, nach einem Blick in die Akten. »Wissen Sie, was ich nicht verstehe, Göttl?«

»Russisch?«, fragte Göttl, einen müden Scherz wagend.

Gruber schaute ihn sekundenlang an, als wäre Göttl ein seltenes Insekt, und sagte dann: »Hat Ihnen Ihre Frau heute zum Frühstück *narrische Schwammerl* g'macht?«

»Ich hab keine Frau, Herr Kommissar«, antwortete Göttl ein wenig unterwürfig.

»Richtig, Sie sind ja imp… Diabetiker«, murmelte Gruber. »Also, ich versteh nicht, wie man überhaupt auf die Idee kommt, sein Kind am Waldrand – unwegsam, eisig – spazieren zu führen. Das muss doch mühsam sein.

Für die Mutter, weil sie sicher ganz schön antauchen hat müssen, und für den Buben ja auch, den muss es ja hin und her geworfen haben, in seinem Rollstuhl. Noch dazu, wo es doch wirklich gemütlichere Strecken gibt in Ursprung.«

Göttl zuckte die Achseln.

»Und diese zwei Brandleichen aus der Heuhütte, die sind doch auch mysteriös. Die haben doch keine rituelle Selbstverbrennung inszeniert, noch dazu in der eindeutigen Position, in der man sie gefunden hat?«

»Ja, das erscheint mir auch unwahrscheinlich, Herr Kommissar, aber die diesbezüglichen Ermittlungen liefen alle ins Leere. Aber unsere Feuerwehr hat nicht ausgeschlossen, dass es sich um Brandstiftung handeln könnte.«

»Unsere Feuerwehr«, sagte Gruber verächtlich. »Wer ist das? Die paar freiwilligen Hansln, die keine Ahnung haben, wie man Brandursachen feststellt? Was soll es denn sonst gewesen sein außer Brandlegung? Selbstentzündung? Ein Blitzeinschlag?«

Göttl zuckte wieder die Achseln. »Das Einzige, was wir haben, ist die Aussage von Elfriede Eibl. Sie hat angegeben, dass unser Bürgermeister ungefähr zur Tatzeit auf einem Schleichweg aus Richtung Hütte ins Gemeindeamt zurückgekehrt ist. Aber die können Sie nicht mehr befragen, die alte Eibl ist tot.«

»Nicht ungünstig für den Herrn Bürgermeister«, brummte Gruber. »Apropos, ich entnehme der dünnen Aktenlage, dass diese komischen Todesfälle begonnen haben, als ein neuer Pfarrer seine Stelle in Ursprung angetreten hat.«

»Ja, der Mano. Also der Hochwürden Urian. Aber glauben Sie gar, dass ein Pfarrer …?«

»Hat er entsprechende Alibis?«

»Sicher, Herr Kommissar.«

»Haben Sie ihn befragt?«

»Nein.«

»Wie können Sie dann sicher sein?«

»Ich bitte Sie, Herr Kommissar, ein Mann Gottes?«

»Die Wege Gottes …«, sagte Gruber, »Sie wissen ja.«

Die Beerdigung der sterblichen Überreste Davids war, um es kurz zu machen, kurz. Nicht nur, dass sich die Trauergemeinde einig war, dass es für dieses, letztlich lebensunfähige, Wesen das Beste war, was ihm passieren hatte können. Wobei einige dachten, eine finale Injektion wäre humaner gewesen.

Mano Urian bemühte, wenig glaubhaft, die unergründbaren Wege des Herrn, der in seiner unendlichen Gnade etc. … Nur wenige nahmen an dem Begräbnis teil, nicht einmal Resi und Hildgard waren da. Niemand im Dorf konnte sagen, warum die beiden, die sonst jedes Begräbnis (als Elfriede Eibl noch lebte, eben zu dritt) aufsuchten, nicht gekommen waren; im Übrigen interessierte sich auch niemand für die Gründe ihres Fernbleibens.

Als die beiden Friedhofsarbeiter, die sich bereits darüber ausgetauscht hatten, eine Lohnerhöhung für den Mehraufwand zu fordern, begannen, das Grab zuzuschaufeln, und Pater Urian sein verhuschtes Kreuz schlug, scholl Wolfsgeheul aus dem Dunkelsteinerwald herüber, und Anni Jascha, die während der ganzen Zeremonie unbeteiligt dagestanden hatte, urinierte ungerührt in ihre Hose, sodass sich zu ihren Füßen eine unübersehbare Pfütze bildete.

»Windeln werde ich brauchen«, dachte sie, während sich ein paar Tränen in ihre Augen stahlen, »Windeln wie der David.« Da spürte sie eine schwere Hand auf ihrer Schulter, und eine Stimme sagte sanft: »Weine nur, Anni, weine nur. Wenn's d' viel weinst, musst du weniger Lulu machen.«

Sie drehte sich um und sah ins Gesicht des Fritz Holzinger. Sie wollte schon in dieses Gesicht hineinspucken, da bemerkte sie, dass der Ausdruck in Holzingers Zügen Mitgefühl, Wohlwollen und Güte, ja, Zuneigung signalisierte. Anni legte ihre Arme um seine Schulter und barg ihren Kopf an seiner Brust, darauf bedacht, dass sie ihm mit dem Unterleib nicht zu nahe rückte.

Das Gefühlsleben des Fritz Holzinger war – wie bei den meisten Ursprungern – nicht hoch entwickelt. Sein Vater war Tischler in Tulln gewesen und hatte ihn, nachdem Fritz die Hauptschule wegen geringen Erfolges und noch geringerer Lust in der dritten Klasse aufgeben musste, in die Lehre genommen. Fritz zeigte sich aber nicht besonders geschickt, weshalb sein Vater, ein verschlossener, stets hölzern wirkender Mann, von ihm zu sagen pflegte: »Wenn der Bub die Arche Noah hätt bauen müssen, die Welt tät unter Wasser stehen.«

Als Fritz' Mutter in den Armen seines Vaters an Krebs starb, bemerkte der mittlerweile Achtzehnjährige zum ersten und einzigen Mal so etwas wie ein Ausgeliefertsein an die Entsetzlichkeit des Irreversiblen. Er sah, obwohl der alte Holzinger es halbherzig zu verbergen suchte, dass sein Vater gegen die wenigen Tränen, die über seine starren Züge rannen, machtlos war. Dass sein Vater weinte, war ihm selbst in dieser Situation peinlich, denn er hatte seinen Vater noch nie weinen gesehen. Fritz war, wenn er sich recht erinnerte, zumindest vordergründig, nur verwirrt. Der Tod ist ja für den Sterbenden in der Regel problemlos zu erledigen, nur zunächst für die unmittelbaren Zeugen, und in der Folge für die Hinterbliebenen, ist er peinlich. Fritz verspürte bei der Verabschiedung, als der Sarg mit seiner Mutter unter dem von einem knackenden Tonband kommenden Gesang *Näher mein Gott zu dir* langsam in die Brennkammer des St. Pöltner Krematoriums hinabsank, so etwas wie eine Gefühlsaufwallung. Das war aber vorwiegend dem Gruseleffekt, der dieser finalen Zeremonie zweifellos innewohnte, geschuldet.

Nach ein paar Jahren, in denen es ihm gelungen war, so gut wie alle ihm übertragenen Tischlereiarbeiten zu verpatzen, zahlte ihm sein Vater das Erbe der Mutter aus. Fritz pachtete das bis heute nur wenig sanierte Gasthaus *Ursprung-Wirt* samt der Wohnung im Halbstock und dem großen Speisesaal und machte das *Gasthaus Holzinger* daraus. Die Gäste kamen zuerst zögernd, im Laufe der Zeit aber in vermehrter Zahl und erhöhter Frequenz, in erster Linie deswegen, weil es das einzige Gasthaus in Ursprung und Umgebung war, und vielleicht auch, weil Fritz, obwohl ohne jede Ausbildung, ein hinreichend talentierter Koch und ein unaufdringlicher Wirt war.

Als dann sein Vater im Pflege- und Betreuungszentrum Tulln in Fritz' Abwesenheit an einer Lungenentzündung starb, kaufte er die Liegenschaft vom zweiten Teil des Erbes und mithilfe eines Kredits, den ihm der damals noch junge und unverheiratete Raiffeisen-Filialleiter Karl Paradeiser gewährte und den Fritz ohne Probleme bediente und schließlich zurückzahlte. Nur wenig später stellte er die junge Mirli Egger aus Scheibbs ein, die ihm, *»bevor Sie es von fremden Leuten erfahren«*, die Geschichte mit Vittorio und ihrer damit verbundenen Amtsbekanntheit erzählte. Holzinger gefielen ihre offene Art und ihre Jugend, die sich, wie er zu Recht vermutete, zusammen mit ihrem *sauberen G'stell* fördernd auf den Umsatz auswirken würden.

Für den etwas ungeschlachten Fritz war es schwierig, in Ursprung Frauen oder in der Folge gar eine Ehefrau kennenzulernen, weil er nur höchst rudimentär mit Charme gesegnet war. Die meisten Frauen, die infrage gekommen wären, scheuten davor zurück, in einem Gasthaus, das noch dazu so heruntergekommen war, die arbeitsintensive Tätigkeit einer Wirtin auf sich zu nehmen. Als er einmal zu vorgerückter Stunde mit Ernst Ölsböck allein im Gasthaus saß und das Gespräch auf ihr Sexualleben kam, gestanden sie einander, enthemmt von etlichen Bieren in Einheit mit diversen Vogelbeer, dass sie keines hatten. Ölsböck enthüllte darauf, dass er gelegentlich, wenn auch regelmäßig, das Laufhaus in Amstetten aufsuchte, wo er für einen überschaubaren Preis sein Auslangen fand und *es* aus dem Kopf hatte.

»Du darfst den Mädeln nur nicht zu viele Getränke kaufen, obwohl sie dich ständig animieren, das geht dann ins Geld. Mir wollten sie ja anfänglich jedes Mal eine Flasche Champagner aufschwatzen, kostet eine Lawine, denn die Hasen verdienen ja mit. Aber seitdem ich einmal gesagt hab: ›Meine Damen, ich bin nicht der Krampus, drum zahl ich keinen Schampus. Ich bin nur der Nikolo, bestellts euch einen Piccolo‹, ist Ruhe. Und jetzt kennen die mich schon. Wenn ich reinkomm, schreien s' gleich: ›Der Nikolo! Hast eh deinen Sack mit?‹, und alles ist klar.«

Daraufhin fuhr Fritz Holzinger, manchmal sogar gemeinsam mit Ölsböck, meist schon am späteren Nachmittag – *die Vilma, meine Frau, tät mich ausfratscheln, wenn ich erst spät am Abend heimkomm* – nach Amstetten.

Fritz Holzinger sehnte sich aber dennoch – mehr intuitiv als konkret – nach einer Partnerschaft. Als die *Tragödie* der Anni Jascha und ihres *bemitleidenswerten* Sohnes Tagesgespräch war, hatte sich diese Sehnsucht schon ihren Weg gebahnt. Dass es mittlerweile peinliche Gewissheit geworden war, dass Anni – ansonsten eine tadellose, noch junge Frau – ihren Harn nicht mehr halten konnte, störte Holzinger gar nicht. Im Gegenteil, es rührte ihn auf eine gewisse Art und ermutigte ihn, ihr anzubieten, ihr weiteres Leben an seiner Seite zu verbringen. An der Seite eines wenig attraktiven, fast dreißig Jahre älteren Mannes. Die jungen Männer, die Ursprung ohnehin scharenweise verließen, würden sich für Anni unter diesen Umständen nicht interessieren. Überhaupt empfand er ein Gefühl für sie, das er empfand, als er seine Mutter in den Armen seines Vaters sterben gesehen hatte.

Dritter Teil

Resi und Hildgard verbrachten diesen Tag in Linz. Hildgard hatte Resi gebeten, ja, gewissermaßen verpflichtet, sie zu begleiten, weil es für sie allein zu beschwerlich wäre. Auf die Frage, was Hildgard in Linz zu *suchen* hatte, erhielt sie nur ausweichende, teils kryptische Antworten.

»Resi, meine Liebe«, sagte Hildgard, »das ist etwas, worüber ich dir gar nichts erzählen darf. Ich habe in Linz ungefähr zwei, drei Stunden zu tun, danach fahren wir mit dem Zug um 21:30 Uhr wieder heim.«

»Da sind wir ja vor Mitternacht nicht zurück, wo wir doch zweimal umsteigen müssen! Hoffentlich wartet der Lüftl so lang, dass wir heimkommen«, empörte sich Resi, aber ihre Neugier obsiegte schließlich über ihre Bedenken.

Lüftl hatte sich bereit erklärt, die beiden Frauen nach Scheibbs zu chauffieren, von wo aus sie über Amstetten nach Linz fuhren, und sie spätabends von dort auch wieder abzuholen.

»Was machen Sie denn in Linz, meine Damen?«, fragte Lüftl.

»Da müssen Sie die Hildgard fragen, vielleicht sagt sie es Ihnen. Mir sagt sie ja nichts.«

»Etwas Privates, gar etwas Familiäres, Frau Hildgard?«

»So könnte man sagen«, antwortete Hildgard verschlossen.

»Was hättest denn du für eine Familie? Du hast doch sicher alle überlebt.«

»Ich habe Familie, allerdings sind wir nicht blutsverwandt.«

»Wo gibt's denn eine Familie ohne Blutsverwandtschaft?«

»Geistesverwandtschaft?«, fragte Lüftl.

»So ist es, Herr Lehrer.«

»Geh! Sie redet ja nichts«, schnaubte Resi und machte eine wegwerfende Handbewegung.

»Wer redet, weiß nichts«, sagte Hildgard, »und wer weiß, redet nichts.«

Resi Haslinger war gar nicht gut gelaunt auf der Zugfahrt nach Linz, denn anstatt mit ihr zu tratschen, schlief Hildgard so tief, dass Resi sich schon Sorgen machte. Sie wagte aber nicht, Hildgard zu stupsen. Es dämmerte bereits, als die beiden den Linzer Hauptbahnhof erreichten.

»So, was machen wir jetzt?«, fragte Resi, während sie mit Hildgard am Arm den Bahnhof verließ.

Hildgard blieb stehen und sagte: »*Wir* machen gar nichts, Resi. Wir fahren jetzt mit einem Taxi in die Altstadt, dort gehe ich in ein Haus hinein, und du bist bitte so gut, und wartest circa eine Stunde in einem Kaffeehaus auf mich.«

»Sehr merkwürdig«, sagte Resi im Tone eines Vorwurfs.

Der Wagen hielt in einer schmalen Gasse der Linzer Altstadt, Resi half Hildgard auszusteigen. Sie ging auf ein eher schmuckloses Haus zu und verlangte Abstand von der ihr dicht folgenden Resi.

»Was machst denn so ein Wasser, Hildgard, zu wem gehst denn?«

»Resi, ich werde es dir nicht sagen, denn ich kann es dir gar nicht sagen. Bitte geh drei, vier Schritte zurück.«

Resi entfernte sich mit drei kleinen Schritten, Hildgard nicht aus den Augen lassend, im Rückwärtsgang. Hildgard betätigte eine Glocke, bei der kein Namensschild angebracht war, so viel konnte Resi in der hereinbrechenden Dunkelheit gerade noch erkennen. Wenige Augenblicke später ertönte eine verzerrte Frauenstimme: »Wer bist du?«

Hildgard neigte sich zu der Glocke, neben der sich offensichtlich ein Lautsprecher und ein Mikrofon befinden mussten. Resi hörte gerade noch, wie Hildgard leise sagte: »Eine Magd des Lichtes.«

Die Tür öffnete sich mit einem Brummen, und Hildgard huschte, erstaunlich beweglich, in das Haus. Resi suchte enttäuscht, zunehmend verwirrt und vor allem indigniert das Kaffeehaus auf, in dem sie auf Hildgard warten sollte.

»Amica Hildgard!«, riefen einige der Anwesenden, die in einer Art großzügigem Atrium versammelt und in bodenlange, dunkelblaue Talare gehüllt waren und bronzefarbene Kreuze mit einer Rosenknospe im Zentrum um den Hals trugen.

»Amici et amicae«, sagte Hildgard ein wenig außer Atem, während sie selbst langsam in eine weiße Kutte schlüpfte und schwarze Handschuhe überstreifte. »Ihr wisst, was in Ursprung geschieht und geschehen ist?«

»Ja, wir haben deinen Brief erhalten«, sagte ein würdiger Herr mit blassgrauem Haar und zog sich leichte weiße Baumwollhandschuhe an.

»Ja. Es geschah. Es geschieht. Und es wird immer geschehen!«

Eine nicht mehr ganz junge Frau seufzte: »Wir werden dieses Ritual heute mit den auf materieller Ebene Initiierten der höchsten Trigone feiern, um die Gestaltnahme des Archonten ohne Zahl und Namen zu beenden.«

Ein Amicus reichte ihr feierlich eine Rose und sagte: »Von Malkuth bis Yesod.«

»Von Malkuth bis Yesod«, bekräftigte die Gemeinde die geheimen Worte, und alle machten die *Geste des Eintretenden.* Darauf versammelte sich die Gruppe schweigend vor einer hohen Tür.

Das Licht wurde gedimmt, Hildgard öffnete mit ernster Miene die Doppelflügeltür, zückte einen Ritualdolch, dessen spitze Klinge sie in ihren schwarz behandschuhten Fäusten mit festem Griff gegen die Einlassbegehrenden richtete, und sagte getragen: »Ich, die Hüterin der Schwelle, erlaube euch, den heiligen Saal zu betreten. Wer nicht reinen Herzens ist, möge an dieser Schwelle den Tod finden.«

Dann trat sie zur Seite, senkte die Spitze des Dolches ab und ließ die Wartenden eintreten. Daraufhin schloss sie die Tür und blieb – während bald darauf von drinnen zeremonielles Gemurmel zu hören war – regungslos aufrecht und mit konzentrierter Körperspannung im Halbdunkel stehen. »Verfluchte Magd des Lichtes«, vernahm sie ganz nah an ihrem Ohr eine zornbebende Stimme. Sie erschrak bis ins Gebein, erblasste, schwankte aber nicht. In fester Haltung wachte sie in ihrer Position als Hüterin der Schwelle.

Sie wusste, wem diese Stimme gehörte, wer es war, der gleichsam in ihr, zu ihr sprach, und sie schauderte ob des Hasses, der darin schwang.

Nach einiger Zeit drang der schwingende Ton eines schweren Gongs an ihr Ohr, sie öffnete bedächtig, ein wenig zittrig, beide Türflügel. An der Schwelle stand der Amicus mit dem blassgrauen Haar, hielt eine offene

Pergamentrolle in den Händen und sprach: »Im Namen des nichtseienden Seienden, des verborgenen Nichtverborgenen.«

Hildgard antwortete mit rituellem Ernst: »Herr des heiligen Saales, ich bin bereit, die Botschaft des ewig Schweigenden und stets Sprechenden zu empfangen.«

Der Herr des heiligen Saales rollte das Pergament zusammen: »Amica, sprich vor allen Menschen den wahren Namen der Wesenheit aus, die sich Mano Urian nennt.«

»Ich bitte dich, Amicus, mir seinen wahren Namen zu enthüllen.«

»Denke daran, dass der Archont Lebewesen nur töten oder verschwinden lassen, allerdings keine neuen Wesen erschaffen kann.«

Der Mann mit dem blassgrauen Haar beugte sich in seinem dunkelblauen Talar zu Hildgard vor und flüsterte ihr etwas ins linke, danach ins rechte und dann wieder ins linke Ohr, ein dreisilbiges Wort also.

»Herr des heiligen Saales, ich werde diesen Namen hüten und ihn mutig, mit aller mir verliehenen Kraft zum unheiligen Zeitpunkt aussprechen.«

»Von Malkuth bis Yesod«, antwortete der Herr des heiligen Saales, machte auf dem Absatz kehrt und ging gemessenen Schrittes zurück in den Saal.

Hildgard schloss die Türen hinter ihm.

†

Auf den Arm des Herrn mit dem blassgrauen Haar gestützt, schritt Hildgard aus dem Haus. Er hatte die dunkelblaue Kutte gegen einen etwas speckigen braunen Anzug getauscht und beobachtete nun voll Sorge, dass Hildgard erschöpft innehielt. Das uralte Ritual, das sie jahrelang nicht mehr vollzogen hatte, und die Furcht, die noch immer in ihr nachhallte, hatten sie viel Kraft gekostet.

»Geht es dir gut, Hildgard?«, fragte er.

Hildgard seufzte und überwand unter Anstrengung das Bedürfnis zu schweigen: »Er war hier, ich habe seine Stimme gehört.«

»Du musst stark sein, Hildgard, die Angst ist seine Verbündete. Doch wenn er seinen wahren Namen vernimmt, wenn er erkannt ist, kann er nicht bleiben!«

Aber jetzt war es Zeit, Resi im Kaffeehaus abzuholen. Diese war mittlerweile, nach einem Teller Gulaschsuppe mit zwei Semmeln (weil sie den Teller mit dem Gebäck regelrecht ausrieb), einem Paar Sacher Würstel mit Senf, Kren, Ketchup, dazu je eine Flasche Export Bier, bei einer gewaltigen Bananenschnitte und einem Verlängerten angekommen.

»Ich bin die neue Pfarrersköchin und die neue Mesnerin von Ursprung, Resi Haslinger«, sagte sie, wischte sich Mund und Hand ab und streckte sie dem Herrn im braunen Anzug, der sie argwöhnisch musterte, entgegen.

»Danke, Resi, dass du gewartet hast«, überbrückte Hildgard die entstandene Verlegenheit.

Während Resi sich nicht ohne Anstrengung erhob, beglich der Herr mit dem blassgrauen Haar ihre Rechnung.

»Adieu und danke«, sagte Hildgard zu ihm und dann etwas leiser, »Amicus.«

Er verbeugte sich leicht. »Wir danken dir, dass du dich entgegenstellen wirst«, dann flüsterte er fast, »Amica.«

»Wer war denn das überhaupt? Der Kerl hat mir nicht einmal die Hand gegeben«, monierte Resi später.

»Ein Freund«, antwortete Hildgard.

Es war bereits später Abend geworden, als Josef Lüftl an die Tür des Baumeisterhauses trat und erschreckt zurückwich. Denn schon nach dem ersten Klopfen öffnete sich die alte Tür ohne jedes Geräusch, und Mano Urian stand an der Schwelle.

»Es ist so weit?«

»Morgen Nacht soll die Übergabe stattfinden«, sagte Lüftl und zeigte Mano ein Blatt Papier, auf dem in Versalien handgeschrieben stand: MORGEN, 23:00, HAUS 21, EURO 250 000, PÜNKTLICH.

»Zweifelst du, Josef? Zweifelst du aufrichtig?«

»Zurzeit ist mein Glaube an den allgütigen Gott sehr schwach, Herr Pfarrer.«

»Der Zweifel übersteigt deinen Glauben also weit?«

Lüftl senkte den Kopf. »Ich fürchte, ja.«

Mano nahm ihn beim Kinn, hob seinen Kopf hoch, sodass dieser gewissermaßen gezwungen war, direkt in Mano Urians Augen zu blicken. Er hatte das Gefühl, seinen Körper zu verlieren, jenseits der Zeit zu sein und gleichzeitig nicht zu sein.

»Sei unbesorgt«, sagte Mano vertraulich und ließ Lüftl aus den Augen.

»Was machen wir?«, fragte Lüftl überfordert.

»Wir machen uns keine Sorgen«, sagte Mano fest und drückte Lüftl die Hand. Der kurze, heftige Schmerz wandelte sich in samtweiche Zuversicht. Er blickte auf und wollte sich verabschieden, Mano aber war verschwunden, als wäre er nie da gewesen, die alte verwitterte Tür war zu, nur ein leiser, allmählich verklingender, tiefer Orgelton schwang in Lüftls Kopf.

Karl Paradeiser saß in seinem Kontor, wie er sein Büro in der Ursprunger Raiffeisenkasse bei sich nannte, blickte verzweifelt und vor allem ratlos in seinen Computer. Es fehlte Geld. Und zwar Geld der Kunden. Er hatte sich, beeinflusst von Julius Prüger, dem (ehrenamtlichen) Förster der Gemeinde, der ihm eine *todsichere* und vor allem kurzfristige Aktienspekulation mit Riesenrendite empfohlen hatte, hinreißen lassen, einen sündhaft hohen Betrag zu investieren. In Erwartung eines ebenso sündhaften Gewinnes wollte er die geliehenen Kundengelder sofort wieder zurückzahlen. Allein, der von Prüger gegebene heiße Tipp, in ein japanisches Start-up-Unternehmen zu investieren, erwies sich nicht als heiß, sondern als eiskalt, und darum glotzte er jetzt mit gerauftem Haar auf den Bildschirm. Er fürchtete nichts mehr, als dass ein Kunde einen hohen Geldbetrag abzuheben gedachte. Wo sollte er ihn hernehmen? Keine Idee, irgendein Vorgang, irgendwelche kryptische Transaktionen – nichts wollte sich einstellen, um sein schweres Vergehen so zu bemänteln, dass die Revision, die zeitnah bevorstand, nachhaltig getäuscht werden konnte. Am meisten fürchtete er die Vokabel *veruntreut*, wenn in lokalen Medien – oder vielleicht sogar in überregionalen – über seinen Griff in die *Genossenschaftskasse* berichtet werden würde:

Schande für die Raiffeisenkasse! Leitender Mitarbeiter veruntreut Kundengeld!

Filialleiter Karl P. (Name der Redaktion bekannt) bediente sich ohne Skrupel an fremden Spargeldern, um in ein ris-

kantes Aktiengeschäft zu investieren, dessen Dividende ihm selbst zugutekommen sollte. Der Skandal flog auf, als das – namentlich japanische – Unternehmen an der Börse Schiffbruch erlitten hatte und die kleinen Sparer der Raiffeisenkasse von einem Tag auf den anderen mit einem gewaltigen Minus übrig gelassen wurden. Karl P. wurde auf – noch – freiem Fuße angezeigt.

Er würde nie wieder eine Bankfiliale leiten, er würde nie wieder überhaupt etwas leiten, denn sein Ruf wäre ruiniert. Er fixierte den Bildschirm und merkte nicht, dass er seit geraumer Zeit seine Zähne mit der ganzen Kraft der Kiefermuskulatur zusammengebissen hatte und mit dem Unterkiefer mit großem Druck mahlende Kaubewegungen machte.

»Sie sind ein Knirscher, Herr Paradeiser«, hatte sein Zahnarzt zu ihm gesagt und ihm eine Knirschschiene angepasst, die er in der Nacht tragen musste. Er hatte sich an diese bereits so gewöhnt, dass er morgens oft vergaß, sie herauszunehmen, und erst wenn er in seine Jause beißen wollte, zum Beispiel eine Salamisemmel mit einem Gewürzgurkerl, bemerkte er, dass er sie noch im Mund hatte. Einmal hätte er sie fast verschluckt und wäre beinahe erstickt, wenn ihm Marianne nicht mehrmals mit ganzer Kraft auf den Rücken geschlagen hätte. Für Wochen hatte er nach dieser Aktion seine gesamte Autorität bei den anderen Mitarbeitern eingebüßt.

»Was aber würde ich einbüßen, wenn diese *Veruntreuung* (da war es wieder, dieses Wort) ruchbar werden würde?«, dachte er.

Julius Prüger, der *Kellernazi*, wie ihn Paradeiser für sich nannte, wusch seine Hände in Unschuld, obwohl es auch für ihn trübe aussah. Hatte Prüger doch einen völlig abenteuerlichen Kredit bekommen, um seinerseits in dieses Aktiengeschäft einsteigen zu können. Leider hatte Paradeiser diesen genehmigt und unterfertigt. Die offensichtliche Uneinbringlichkeit dieses Kredits brachte Paradeiser umso mehr zur Verzweiflung, da Prüger hatte durchblicken lassen, dass er, sollte Paradeiser den Kredit fällig stellen, ihn zur Strecke bringen werde.

»Wir sitzen beide im gleichen Boot«, hatte Prüger gefeixt.

»Aber ich muss rudern.«

»Genau. Du ruderst, ich steuere«, war die hämische Antwort.

Als sich Paradeiser später, wie schon die Nächte davor, geradezu mit Gewalt vor sich hin knirschend, schlaflos in seinem Bett wieder hin und her warf, kam ihm eine Idee. Dann schlief er mit dem Bild seiner geisteskranken, weggesperrten Frau vor Augen ein und träumte, dass er von den Herren der Revision mit Kruzifixen, so groß wie Tennisschläger, zu Tode geprügelt wurde.

»Es gibt ein Ziel, aber keinen Weg; was wir Weg nennen, ist Zögern« [1], sagte Mano Urian am Sonntag in seiner Ein-Satz-Predigt. Dieser Satz ermutigte Karl Paradeiser, seine Idee, ohne zu zögern, in die Tat umzusetzen.

Bei der traditionellen sonntäglichen Zusammenkunft nach der Messe im Holzinger kam Karl Paradeiser auf Mano Urian zu, der entspannt an der Schank lehnte, ein

[1] Franz Kafka

kleines Bier trank, eine Zigarette rauchte und mit seinem giftgrünen Kunststoffarmband, in das ENJOY eingestanzt war, herumspielte.

»Sag, Mano«, begann Paradeiser scheu, »ich würde gerne etwas mit dir besprechen.«

»Sprich zu mir, sag mir alles.«

»Es ist so ... ich ...«

»Schwankst du im Glauben?«, fragte Mano lächelnd.

»N... nein, nein.«

»*gott*, so heißt es, ist ein vollkommenes Wesen, und weil Existenz zur Vollkommenheit gehört, existiert er. Das ist der *ontologische gottesbeweis*«[+], grinste Mano.

»J...a, ja.«

»Nein. Falsch. Vollkommen ist etwas nur, wenn es existiert und gleichzeitig nicht existiert. Das *Ain Soph*[++], die Null, im Wechselspiel mit der Eins, verstehst du?«

»Aha«, antwortete Paradeiser verdutzt. *Ein komischer Pfarrer*, dachte er bei sich und fuhr fort: »Ich möchte mich von dir in einer ... privaten Angelegenheit beraten lassen. Es geht unter anderem um ein neues Kruzifix für unsere Kirche.«

»Komm am Nachmittag zu mir in die Sakristei, Karl«, sagte Mano, während er ihm eine Hand auf die Schulter legte. Nach einem fast unhörbaren Schmerzens-

---

+ Näheres dazu: Anselm von Canterbury, Begründer der Scholastik

++ Die zehn Sephiroth: hebräische Bezeichnung der zehn göttlichen Emanationen im kabbalistischen Lebensbaum. Diese Emanationen, die in philosophischen und theologischen Denkmodellen für das Ausströmen oder Hervorgehen von Ideen und Attributen aus der Fülle des ursprünglich Einen oder Vollkommenen – auch aus dem Göttlichen – stehen, verkörpern nach der von Isaak Luria konzipierten Kabbala in ihrer Gesamtheit symbolisch den *himmlischen Menschen*, den Adam Qadmon.

schrei war Karl Paradeiser plötzlich voller Trost und Hoffnung.

Anni Jascha ging mit weit offenen Augen den Weg am Waldrand entlang. Sie war in ihren schief zugeknöpften Mantel gehüllt und spuckte, wie fremdbestimmt, nach jedem zweiten, dritten Schritt, begleitet von einem Ton des Ekels, aus. Ihr Gang wirkte ein wenig seltsam, trug sie doch eine dicke Windel, an die sie sich erst gewöhnen musste. Sie versuchte sachte, sich daran zu erinnern, was sie gespürt, gedacht oder empfunden hatte, als plötzlich der Wolf vor ihr und David gestanden hatte. Aber sie hatte keine Erinnerung. Es kam ihr vor, als würde alles allmählich ausradiert werden. Sie wusste auch nicht mehr, wie viel Zeit seit – es fiel ihr nur ein vages *damals* ein – verstrichen war. Erstaunlich, dass die Zeiträume, in denen sie Davids ehemalige Existenz regelrecht vergaß, immer länger wurden.

Vor ein paar Tagen noch hatte sie sich gefragt, warum sie mit David am Waldrand spazieren gegangen war. Noch nie hatte sie das getan. War es wirklich nur wegen Manos Vorschlag gewesen? Sie hätte ihn ja nicht befolgen müssen. Aber wie gesagt, all diese Gedanken verblassten stetig. Ganz andere Gedanken, Gedanken, die die Gegenwart betrafen, griffen sich Raum in ihrem Kopf.

Heute Nacht würde sie von jemandem etwas entgegennehmen und diesem Jemand – Zug um Zug – etwas übergeben müssen. Fünftausend Euro würde sie bekommen. Geld, das sie wahrlich brauchen konnte. Sie war gespannt.

Gegen 22:30 Uhr fuhr Victor Oslansky mit einem braunen Kastenwagen vor die Doppelhaushälfte in Ursprung 21, die er damals Anni hatte überlassen müssen. Er trat ein, bellte einen Gruß und setzte sich unaufgefordert in die kleine, seit längerer Zeit wieder einmal aufgeräumte Küche.

»Schön hast du es hier.« Nervös trommelte er mit den Fingerkuppen auf die Tischplatte.

»Und?«, fragte Anni, die jede nicht zweckdienliche Unterhaltung tunlichst vermeiden wollte. »Was geschieht jetzt?«

Victor schaute auf seine Uhr. »Um 23:00 Uhr wird jemand kommen und dir ein Kuvert geben. Dann gibst du ihm das hier«, damit schob er Anni ein schmales quadratisches Päckchen zu. »Du stellst keine Fragen, du beantwortest vor allem keine, du redest überhaupt nichts, hörst du?«

»Worum geht es denn bei der Sache?«, fragte Anni.

»Das brauchst du nicht zu wissen.«

»Ich möchte nichts mit der Polizei zu tun haben, hörst du? Das fehlte mir noch!«

»Eben. Je weniger du weißt, desto besser.« Victor hob seinen Kopf ein wenig und schnupperte, als würde er Witterung aufnehmen. »Da riecht's doch nach … Pisse oder täusch ich mich?«

Anni errötete heftig und hoffte, er würde die Windel unter ihrer Jeans nicht bemerken.

»Unser Sohn hat fünfzehn Jahre lang in die Hosen gemacht, das kriegt man nicht so schnell weg«, entfuhr es ihr bitter.

Nach einigen Minuten bleiernen Schweigens sagte Victor beiläufig: »Du hast den David den Wölfen vorgeworfen, wird erzählt.«

»Was?«, rief Anni aufgebracht.

»So ist es in der Zeitung gestanden. Und die Polizei soll ermitteln.«

Anni schwieg und begann unwillkürlich zu zittern, für eine Antwort hatte sie keine Kraft.

Die Zeitungen hatten unterschwellig so berichtet, als wäre sie eine *Teufelin* und hätte absichtlich, *aus niederen Beweggründen*, wie es ein Blatt formulierte, ihr *bemitleidenswertes Kind* von Wölfen auffressen lassen.

»Aber mich geht es nichts an, was du mit deinem Kind machst«, sagte Victor boshaft.

»Es ist auch dein Kind … gewesen«, antwortete Anni kraftlos.

»Mein Kind? Niemals. Von mir kann dieser Krüppel nicht gewesen sein, mein Samen ist … rein.«

Anni wollte zu einer Entgegnung ausholen, da läutete es kurz zweimal an der Tür. Draußen stand Mano Urian.

»Guten Abend, Anni. Wie ich weiß, ist ein gewisser Victor Oslansky bei dir?«

Victor stand auf, als Mano in die Küche trat: »Was ist los? Wer bist *du* denn?« Dann wandte er sich zu Anni und sagte drohend: »Ich hab dir doch gesagt, du sollst dein Maul halten!«

»Ich bin der neue Pfarrer«, sagte Mano, reichte Victor die Hand, der darauf zusammenzuckte, als hätte ihm ein Schwergewichtsboxer einen trockenen Leberhaken verpasst. Gleich darauf sank er erlöst aufatmend auf seinen Stuhl und grinste glücklich wie ein satter Säugling.

Nur einen Augenblick später läutete es abermals. Victor gab Anni einen energischen Wink, zur Tür zu gehen, gleichzeitig signalisierte Mano ihr, sich wieder hinzusetzen. Anni zögerte, und Victor sprang auf: »Was soll das? Lassen Sie die Anni aufmachen!«, geschwächt und nur halb so scharf wie erhofft kam es ihm über die Lippen.

»Lass es gut sein, Vickerl, ich übernehme das.«

Mano öffnete die Tür.

»Sie, Herr Pfarrer?«, stieß Lüftl verblüfft hervor.

»Sie haben etwas für mich?«, entgegnete Mano trocken.

»Genau genommen habe ich etwas für Frau Jascha«, lenkte Lüftl ein und zeigte Mano einen Umschlag.

»Geben Sie ihn mir, ich erledige das.«

Willenlos übergab ihm Lüftl den Umschlag und fragte leise mit einem Blick auf den abgestellten Kastenwagen: »Ist der Erpresser drinnen?«

»Gehen Sie nach Hause, Herr Lehrer, und grüßen Sie mir bei Gelegenheit seine Exzellenz«, antwortete Mano Urian und schloss die Tür.

Lüftl ging wie ferngesteuert zu einem repräsentativen silbergrauen Pkw, der außerhalb der spärlichen Straßenbeleuchtung parkte, und stieg ein.

»Alles erledigt?«, fragte Bischof Pfundtner, der hinter dem Steuer saß, den Wagen startete, reversierte und wegfuhr.

»Ja«, murmelte Lüftl, »unser neuer Pfarrer war da. Ihm habe ich das Geld gegeben.«

»Dem neuen Pfarrer? Und hat er dir im Gegenzug die CD mit den Fotos gegeben?«

Lüftl schwieg atemlos.

»Was ist, Josef, hast du die CD?«

»Oh Gott«, entfuhr es dem.

Pfundtner bremste abrupt. »Das gibt es doch nicht, Josef, das gibt es doch nicht!«

Er kehrte um. Der braune Kastenwagen fuhr gerade los, als Pfundtner aus dem Auto sprang und auf das Haus zueilte.

Anni Jascha öffnete, nachdem der Bischof Sturm geläutet hatte. »Wo ist die CD?«, rief er forsch und drängte sich ins Haus, wo er Mano Urian vorfand.

»Sie sind der neue Pfarrer, wenn ich nicht irre? Haben Sie die CD?«

»Ganz recht, Exzellenz, ich bin Mano Urian.« Unerwartet griff er nach der rechten Hand des Bischofs. »Trage diesen Ring als Zeichen Deiner Treue. Denn in unverbrüchlicher Treue sollst Du die Braut Christi, die heilige Kirche, vor jedem Schaden bewahren.« Nach den traditionellen Worten, mit denen der bischöfliche Ring überreicht wird, beugte sich Mano Urian hinunter und küsste den Ring beiläufig. Pfundtners Oberkörper verkrampfte sich. Als Mano sich wieder aufrichtete und die Hand des Bischofs losließ, blickte dieser ihn voll Zärtlichkeit und Zuneigung an.

»Exzellenz«, sagte Mano mit halblauter, nichtsdestoweniger eindringlicher Stimme, »ich behalte Geld und CD und werde beides sorgfältig aufbewahren. Machen Sie sich keine Sorgen. Ihr Gewissen bleibt rein.«

»Ja, Hochwürden, so soll es sein«, antwortete der Bischof fast im Tone eines Verliebten.

Aufgeregt und erstaunlich schneidig durchbrach Josef Lüftl diesen Moment:

»Herr Pfarrer, Sie haben etwas, das uns gehört!«

»Lass es gut sein, Josef.« Pfundtner strich ihm beruhigend übers Haar.

»Aber, Herbert …«

»Lass es gut sein«, wiederholte Pfundtner und führte den verdutzten Lehrer hinaus.

Als hinter den beiden die Tür ins Schloss fiel, fragte Anni sich in der Küche umblickend: »Wo ist der Vickerl?«

»Weg«, antwortete Mano schlicht. Noch bevor der silbergraue Pkw zurückgekommen war, hatte Mano den *Pfötler* locker, aber bestimmt am Ellbogen zu dem braunen Kastenwagen hinausgeführt. Er hieß ihn einzusteigen, schlug sein verwirrendes Kreuzzeichen in die Luft und sagte mit sanfter, aber keine Widerrede duldender Stimme: »Verschwinde!«

Victor Oslansky saß mit starren Augen hinter dem Steuer des Kastenwagens und fuhr seit gefühlt einem Jahrhundert die Straße entlang. Er blickte nach vorne, sah das dämmergraue Band einer ungewissen Straße, die kerzengerade ins Nichts zu führen schien, einem Horizont entgegen, der nicht näher kam. Links und rechts verflüchtigte sich eine verschmierte Landschaft mehr und mehr in sich selbst. Im Rückspiegel sah er das gleiche Bild. Er fuhr oder wurde gefahren, zugleich meinte er, stillzustehen und … dachte nichts.

Das Erste, was Paradeiser auffiel, als er am folgenden Nachmittag die Sakristei betrat, war das Fehlen des Riesenschinkens mit den gefallenen Engeln.

»Wo ist denn das Bild?«, fragte er und deutete auf das weiße Rechteck an der Wand.

»Welches Bild?«

»Das mit den abstürzenden Engeln … oder so.«

»Es war ein schlechtes Bild«, sagte Mano Urian unwirsch. »Was kann ich seelsorgerisch für dich tun?«

»Ich weiß gar nicht recht, wie ich beginnen soll«, sagte Paradeiser und ging auf dem spukhaft knarzenden Sakristeiboden hin und her.

»Vogelbeer?«, fragte Mano und zeigte auf die Flasche Schnaps, die auf dem holzwurmtickenden Tisch stand, auf dem früher das abgeschabte Metallkruzifix war.

Mano schenkte ein. »Prosit omnes«, sagte er und trank sein Glas in einem Zug leer. Paradeiser tat es ihm gleich und setzte sich auf den einen freien Sessel Mano Urian gegenüber.

»Unsere Kirche braucht doch ein neues Kreuz, wie es allgemein heißt. Und da habe ich mir etwas überlegt.«

»Sprich zu mir«, sagte Mano, »sag mir alles.«

»Also, Hochwürden, ohne Umschweife, es ist so: Ich selbst befinde mich in einer monetären Notlage. Das bleibt doch unter uns?«

»Keine Sorge. Beichtgeheimnis.«

»Es ist so … wissen Sie über *Banking* Bescheid, genauer über *Investmentbanking*, über die Finanzmärkte?«

»Mammon«, sagte Mano Urian, »über den Dämon Mammon weiß ich Bescheid.«

»Also: Julius Prüger, unser sauberer Förster, hat mich … ähh … hineingeritten!«

Paradeiser erzählte die gesamte Misere, in der er sich befand, und breitete vor dem neuen Pfarrer seinen konspirativen Plan aus: »Ihre, also unsere Kirche braucht doch zweifellos einen neuen Christus.«

»Einen Götzen«, schmunzelte Mano selbstvergessen.

»Wie auch immer, Hochwürden, die Gemeinschaft der Gläubiger … Gläubigen, meine ich natürlich, möchte das.«

»Götzendiener«, sagte Mano leichthin.

Paradeiser beugte sich zu Mano und sprach mit gesenkter Stimme: »Das Prozedere wäre wie folgt: Die Raiffeisenkasse Ursprung spendet, nach Ihrer dringenden Bitte, die Sie mir der Form halber bei Gelegenheit schriftlich zukommen lassen müssten, einen neuen ... Götzen. Kostenpunkt mehr oder weniger die Summe, die meine katastrophale Transaktion ausgleicht, sodass ich bei der bevorstehenden Revision das Geld, das jetzt weg ist, als Investition, gewissermaßen als imagebildende Maßnahme, deklarieren und verbuchen kann. Ich würde das Geld dann von der Zentrale zurückerhalten und könnte weitgehend frei darüber verfügen – wenn Sie wissen, was ich meine.«

Paradeiser schaute Mano an, der ihn seinerseits wiederum mit unbewegter Miene anschaute.

»Sie verstehen, Hochwürden?«

Mano zündete sich stumm, scheinbar ganz bei der Sache, eine Zigarette an.

»Absolutes Stillschweigen wäre selbstverständlich Voraussetzung, das ist nur eine Angelegenheit zwischen Ihnen und mir.«

Mano Urian lächelte hintergründig: »Und was geschieht mit unserem Bruder in Christo Julius Prüger und seinem uneinbringlichen Kredit? Wie gedenkst du das zu lösen?«

»Tjaaa ...«, antwortete Paradeiser gedehnt. »Ich habe da eine, sagen wir, unkonventionelle Idee. Moraltheologisch vielleicht nicht ganz korrekt. Ich dachte, wir beide ...«

»Schscht«, Mano legte den Finger an die Lippen, »ich will es nicht hören.« Mano griff sich die Flasche Vogelbeer, schenkte beiden nach und hob sein Glas. Mit der linken schlug er sein Kreuz vor Paradeiser in die Luft: »Ich weiß, du willst nur das Beste, Karl. Gehe hin, tue, was du glaubst, tun zu müssen, und sündige fortan nicht mehr.«

»Versprochen, Herr Pfarrer, versprochen!«, Paradeiser erhob seinerseits sein Stamperl.

»Versprich nichts, was du nicht halten kannst«, sagte Mano, und beide tranken ruckartig aus.

In diesen Tagen war Mirli einsilbig, nachlässig, ja, mürrisch bei ihrer Arbeit, verstört und vor allem verunsichert, was ihre geistige Gesundheit, die sie insgeheim *Seelenheil* nannte, betraf. Als sie gestern zum Beispiel nach ihrem Dienst im Holzinger nach Hause ging, stockte ihr der Atem, und sie war nicht mehr in der Lage, auch nur einen Schritt zu machen. Sie hätte schwören können, dass es keine Einbildung war: Im Lichte einer der vorsintflutlichen Lampen, die den Wirtschaftsweg zu ihrer Wohnung so schwach beleuchteten wie die Aussicht auf ein Leben nach dem Tode, stand Adalbert Eibl. Nackt bis auf seine Cowboystiefel spielte er an seinem winzigen Glied herum und deutete mit seiner langen grünen, spitzen Zunge einen hastigen Cunnilingus an.

Mirli wollte schreien, brachte aber nur ein tonloses: »Geh weg, du Drecksau! Du bist tot«, hervor.

Sie vernahm ein bösartiges, spöttisches Lachen, das von allen Seiten zu kommen und in sie hineinzukriechen schien, während das gespenstische Gesicht sich auflöste. *Mano hat vielleicht recht. Ich bin wahnsinnig!*, dachte sie.

Heute fühlte sich Mirli wieder etwas besser. Sie hatte gerade die Gläserspülmaschine ausgeräumt, die Tische für die Mittagsgäste hergerichtet und saß jetzt an einem der Tische des noch menschenleeren Gasthauses Holzinger. Bei einer Tasse des grausigen Kaffees, für den das Holzinger über die Ursprunger Grenzen hinaus bekannt war, und einer Zigarette blätterte sie die Schlagzeilen überfliegend in der Tageszeitung. *Wer kennt den Aufenthalt dieses Mannes?* Das Foto unter dem Titel ließ sie innehalten. *Ist das nicht …? Das ist doch der Vittorio aus Scheibbs! Nein, … aber der ist doch eingesperrt … oder hat der seine Strafe schon abgesessen? Weiß Gott, was wird der ja nicht ausgefasst haben …* Eilig überflog sie den Artikel: »Victor Oslansky (42), Gärtner im Bischöflichen Palais in St. Pölten, ist seit Mittwoch voriger Woche abgängig (es stand nicht: wird vermisst). Wer über den Verbleib des Verschwundenen zweckdienliche Auskünfte geben kann, möge sich bei der Polizeidienststelle St. Pölten melden.«

Gärtner, dass ich nicht lach. Wenn der Vittorio ein Gärtner ist, bin ich eine Stabhochspringerin.

»Gleich halb fünf, Mirli. Gehen wir's an«, den üblichen Geruch von Gesottenem und Gebratenem mitbringend, trat Fritz Holzinger aus der Küche.

Fast zur gleichen Zeit lag Josef Lüftl, den Kopf in Pfundtners Schoß gebettet, auf der geräumigen Couch, die zusammen mit zwei wuchtigen Fauteuils die großzügige *Wohnlandschaft* im bischöflichen Palais bildete. Er blätterte in der heutigen Zeitung. Als sein Blick auf den postkartengroßen Bericht über den verschwundenen Victor

Oslansky fiel, las er ihn Pfundtner laut vor und zeigte ihm das unscharfe Foto, auf dem beide zweifelsfrei Victor erkannten.

»Sollte wer fragen, Josef, wir wissen nicht, wo er sein könnte. Wir wissen überhaupt nichts.«

»Wir *wissen* gar nichts, Herbert«, sagte Lüftl, »wir sind Männer des *Glaubens.*«

»Na, na«, ermahnte ihn der Bischof.

Lüftl nahm die eine Hand des Bischofs, küsste sie und lächelte: »Ist doch so.«

»Josef!«

Im *Theater,* wie Fritz Holzinger den großen Saal mit der lieblos zusammengenagelten Bretterbühne, den zwei altmodischen Scheinwerfern und dem zerschlissenen Vorhang, der sich, begleitet von desillusionierenden Geräuschen, nur ruckartig auf- und zumachen ließ, nannte, herrschte derweil reger Betrieb. Wie jedes Jahr in der Vorweihnachtszeit wurde der Saal für einen Abend mit Darbietungen der Ursprunger und Ursprungerinnen vorbereitet.

Die *Künstler,* allen voran die *Zauberer,* bereiteten ihre Auftritte vor, prüften, wo sie Dinge verstecken konnten, die sie für ihre *Illusionen* schnell bei der Hand haben oder verschwinden lassen mussten, um sich am Abend dann nicht zu blamieren. De facto war genau das jedes Jahr ausgiebig der Fall, wurde aber von den teils unschön alkoholisierten Ursprungern nicht bemerkt. Vilma Ölsböck, die Fleischersgattin, ließ es sich nicht nehmen, Mundartgedichte weihnachtlichen Inhaltes vorzutragen. Es gelang ihr jedoch nie, auch nur das erste Gedicht bis zum Ende aufzusagen: »Seids doch ruhig, ihr Hendlschädeln, und hörts zu, wisst ihr, wie lang ich gebraucht hab, dass ich den Schmarren auswendig lern?«

Wenn alles Bitten nicht half, ging Vilma Ölsböck Jahr für Jahr zu bodenständiger Publikumsbeschimpfung über: »Ihr seids ein primitives Volk, ihr g'hörts alle in die *Wurscht* … halts doch eure blöden Pappn, ein bissel eine Kultur, eine Besinnlichkeit, grad zu Weihnachten. Fressen, saufen, große Haufen, sonst habts ihr nichts im Kopf. Eine Ruh ist jetzt …«

Erst jetzt wandte sich das Publikum der Bühne zu. Um Frau Ölsböcks Zorn anzustacheln, riefen sie ihr provozierende Bemerkungen entgegen: »Abgang, Schweindi … Sing was … Schön sprechen!«

Fuchsteufelswild und mit hochrotem Kopf stand sie dann auf der vordersten Bühnenkante, rief weitere Zotigkeiten – immer wieder auch an bestimmte Zuhörer gerichtet – in den Saal. Tief gekränkt und jede Contenance von sich schleudernd, schimpfte sie sich in eine infernalische Wut hinein, bis sie endlich unter ausgelassenem Beifall und Bravorufen trocken schluchzend die Bühne verließ.

Doktor Allinger befürchtete jedes Mal, Frau Ölsböck würde ein *Schlagl* treffen, ein Gehirnschlag, selbst wenn es, wie er bei sich dachte, ein Schlag ins Leere wäre.

Ihr Mann verließ den Saal stets, bevor seine Frau ihren *Auftritt* absolvierte, hatte er ihr doch schon nach ihrer allerersten Vorstellung geraten, es bleiben zu lassen. Er genierte sich für sie und war überzeugt, dass ihre Darbietungen geschäftsschädigend seien. Eine Befürchtung, die sich als unbegründet herausstellte, denn Frau Ölsböcks

Performance schien die Geschäfte eher zu beleben, als ihnen zu schaden. Denn sie lieferte etwas, was die Ursprunger hören und sehen wollten: Eine in etwas zu enge Tracht gehüllte Fleischersfrau, die Gedichte in Mundart aufsagte und ihrem Publikum die Möglichkeit schenkte, sie gnadenlos zu demütigen und hinzurichten.

Die unsägliche *erotische* Tanzdarbietung, vorgeführt von den in der Mehrzahl plumpen und ungeschlachten jungen – und nicht mehr ganz so jungen – Ursprungerinnen, die sich groteskerweise *Les filles de Folies Bergère* nannten, war so schlecht, dass sie es jedes Jahr schaffte, knapp hinter Vilma Ölsböck zum Höhepunkt des Abends gewählt zu werden. Manchmal lagen sie sogar *ex aequo* ganz vorne. Namentlich diese *Erotik*-Tänzerinnen liefen und hopsten im Theater auf und ab, probierten hysterisch Tanzschritte, zickten wegen ihrer Kostüme herum und hielten den alten Holzinger ständig auf Trab. Es war ein Gewusel der dilettantischen Indezenz.

In den letzten Jahren waren die *Darbietungen* zu einer Art Witzeabend mutiert. Roland Göttl war seit Wochen sichtlich indigniert, dass sein traditioneller *kriminologischer Vortrag* gestrichen worden war, weil sich die Ursprunger beschwert hatten, dass dieser die *Stimmung* mordete. Göttl hatte mit seinem Fernbleiben gedroht, was mit Gelassenheit zur Kenntnis genommen wurde.

Es war ein Abend, der zur Beliebigkeit verkommen war und hauptsächlich von blödsinnigen Zwischenrufen getragen wurde.

Zwischen den linkischen, derben und abgefeimten Darbietungen spielte der Volksschullehrer Josef Lüftl wenig mitreißende Stücke auf seiner – elektronisch schlecht verstärkten – Zither (Eigenkompositionen, wie er sagte), die alle irgendwie an den »Dritten Mann« erinnerten und nicht einmal ignoriert wurden.

Für den diesjährigen Abend war eine Sensation angekündigt worden. Der neue Pfarrer hatte auf Drängen der Wirtshausgäste zugestimmt zu zaubern. Er befasse sich schon mit Zauberei oder, wie er es ausdrückte, mit *Magie,* aber er wäre aus der Übung, sagte er, was von den begeisterten Ursprungern mit *macht nichts, ist doch wurscht* und *aber geh, Mano, merkt doch eh keiner* abgetan wurde. Bürgermeister Schwenk sagte wörtlich: »Herr Pfarrer, ich bitt dich, Hauptsache, es bewegt sich was.«

Unter dem ewigen Motto *Wir lachen sich krank* (Lehrer Lüftls Einwand, dass in diesem Titel ein schwerer und vor allem blamabler grammatikalischer Fehler war, wurde geflissentlich ignoriert) war der große Abend endlich gekommen. Nach den ödesten Witzen, den läppischsten Zauberkunststücken und lächerlichsten Tanzdarbietungen verließ Frau Ölsböck zornig schluchzend die Bühne und gab sie somit für den Höhepunkt der *Show* frei. Hochwürden Urian.

Als Mano die Bühne betrat, wurde das Bühnenlicht dunkler, obwohl es, wie die meisten wussten, nicht dimmbar war, und ein tiefer, satter, in sich schwingender Orgelton, der aus dem Nichts zu kommen schien, stand im Raum.

Die Zurufe aus dem Saal *Bravo, Herr Pfarrer! Hokuspokus Fidibus! Verwandle mein Wasser in Wein* verstummten schnell. Außer diesem beklemmenden Orgelton war bald nichts mehr zu hören.

»Eine Wahrheit unserer gemeinsamen Religion ist der Glaube an ein Leben nach dem Leben. Die folgenden Bilder, die sich vor eurem inneren Auge, also gewissermaßen in eurer Seele manifestieren werden, sollen euch

Beweis für dieses Dogma sein. Fürchtet euch nicht, ihr werdet diese Phantasmagorien danach sofort wieder vergessen«, hob Mano Urian mit fester Stimme an.

Die Ursprunger, die nicht wussten, was *Phantasmagorien* waren, saßen voller Erwartung stumm da. Niemand grinste mehr. Der Orgelton wurde eindringlicher, zwingender, und Mano Urian schlug sein ungewöhnliches Kreuzzeichen großflächig in die Luft. *Das Teufelskreuz*, schoss es Resi, deren Augen wie hypnotisiert auf Mano gerichtet waren, durch den Kopf.

»Schließt eure Augen, blickt euch selbst ins tiefste Innere«, sprach Mano wirkmächtig.

Einige Sekunden später hörte man erstickte Schreie, röchelndes, heiseres Erschrecken, ja, Entsetzen und zunehmend fassungsloses Schluchzen aus dem Zuschauerraum. Anni Jascha, die in ihre Windel genässt hatte, suchte das Weite. Sie hatte ihren eigenen Kadaver im Zustand fortschreitender Verwesung, heimgesucht von Maden, Fliegen und Käfern, in feuchter Erde gesehen. Und so ging es allen im *Theater*. Sie sahen sich selbst in ihren Gräbern, unwiederbringlich der Zersetzung anheimgefallen. In ihr Heulen hinein hörten sie Mano Urians Worte, die sie durchbohrten wie die Nadeln des Schmetterlingssammlers: »Das ist das Einzige, was euch im Tode erwartet, das Dasein als Zerfall und Auflösung eurer bedeutungslosen, durch und durch sinnlosen Existenz.« Dann schob sich ein Bild vor all die vielen inneren Augen, wie der jeweilige Leichnam in einer Feuersbrunst fast restlos verbrannte, und sie sahen, wie die restlichen, nicht verbrannten Knochen und Knöchelchen in eine Maschine fielen, von der sie mittels grob gezahnter Stahlwalzen zu Staub zermahlen wurden.

»Sehet«, sagte Mano, »das ist der erbärmliche letzte Weg alles Menschlichen nach dem Leben: gnadenlose Verwesung oder Feueropfer und finale Zermalmung. Werfet alles von euch, was euch – vielleicht gar durch den Kreuzestod des Nazareners – auf Erlösung hoffen lässt. Sein Leben war genauso sinnlos wie das eure. Wie alles Leben durch den Tod jede Sinnhaftigkeit, jede Würde und jede Besonderheit verliert. Alle seid ihr verflucht.«

Das Ursprunger *Publikum* knirschte mit den Zähnen (allen voran Karl Paradeiser). Die inneren Bilder begannen sich qualvoll langsam aufzulösen, die Bühne wurde undurchdringlich dunkel, der Orgelton ebbte ab, während das Grauen des Publikums ins Unermessliche wuchs. Das Jammern, Schreien und Schluchzen hörte aber schlagartig auf, als das volle Bühnenlicht wieder anging.

»Danke schön, Brüder und Schwestern in Christo«, hintergründig lächelnd verbeugte sich der »Zauberer« in alle Richtungen.

Bierkrüge wurden gehoben, blöde Witze wurden abgesondert, lauter Applaus für … sie wussten es nicht mehr, wofür … brandete auf: »Zugabe! Zugabe!«

»Das Leben gibt keine Zugaben!«, sagte Mano und löste sich vor den Augen aller in Luft auf. Sie schauten sich im Saal um und entdeckten Mano hinten beim Ausgang. Wieder klatschten sie, johlten und ließen danach sogar Josef Lüftl hochleben, der nach dem Auftritt des neuen Pfarrers hoch unkonzentriert öde Zithermelodien zum Besten gab. Er konnte sich an das eigentliche *Zaubern* des Pfarrers genauso wenig entsinnen wie alle anderen, aber an das sich vor den Augen aller *Auflösen* und *gleichzeitige Manifestieren* im Rücken der Zuschauer erinnerte er sich sehr wohl. Hätte er diesen Effekt in einer großen Show in *Las Vegas* gesehen, wäre er genauso verblüfft gewesen, hätte das Gelingen dieser *Illusion* aber einer komplexen Logistik und vor allem kostspieligen Apparaturen zugeschrieben. Hingegen hier – in diesem primitiven und mit keinerlei Bühnentechnik ausgestatteten Wirtshaussaal? Das musste *Magie* sein. *Vielleicht*, dachte Lüftl, *sollte ich über diesen Verschwindibus-Trick doch noch einmal mit Herbert sprechen.*

Die Beerdigung Klara Horvaths hatte deswegen so lange auf sich warten lassen, weil der Leichnam erst recht spät *freigegeben* wurde. In Erinnerung an die schrecklichen, wenn auch eigentlich klaren Umstände, unter denen ihr das Leben genommen wurde, war das Leichenbegängnis gut besucht. Anni Jascha beobachtete das Geschehen, eingehakt unter Fritz Holzingers Arm, aus einiger Entfernung.

»Ich muss ins G'schäft und klar Schiff machen, bevor die alle kommen. Gehst mit, Anni?«, fragte er, noch bevor der Pfarrer mit seiner Grabrede begonnen hatte.

»Ja, mir ist das doch da alles eigentlich wurscht«, sagte sie. »Überhaupt tut mir das feuchte Wetter nicht gut.« Arm in Arm gingen sie in Richtung Wirtshaus, und Anni führte weiter aus: »Das Wetter erzeugt bei mir einen *imperativen Harndrang*, sagt der Allinger, das gibt's sonst nur bei Männern ab 55.«

»Ich kenn das«, antwortete Holzinger, »ich muss manchmal ganz plötzlich, aber so was von seichen …«

Sie waren beim Wirtshaus angekommen. An einem leeren Tisch saß Mirli und rauchte eine Zigarette. »Es ist alles fertig, Herr Holzinger«, sagte sie zwischen zwei Zügen.

✠

Klaras Leichnam war in keiner Weise geeignet, um wie in Ursprung nach wie vor üblich aufgebahrt zu werden, denn ihr Gesicht mit dem ausgeschlagenen Auge war nur *notdürftig saniert* worden, wie der Pathologe sich ausdrückte. Als die in letzter Zeit überbeanspruchten Friedhofsarbeiter den kostengünstigen Sarg in die ausgehobene Grube absenken wollten, entglitt ihnen das Artefakt auf halbem Weg. Begleitet wurde das profane, dumpfe Gepolter, das der in der Tiefe aufschlagende Sarg hinterließ, vom gotteslästerlichen Fluchen der beiden ausgebeuteten Totengräber.

Karl Paradeiser hatte erstaunlich unerschüttert an diesem Begräbnis teilgenommen. Wer es nicht besser wusste, hätte nie vermutet, dass er der Ehemann der *geistig abnormen Mörderin* der Toten war. Er warf Mano Urian ab und an konspirative Blicke zu, die dieser entweder nicht bemerkte oder geflissentlich ignorierte.

Mano sprach am offenen Grab von der Metapher *Tod durch das Kreuz,* was etwas weit hergeholt schien, grundsätzlich aber ohnehin nicht verstanden wurde. Aber man war von dem *neuen Pfarrer* ja einiges gewohnt.

Nur Hildgard sagte empört zu Resi: »Niederträchtige Malice!«[+]

»Wirst es bleiben lassen, Hilde!«

Traditionellerweise ging es danach ins Gasthaus Holzinger. Die gleichfalls traditionell geringe Betroffenheit

---

+ Bosheit

der Trauergäste löste sich alsbald in von Bieren und Schnäpsen befeuerte Alltäglichkeit auf.

Und so kam man unter der Wortführung von Julius Prüger bald wieder auf das Thema Nummer eins zu sprechen. Julius Prüger hatte sich einen neuen Jagdhund zugelegt und war bereit, den *armen* David zu rächen. Die Vorkommnisse schrien ja geradezu nach einer neuerlichen, besser vorbereiteten Jagd. Die Ursprunger waren schon auf Prügers neuen Hund, Etzel gerufen, aufmerksam geworden, weil er jeden, der den beiden begegnete, drohend anbellte und immer wieder die Lefzen hochzog, um seine Zähne zu zeigen. Etzel war, wie sich Prüger ausdrückte, ein *Raubtier, wenn es drauf ankam*.

Fritz Holzinger hatte Prüger verboten, den *Cerberus* in die Gaststube mitzunehmen. Stattdessen hatte er eigens, in sicherem Abstand von der Wirtshaustür, einen soliden Stahlkarabiner montiert, wo Prüger das lebensgefährliche Vieh anhängen konnte. Die erste Zeit riss Etzel an der Leine und bellte ohne Unterbrechung, was drinnen in der Gaststube zusätzlich ungünstig für die ohnehin bescheidene *Gemütlichkeit* war. Der Hund war unerträglich, aber (so die einhellige Meinung) für die Wolfsjagd sicher bestens geeignet. Aber vielleicht wäre es gescheiter, diesen Auswuchs der Hundezucht zu erschießen. Die Wortmeldungen der vormaligen Trauergäste, die von jetzt auf gleich zur Jagdgesellschaft mutiert waren, wurden von Vilma Ölsböck, der Fleischersgattin, mit einem geringschätzigen »Geh, blasts euch nicht so auf, ihr Seifensieder« kommentiert. Und an ihren Mann gewandt, schob sie nach: »Und du schon gar nicht, Ernstl.«

»Meinen Hund kann er nicht erschießen, der ist zu schnell. Euer Toni war ja altersschwach, den hätte einer mit zwei Glasaugen getroffen.«

»Ich hab den Toni nicht erschossen!«, fuhr Ölsböck auf. »Das war der Roland!«

»Aber woher denn!«, protestierte Göttl. »Ich hab nicht *einen* Schuss abgegeben!«

»Ja, weil du *zwei* Schüsse gebraucht hast, du Gitterbett-Sheriff.«

»Ich habe noch die Uniform an, Ernstl«, wandte sich Göttl an Ölsböck. »Ich bin also im Dienst. Ich verwarne dich hiermit, auf der Stelle jede Art von Beamtenbeleidigung zu unterlassen!«

»Geh, halt doch deinen Schlapfen, du Zniachtl«, sagte Ölsböck provokant.

»Bitte …«, Göttl sprang auf und machte eine ausholende Bewegung, die den ganzen Stammtisch mit einbezog. »Ihr habt es gehört: Trotz unmissverständlicher Verwarnung enthält sich Herr Ernst Ölsböck nicht weiterer Herabwürdigungen eines im aktiven Dienst stehenden Exekutivbeamten.« Und zu Ölsböck sagte er betont dienstlich: »Herr Ölsböck, ich erstatte Anzeige gegen Sie!«

»Was machst du?«, fragte Ölsböck und erhob sich drohend, wurde aber von den anderen, die einen neuerlichen Gewaltakt im Wirtshaus fürchteten, beschwichtigt.

»Bitte setz dich hin, Roland«, sagte Julius Prüger. »Und du gib auch eine Ruh, Ernstl! Es geht darum, Ursprung vor dem Wolf zu bewahren. Wir wissen ja, wozu Wölfe fähig sind.«

»Wer geht auch am Waldrand mit seinem Kind im Rollstuhl spazieren«, warf Bürgermeister Schwenk ein. »Noch dazu, wo bekannt war, dass wir den Wolf haben.«

Anni Jascha, die bei den letzten Worten von der Damentoilette zurückkam, um unauffällig eine nasse Windel zu entsorgen, sagte: »Der Mano hat mir geraten, mit David gerade *dort* spazieren zu gehen.«

»Komm, Anni, dir macht niemand einen Vorwurf«, mischte sich der Holzinger ein.

»Könnt ihr mich nicht in Ruh lassen? Als der David noch gelebt hat, habt ihr hinter meinem Rücken getuschelt, und jetzt, wo er tot ist, traut ihr euch sagen, dass ich daran schuld bin?«, rief Anni.

Der Stammtisch schwieg ein wenig verlegen, bis Prüger sagte: »Also, Männer, wie gehen wir vor? Mirli, eine Runde!«

Mirli saß mit Doktor Allinger in einem Eck unter dem neuen, deutlich kleineren Kruzifix, das sich – weil neu – deutlich von der öden Farbe der Wände abhob, und vernachlässigte ihre Pflichten als Kellnerin.

»Komm, komm, nicht plaudern, Mirli. Wir haben das G'schäft voller Leut, das Bier tragt sich nicht von selber aus!«, ermahnte Fritz Holzinger.

»Bitte, Herr Doktor, könnten Sie ein bisserl warten, bis alle ihr Bier haben?« Mirli erhob sich widerwillig.

»Aber ja, Mirli, tu nur«, antwortete Allinger gönnerhaft.

Als das Geschäft später ein wenig nachließ und Holzinger sich zu seinen *Spezln* an den Stammtisch gesetzt hatte, kam Mirli wieder an den Tisch von Doktor Allinger und nahm irgendwie verschwörerisch neben diesem Platz.

»Herr Doktor«, sagte sie, »ich bin schon seit ein paar Wochen drüber …«

Es war ihr in den letzten Wochen immer wieder übel geworden, Schwindel befiel sie gelegentlich ganz plötzlich, und eine nicht gekannte Müdigkeit überkam sie fast täglich. »Glauben Sie, ich bin schwanger?«

»Das kann ich so nicht feststellen, meine Liebe. Kommen Sie zu mir in die Ordination, ich gebe Ihnen einen Schwangerschaftstest, und dann haben wir Gewissheit.«

»Ich warte vielleicht noch ein bisserl, vielleicht kommt's ja noch …«

»Wie Sie möchten, Frau Mirli«, sagte Allinger, »aber warten Sie nicht zu lange. Für den Fall, dass sie das Kind … ähh … nicht möchten.«

»Um Gottes willen!«, entfuhr es Mirli so laut, dass das Stimmengewirr kurz verstummte. *Schritt-tack, Schritt-tack* war in die Stille hinein deutlich zu vernehmen.

»Ein kleines Bier, bitte. In aller Bescheidenheit«, rief Mano kalt lächelnd in Richtung Mirli, während er seinen Mantel aufhängte.

Mirli stand auf, ging zu den Zapfhähnen hinter die Schank, an die sich Mano jetzt patzig anlehnte und sich eine Zigarette anzündete.

»Ich bin wahrscheinlich schwanger«, sagte sie leise, ohne ihn anzusehen.

»Vom Heiligen Geist?«, antwortete Mano sarkastisch.

»Du bist das Letzte«, zischte Mirli und unterdrückte ihre Tränen.

»Irrtum, junge Frau, ich bin das *Zweite*. Für euch, streng genommen, sogar das *Erste*.«

»Red nicht immer so … blöd und so gemein. Ich kann nur von *dir* schwanger sein.«

»Oder vom alten Eibl«, boshaft grinsend zog Mano an seiner Zigarette.

»Ich bring mich um, du …«, sagte sie und stellte ihm sein Bier hin.

»Du weißt, dass du dein Recht auf ein christliches Begräbnis verspielst, wenn du dich selbst richtest?«

»Bitte, Ihr Seidel«, sagte Mirli und setzte mit herablassendem Spott nach, »Herr Pfarrer.«

Doktor Matthias Allinger, früher in St. Pölten in seiner gut besuchten Ordination praktizierend, war ein stiller Witwer, der seine Frau, die unter bedenklich hohem Blutdruck litt, vor Jahren eines ärztlichen Kunstfehlers wegen verloren hatte. Das Tragische war, dass er selbst diesen Kunstfehler zu verantworten hatte, indem er ihr für ihre grundsätzliche Hypertonie *Blopress-Plus*-Tabletten mit 32 mg *Candesartan cilexetil* + 12,5 mg Hydrochlorothiazid (einzunehmen 1-0-0) und zusätzlich 5 mg *Amlodipin* (0-0-1) verschrieben hatte. Als Soforthilfe bei anfallartigem, bedrohlichem Hochschnellen ihrer Werte verordnete er zusätzlich ein Medikament, das fast nur Nitroglycerin enthält und in drei bis fünf Hüben unter die Zunge zu sprühen ist. Bei zu häufiger Einnahme oder gar Überdosierung kann Nitroglycerin, vor allem bei Herzinsuffizienz, zum Tode führen. Offenbar hatte Frau Allinger von diesem Medikament zu oft und zu reichlich Gebrauch gemacht und war – wahrscheinlich aufgrund einer unbemerkten Herzschwäche – verstorben, während ihr Mann Hausbesuche in der Umgebung machte. Er fand sie zu Hause vor einem weit offenen Fenster, das sie im Todeskampf aufgerissen haben musste, beinahe kniend vor. Obwohl ihm von keiner Seite Vorwürfe gemacht worden waren, empfand sich Allinger als schuldig und trank seitdem, wenn auch nur heimlich. Das sprach sich in St. Pölten herum, und er sah sich gezwungen unterzutauchen.

In Ursprung wusste niemand von seiner Trunksucht, und sie fiel auch nicht auf, wirkte er doch, gerade wenn er seinen Spiegel hatte, nüchtern und kompetent. Denn, wie man weiß, zeigen sich Alkoholiker nur auffällig, wenn sie nicht getrunken haben beziehungsweise wenn ihnen der Alkohol *entzogen* wird.

Das Glück war also nicht sein ständiger Begleiter. Obwohl – ein wenig Glück empfand er während der paar Monate, in denen er eine Affäre mit Klara Horvath hatte. Auch ihm gefiel auf den ersten Blick ihre Geziertheit und ihre naive Erotik, bis er dahinterkam, dass sie in der Beziehung zu ihm die krankhafte Fantasie auslebte, sie wäre die weibliche Hauptfigur in einem ihrer Arztromane, und er, Allinger, wäre *der Arzt, dem die Frauen vertrauen*.

Als sie das erste Mal zu ihm in die Ordination kam, klagte sie über anhaltende Müdigkeit, *die sich nicht wegschlafen ließe* (Zitat aus einem Erstgespräch einer jungen, etwas blutarmen Adeligen mit dem Arzt ihres Vertrauens aus der Serie *Leid und Leidenschaft*, Folge 223 mit dem Titel *Für eine Nacht in deinen Armen*).

Allinger stellte (erleichtert) normalen Blutdruck und Ruhepuls fest, schickte ihre Blutprobe in ein Labor in St. Pölten, forderte Schilddrüsenwerte und sämtliche Tumormarker an, und als er mit ihr den Befund besprach, der Klara völlig normale Werte attestierte, sah sie ihn mit ihren weit geöffneten blauen Augen an, öffnete ihren Mund, glitt mit ihrer Zungenspitze lasziv an ihren Vorderzähnen entlang, wie sie es immer wieder in Kosmetikwerbungen sah, legte ihre Hand auf seinen Arm und flüsterte: »Du schenkst mir ein neues Leben« (Folge 116, *Schlaf dich gesund, Amelie*). Daraufhin *suchten ihre Lippen die seinen* (Folge 1147, *Lass mich nicht allein zurück*), und eh sich's Doktor Allinger versah, fand er sich in einer leidenschaftlichen Umarmung mit Klara Horvath wieder, deren Verhalten beim Sex einem Männertraum entsprungen zu sein schien. Und als sie in ihren rosa Strapsen (Höschen hatte sie vorausschauend keines an) auf seinem Schreibtisch saß und flüsterte »Oh, Matthias, du füllst mich ganz aus …« (Folge 401, *Die Sprechstundenhilfe*), war Doktor Allinger nicht mehr zu halten.

Wenn er ihren Mann, Walter Horvath, erwähnte, berührte sie zärtlich seine Nasenspitze und sagte: »Keine Sorge, Lieber. Der arrangiert gerade das Obst in seiner Filiale neu.«

Allinger wusste als einer der wenigen in Ursprung nichts von dem Verhältnis, das Horvath mit Ilse Schwenk unterhielt, und ob Klara davon wusste, konnte sowieso niemand verbindlich sagen.

Nach einiger Zeit kam er aber dahinter, dass Klara Horvath anscheinend so etwas wie eine *dissoziative Identitätsstörung* haben musste, eventuell gepaart mit einem *Fatigue-Syndrom*, und er bekam tatsächlich Angst vor ihr, fielen ihm doch sofort Filme wie *Eine verhängnisvolle Affäre* oder *Basic Instinct* ein.

Als er die Beziehung zu Klara unbeholfen, ja, täppisch beendete, weil er sich vor einem hysterischen Anfall ihrerseits fürchtete, strich sie sich gekonnt eine ihrer blondierten Haarsträhnen nach hinten, küsste ihn auf eine Wange und sagte entspannt: »Lass uns Freunde bleiben, Matthias« (Folge 111, *Der Sommer der Wahrheit*).

»Klar, Klara«, sagte Allinger damals erleichtert.

✝

»Bitte ab sofort keine Störungen mehr«, bellte Karl Paradeiser den beiden Angestellten zu und begab sich, gefolgt vom neuen Pfarrer, in den *Glaskäfig*, wie die Mitarbeiterinnen sein lächerlich kleines, rundum verglastes Büro nannten.

Die beiden Damen, die draußen ihren Dienst versahen, spähten mit verrenkten Hälsen immer durch die Glasscheiben und bemerkten, wie die beiden Männer ernst die Köpfe zusammensteckten. Ab und zu wurden sie laut, und einmal hörte man Paradeiser überrascht rufen: »Ich soll also *wirklich* den Prüger umbr…?«

Paradeiser warf einen besorgten Blick hinaus auf die beiden Mitarbeiterinnen und fuhr im Flüsterton fort. Schließlich wurden einige Dokumente unterschrieben und gegengezeichnet. Dann erhoben sich beide Herren, Mano gab Paradeiser die Hand, was diesen beinahe einknicken, gleich darauf aber mit einer Art Stolz und Gewissheit in seiner Haltung aufrecht stehen ließ. Mano verließ mit einem aufmunternden »gott zum Gruß, meine Damen« die Filiale und entfernte sich, *Schritt-tack, Schritt-tack.*

»Die guten Männer sind entweder verheiratet, schwul …«, fand die eine.

»… oder Pfarrer«, ergänzte die andere.

✝

Eine knappe Woche später saß Mirli, nach Dienst, halb nackt auf ihrer Toilette und starrte mit blassem Gesicht auf den Schwangerschaftstest, den ihr Doktor Allinger mitgegeben hatte und für den sie siebenundzwanzig Euro bezahlen hatte müssen.

Die drei Minuten, die das Ergebnis auf sich warten ließ, wollten nicht vergehen. Doch dann zeigte sich in dem kleinen Sichtfenster ein deutliches Plus.

Ein Kreuz, dachte Mirli, und ihre Augen füllten sich mit Tränen.

Resi Haslinger stand am alten Herd im Haus des neuen Pfarrers und bereitete gerade das Erdäpfelpüree für das faschierte Kalbsbutterschnitzel vor, das es heute Mittag geben sollte. Kriminalkommissar Gruber saß ein wenig befremdet auf einem alten Holzsessel und bohrte unbewusst in der Nase. Die *Schwingungen* in der Stube des Baumeisterhauses verstörten ihn auf ungekannte Art. Jeder Bereich dieses Raumes, so kam ihm vor, wurde erst *wirklich,* wenn er ganz bewusst seinen Blick darauf richtete. Wandte er den Blick ab, so konnte er nicht sagen, ob das gerade Gesehene noch da, noch wirklich, war.

Inspektor Göttl stand, offenbar ebenso *betropetzt,* neben Gruber und bemühte sich, offiziell dreinzublicken.

»Sie sind also die Pfarrersköchin, Frau Haslinger?«, fragte Gruber rhetorisch.

»Ja, die Köchin und die Mesnerin, Herr Kommissar. Da sehen Sie, wie fortschrittlich unser Herr Pfarrer ist, dass er mich – eine Frau, Herr Kommissar – zur Mesner*in* … äh … befördert hat. Wenn ich gewusst hätte, dass die beiden Herren um die Mittagszeit bei *uns* vorbeischauen werden, hätte ich mehr eingekauft«, sie senkte ein wenig die Stimme und fuhr fort, »aber der Herr

Pfarrer ist ohnehin ein recht schwacher Esser, es bleibt sicher etwas über, das können Sie dann gerne …«

»Frau Haslinger«, murmelte Gruber interesselos.

»Ich bin die Resi, Herr Ko…«, wollte die Mesnerin unterbrechen.

»Nein, gute Frau, solange ich dienstlich ermittle, sind Sie die Frau Haslinger. Haben Sie eine Erklärung für diese Serien… äh *Unfälle*, die sich seit einem Dreivierteljahr hier in Ursprung mit *schöner* Regelmäßigkeit ereignen?«

Resi blickte Gruber durch ihre merkwürdigen Brillengläser zunächst stumm an, seufzte dann, wie in ruralen Gebieten gerne zu allen möglichen Gelegenheiten geseufzt wird: »Jo, mei.«

»Resi, der Herr Kommissar möchte wissen, ob dir etwas aufgefallen ist, etwas Ungewöhnliches …«

»Göttl«, unterbrach ihn Gruber, »*ich* leite die Ermittlungen!«

Göttl schwieg, verdrehte unmerklich die Augen, kannte er doch solche Situationen aus den Landkrimis, die er so gerne schaute. Es erschien ihm immer desavouierend, wenn der Kommissar seinen Untergebenen coram publico zurechtwies.

»Hören Sie, Frau Haslinger«, fragte Gruber geduldig weiter, »ist Ihnen erinnerlich, dass sich ein oder mehrere Ursprunger Mitbürger plötzlich komisch verhalten haben? Oder treiben sich gelegentlich Fremde oder Menschen von außerhalb im Dorf herum?«

»Sicher nicht, Herr Kommissar.«

»Wie können Sie sich da so sicher sein, Frau Haslinger? Ihre Tätigkeiten spielen sich doch weitestgehend *indoor* ab, wie ich höre.«

»Glauben Sie mir, wenn sich hier Fremde herumtreiben täten, das wüsste ich, Herr Kommissar. Das wüssten alle.«

»Das stimmt, Herr Kommissar, nach Ursprung kommen keine Fremden.«

»Zumindest nicht freiwillig«, räsonierte Gruber.

»Außer …«, sagte Resi und rückte ihre Brille zurecht.

»Ja, Frau Haslinger?«, klammerte sich Gruber an diesen ermittlungstechnischen Strohhalm.

»Also, das Einzige, was sich im letzten Jahr geändert hat – vor knapp einem Jahr ist Hochwürden Absenger gestorben, und Pfarrer Urian hat seinen Posten übernommen.«

»Glauben Sie, da besteht eventuell ein Zusammenhang, Frau Haslinger?«

»Zwischen was?«, fragte Resi und schob ihre Augengläser, die ihr auf der Nase heruntergerutscht waren, wieder zurück.

»Resi, jetzt stell dich doch nicht blöd«, sagte Göttl. »Kannst du dir einen Zusammenhang zwischen dem Auftauchen des neuen Pfarrers und dem Beginn der nicht enden wollenden … Todesfälle vorstellen?«

»Göttl!«, rief Gruber den Dorfpolizisten abermals zur Ordnung und zu Resi gewandt: »Also, antworten Sie.«

»Sie glauben doch wohl nicht, dass der Man… unser Herr Hochwürden mit diesen Vorkommnissen etwas zu tun hat? Sind Sie völlig gottlos, haben Sie gar keine Ehrfurcht?«

»Frau Haslinger«, hob Gruber an, »ob gottlos oder nicht, spielt jetzt keine Rolle«, er stockte, denn er hörte ein kühnes *Schritt-tack, Schritt-tack*. Gleich danach wurde die Tür von außen geöffnet, und Mano Urian trat in die Stube.

»Ob *g*ottlos oder nicht, lieber Herr Kommissar, spielt stets eine Rolle«, sagte Mano und reichte Gruber die Hand. Linkisch erhob sich der Kommissar und ergriff sie verwirrt – er sog geräuschvoll die Luft ein und verzog vor Pein das Gesicht. Im nächsten Moment atmete er erleichtert aus, fühlte eine ungekannte, entspannte Art von Vertrauen und Zuneigung.

»Hochwürden«, sagte Gruber, »bitte entschuldigen Sie die Unannehmlichkeiten, aber wie Sie sich denken können, muss ich …«, er deutete beiläufig auf Göttl, »… müssen *wir* alle Dorfbewohner zu diesen Fällen befragen. Denn die meisten Geschehnisse, die laut Aktenlage zwar keine Morde sind, werfen dennoch viele Fragen auf. Haben Sie, Herr Pfarrer, vielleicht eine Vermutung oder gar eine Erklärung, was da los sein könnte?«

»Geschätzter Herr Kommissar«, antwortete Mano sachlich, »ich habe nicht die leiseste Idee. Und bitte: Erwarten Sie nicht von einem Priester, zu sagen, *g*ott hätte in seiner Unergründlichkeit, seiner Vollkommenheit, seiner allumfassenden Weisheit und Güte seine segnenden Hände von Ursprung zurückgezogen.«

»Herr Pfarrer, offen gesprochen«, sagte Gruber vorsichtig, »der Grund für diese Sonderermittlungen ist die Tatsache, dass diese grässlichen Vorfälle …«

»*Un*fälle!«, warf Resi ein.

»Vielleicht auch Unfälle«, beschwichtigte der Kommissar, »… gewissermaßen mit Ihrem Auftreten in Ursprung ihren Anfang nahmen.«

»Das ist zweifellos die normative Kraft des Faktischen«, sagte Mano Urian. »Jedoch letztlich bleibt es Koinzidenz, nicht wahr, Herr Kommissar?«

Resi und Göttl wechselten einen ratlosen Blick.

»Dazu kommt, Hochwürden, dass wir im Zuge unserer Recherchen keinerlei Dokumente oder Hinweise auf eine offizielle Bestätigung Ihrer Bestellung als neuer Pfarrer in Ursprung finden konnten. Zumindest nicht in den Unterlagen, die der Gemeinde zur Verfügung stehen.«

Mano öffnete die Lade einer Kommode, die Gruber bislang noch gar nicht wahrgenommen hatte und die erst jetzt, da er hinsah, Gestalt annahm.

»Hier, Herr Kommissar, das ist die offizielle Ernennung zum Pfarrer der Gemeinde Ursprung der Erzdiözese St. Pölten, eigenhändig unterfertigt von Seiner Exzellenz Bischof Herbert Pfundtner«, Mano Urian überreichte Gruber ein Schreiben.

Gruber überflog es, während er gedankenverloren in der Nase bohrte, dann reichte er es weiter an Göttl und sagte barsch: »Zu den Akten. Sie haben doch nichts einzuwenden, Hochwürden?«

»Selbstverständlich nicht, wenn Sie mir nur den Empfang bitte bestätigen, Herr Kommissar.«

»Göttl, springen Sie aufs Revier, bringen S' uns eine abgestempelte Empfangsbestätigung. Danke.«

Göttl wandte sich widerwillig zum Gehen. Den herablassenden Befehlston Grubers, der ihn öffentlich zum Laufburschen degradierte, empfand er als höchst herabwürdigend. Gruber ignorierte das geflissentlich und wandte sich wieder an Mano: »Unter uns, Herr Pfarrer, was den unappetitlichen Tod dieses Adalbert Eibl betrifft: Hätte sich das Fräulein Mirli nicht einen Schöneren finden können?«

»De gustibus non est disputandum«, antwortete Mano.

»Schon gut«, wiederholte Gruber, »es ist doch schwer vorstellbar, dass sich eine junge, sehr hübsche Frau mit einem Greis ins Bett legt, den dann auch noch der plötzliche Herztod ereilt.«

»Herr Kommissar«, sagte Mano Urian, »ich habe schon bei meinem Eintreffen in Ursprung dem unglücklichen Mesner gesagt, dass wir Geistlichen *g*ott am nächsten wären – trotzdem bleiben mir der Wille des Herrn und seine Motive, sie schlussendlich manifest werden zu lassen, verborgen.«

»Der Tod ereilt uns oft mitten im Leben, Herr Kommissar«, fügte Resi ernst hinzu.

»Sie müssen mich verstehen, Hochwürden …«

»Außerhalb der Kirche und abseits der heiligen Handlungen bin ich der Mano«, sagte Pfarrer Urian und streckte Gruber abermals die Hand hin, der sie jedoch – obwohl er sich dazu zwingen musste – nicht ergriff.

»Herr Pfarrer, ich habe es schon Ihrer Köchin gesagt, solange ich ermittle, sind Sie für mich der *Herr Pfarrer* oder ein *Hochwürden*. Es geht nicht, dass ich da Vertraulichkeiten aufkommen lasse.«

»Verstehe«, sagte Mano, »Sie sind im Dienst. Dann darf ich Ihnen auch kein Gläschen Vogelbeer anbieten?«

»Ganz recht … aber wenn Sie, Herr Pfarrer …«

»Allein macht es keine Freude und verliert vor allem seine rituelle Bedeutung.«

»Also, Pater. Zur Sache …«, fuhr Gruber fort, »… können Sie Angaben machen, was es mit dem Brand dieser Heuhütte und den beiden ineinander verkeilten Leichen auf sich haben könnte. Das sieht doch frappant nach einer Eifersuchtstat aus. Wissen Sie, ob die jeweiligen Ehegatten der Toten von dieser Liaison wussten?«

»Die Klara hat sicher nichts gewusst«, antwortete Resi an Manos Stelle, »die hat sich für so was gar nicht interessiert. Sie war ja, wie man sagt, etwas zurückgeblieben und hat den ganzen Tag nur Schlager gehört, Illustrierte gelesen oder ist oft halb nackert vor dem Spiegel gestanden und hat mit dem Orsch gewackelt … wie gesagt … *plemplem.*«

Roland Göttl trat nach kurzem Klopfen ein, ein Kuvert mit der gewünschten Empfangsbestätigung in der Hand. »So, bitte sehr«, sagte er ein wenig außer Atem.

Mano nahm die Bestätigung heraus, steckte im Gegenzug das Schriftstück hinein und reichte es Göttl.

Phillip Gruber hatte bei der Polizei ungewöhnlich rasch Karriere gemacht. Seine frühe Beförderung zum Kriminalkommissar schien vielen Kollegen und Vorgesetzten zweifelhaft.

Ein in die Enge getriebener Bankräuber, der eine Filiale der Raiffeisenkasse in Amstetten überfallen hatte, nahm eine junge Mutter, die mit dem Kinderwagen vor einem Schalter gestanden hatte, als Geisel. Nach klassischem Vorbild umfasste er mit dem linken Arm ihren Hals und hielt ihr seine Pistole an den Kopf. Mit zitternder Stimme drohte er, sie zu erschießen, falls die drei Polizisten, darunter Gruber, damals noch in Uniform, ihre Dienstwaffen nicht auf den Boden legten und ihn laufen ließen. Gruber, selbst von der Situation überfordert, meinte in der Stimme des Geiselnehmers unmissverständliche Zaghaftigkeit herauszuhören, sodass er nicht wie seine Kollegen die Waffe auf den Boden legte, sondern sie weiterhin auf den Aggressor gerichtet hielt und mit – in diversen Schulungen erlernter – scheinbarer

Ruhe im Ausdruck sagte: »Machen Sie sich nicht unglücklich, noch ist nichts passiert!«

»Ich bring erst sie um, dann das Kind«, sagte der Räuber mit wenig Entschlossenheit, drückte seine Waffe aber fester an den Kopf der Frau.

Die Bankkunden setzten einen kollektiven Schreckensschrei ab, als sie diese Worte vernahmen. Das wiederum erschreckte Gruber, der seine Gefasstheit ohnehin nur mit größter Disziplin und Selbstverleugnung aufrecht hielt. Er zuckte zusammen, und sein rechter, um den Abzug der Waffe gekrümmter Zeigefinger löste einen Schuss, der den Geiselnehmer mitten in die Stirn traf. Auch wenn es nur eine Nanosekunde gewesen sein mochte, war offensichtlich doch Zeit genug gewesen, dem so jäh vom Leben zum Tode Beförderten ein kindliches Erstaunen ins Gesicht zu schreiben.

Danach war es für einen Moment absolut ruhig, die junge Frau erlitt einen *stillen* Nervenzusammenbruch, das Kind im Kinderwagen begann vorsichtshalber zu plärren, ein Teil der Augenzeugen applaudierte, die anderen standen erstarrt da und blickten beklommen in das Gesicht des Toten.

Gruber, der noch immer in Combatstellung mit rauchender Dienstwaffe regungslos verharrte, ließ sich von den Kollegen mit sanfter Gewalt die Pistole aus der Hand nehmen, um dann der jungen Frau, die in katatonische Erstarrung verfallen war, die selbst das kreischende Kleinstkind nicht lösen konnte, Erste Hilfe zu leisten.

Gruber wurde daraufhin suspendiert, vor allem als sich anher herausstellte, dass der Bankräuber *nur* eine Gaspistole in Verwendung gehabt hatte. Nach heftigen internen – nicht immer nach den Maßgaben der Vernunft geführten – Diskussionen wurde er aber wieder in Dienst gestellt, denn schlussendlich hatte sich das Argument *Gefahr in Verzug* durchgesetzt. In der Folge brachte der Vorfall Gruber zunächst den Ruf ein, ein *harter Hund* zu sein, später wurde er befördert, denn man sah beherzte Männer nicht ungern in Führungspositionen. Dass Gruber bis heute aus schweißnassen Träumen hochfuhr, in denen er die Mutter anstelle des Bankräubers erschießt, wusste ja niemand. Möglicherweise hatte er sich damals die Unsitte des entrückten Nasenbohrens angewöhnt.

Mirli machte sich zu Hause für die Nacht fertig, und gerade als sie sich den Mund mit ihrem scharfen *Mouthwash* spülte, klopfte es im gleichen eigentümlichen Rhythmus *wie damals* an ihre Tür.

»Mano«, dachte sie, trotz allem, erfreut. Wie damals warf sie sich ihren Morgenmantel über, öffnete die Tür und … schrie stumm in die schwarze Nacht hinaus. Vor ihrer Tür stand eine Wiege, in der eine säuglingsgroße Echse lag, die Mirli ihre kleinen und kurzen, mit scharfen Krallen bewehrten Vorderbeine entgegenstreckte und mit aufgerissenem Maul versuchte, nach ihr zu schnappen. Ihre spitze, grüne Zunge zuckte, und sie zischte drohend.

Sie warf die Tür zu, kauerte sich atemlos schluchzend in die Ecke und klapperte derart heftig mit den Zähnen, dass sie sich eine beträchtliche Wunde in die Unterlippe biss. Nach fast einer Stunde hospitalistischem Hin- und Herwippen griff sie zitternd zum Telefon und rief mit monotoner, aber erstaunlich sachlicher Stimme auf dem Ursprunger Polizeiposten an.

Als Kriminalkommissar Gruber, die Rechte an der Dienstwaffe, nach kurzer Zeit mit Göttl vor Mirli Eggers Tür stand, war von einer Wiege nichts mehr zu sehen. Mirli, blass wie verschüttete Milch, deutete ins Nichts und stieß hervor: »Da, da auf der Schwelle … um Gottes willen … ich bin geisteskrank … der neue Pfarrer hat recht.«

»Jetzt schön der Reihe nach, Fräulein Egger«, sagte Roland Göttl, dessen zerzauste Adjustierung darauf schließen ließ, dass die Polizisten Hals über Kopf aufgebrochen waren.

Gruber warf ihm einen sprechenden Blick zu: »Sie haben also eine große Eidechse in einer Wiege gesehen?«

Mirli nickte schniefend.

»Wo, glauben Sie, ist diese Wiege hingekommen, oder besser: Wie und von wo ist sie hergekommen? Oder wer hat sie vor Ihrer Türe abgestellt?«

Mirli schwieg, zuckte die Achseln.

»Bitte schließen Sie Ihren Schlafrock, Fräulein Egger«, sagte Gruber verdrossen, blickte auf Göttl, der mit einer Hand die unmissverständliche Scheibenwischerbewegung vor seinen Augen machte.

Dann schaute Mirli mit leeren Augen in die Ferne, in die Finsternis der Dunkelsteiner Nacht. Am Horizont erschien Mano Urian. Er stand an einer Wiege und schaukelte sie sanft, ohne Mirli anzublicken.

»Da, da«, rief sie, »da ist er!«

Die Polizisten fuhren herum, sahen aber nichts als Schwarz.

»Wo ist wer?«, fragte Gruber.

»Der Mano mit dem Kind. Dem Eidechsenkind.«

Gruber sprach ruhig, man möchte sagen *väterlich*, auf Mirli ein: »Kommen Sie, junge Frau, ziehen Sie sich was an. Wir bringen Sie zu einem Arzt!«

»Der Doktor Allinger wird aber schon schlafen«, warf Göttl ein.

»Ach, halten S' doch die … den Mund, Göttl.«

Vierter Teil

Anni Jascha war der letzte Gast im Holzinger und, wie in letzter Zeit üblich, leicht alkoholisiert.

»Krieg ich noch einen, Herr Holzinger?«, wandte sie sich mit dieser leichten Gereiztheit in ihrer Stimme an den Wirt, der bereits die Sessel auf die Tische stellte.

»Gleich, Anni«, sagte er verbindlich, »ich setz mich gleich noch ein bissel zu dir.«

Holzinger kam darauf mit zwei großen Vogelbeer zu Anni an den Tisch: »Ich bin der Fritzl, Anni. Auf uns!«

»Auf uns?«, fragte Anni und schlug ein wenig umständlich ihre Beine übereinander. An die Windelhose hatte sie sich immer noch nicht recht gewöhnen können.

»Schau, Anni«, sagte Holzinger und rückte trotzdem näher, »ich wollte schon lang mit dir reden. Ich bin ja, wie du weißt, alleinstehend und nicht mehr der Jüngste. Ich könnte mir vorstellen, dass du – überhaupt jetzt, wo die Mirli narrisch worden ist – mir helfen könntest, gegen Lohn selbstverständlich.«

Anni Jascha kippte ihren Vogelbeer so hastig hinunter, dass es sie reckte: »Geh, Fritzl, was willst denn mit einer, die sich immer wieder anpischt? Da tät doch allen grausen, wenn ich ihnen die Suppe bring«, sie beugte sich zu Holzinger und sagte vertraulich, »glaubst, ich riech nicht selber, dass ich ein bissel brunzl?«

»Aber geh, Anni«, beschwichtigte Holzinger, »wer riecht denn das bei den vielen Zigaretten, die da geraucht werden, da brauchst dir keine Sorgen machen. Und schau, die sechs Zimmer in der Wohnung über dem Wirtshaus, die kann ich allein doch nicht alle bewohnen, verstehst? Du kannst deine Keuschn aufgeben und bei mir wohnen … mit allem Anstand, natürlich. Also unterm Strich: Fixlohn, Kost und Logis und das ganze Trinkgeld gehört auch dir. Was sagst du, Anni?«

»Was meinst du *mit allem Anstand?*«, fragte Anni ein bisschen vorsichtig.

»Schau, in meinem Alter, da hab ich keine Begehrlichkeit mehr, und wenn, dann ist die, wie soll ich sagen, gebührenpflichtig ausgelagert.«

»Gehst du zu den Huren?«

Holzinger schwieg ein bisschen verschämt. Warum *verschämt*, wusste er gar nicht zu sagen, ihm konnte es doch egal sein, und die Anni brauchte keine Angst zu haben, sich mit einem alten Deppen *herumschlagen* zu müssen.

Anni sah ihn ein wenig degoutiert an. *Ich bin ja auch kein Appetithappen und ewig angepischt … ein schlechter Mensch dürfte er ja nicht sein, ein bissel schirch halt … aber mein Auskommen hätte ich und ein eigenes Zimmer.*

Holzinger schaute sie erwartungsvoll an, Anni lachte ein wenig blödsinnig, atmete dann pfeifend ein und sagte: »Fritzl, darauf trinken wir noch einen!«

»Da würdest du auch über … das mit dem David hinwegkommen.«

»Geh, ich bin froh, dass ich den Krippl los bin. Ich sag's, wie es ist«, sie stand auf und torkelte Richtung Klo, ein zartes Harnbouquet hinterlassend.

Gruber dachte, er hätte in seiner Polizistenlaufbahn schon alles gesehen, revidierte diese Ansicht aber in der Sekunde, als er Hildgards Kammer betrat. Besser gesagt *betreten durfte*, denn Hildgard ließ ja für gewöhnlich niemanden in ihre Kammer. Erst nach Grubers und Göttls mehrmaligen Hinweise, dass sie von der Polizei waren und dieser im Zuge von *Ermittlungen* grundsätzlich Zutritt zu gewähren sei, öffnete sie.

Gespenstisch, einem Menetekel gleich, saß Hildgard in einem mehr als abgewohnten Stuhl und sah stumm im Halbdunkel vor sich hin. Die beiden nahmen sie wahr wie einen Schatten, wenn sich Wolken vor die Sonne schieben. Offenbar schlief sie auch in diesem Möbel, denn in dem Zimmer war kein Bett zu sehen – es hätte wahrscheinlich auch gar nicht hineingepasst. Der tragische Geruch nach Alter und Vergänglichkeit erfüllte die Luft.

»Frau Hildgard«, sagte Gruber über die Maßen laut, weil er nicht zu Unrecht annahm, dass das alte Weib fast taub war, »darf ich – nur fürs Protokoll – Ihren Nachnamen erfahren?«

»Wie?«, fragte Hildgard mit ihrer befremdlich dünnen, dennoch festen Stimme.

»Sie müssen ja einen Familiennamen haben, wir konnten in den diesbezüglichen Unterlagen nichts finden, und das, was wir gefunden haben, ist auf Russisch …«

»Ich weiß es nicht mehr. Niemand weiß es mehr. Und was keinen Namen hat, das gibt es nicht.«

Gruber sah zu Göttl, der zuerst mit den Schultern zuckte und dann die Augen verdrehte.

»Nun gut«, resignierte Gruber, »Frau Hildgard, haben Sie vielleicht eine Vermutung oder *wissen* Sie gar etwas, betreffend dieser regelmäßigen Todesfälle?«

»Ich weiß nur eines: Ich bin eine Magd des Lichtes.«

»Sie sind was?«, fragte Gruber, als hätte er sich verhört.

»Prosaischer Mensch!«

Gruber blickte zu Göttl. Der zuckte die Achseln.

Hildgard sah die beiden mit ihren hellen, erloschenen Augen an und sagte in einem suggestiven Singsang, der wie eine Beschwörung tönte: »Der Demiurg, der, der keine Zahl hat und keinen Namen, ist unter uns. Der inkarnierte wesenlose Archont, das Nichts zwischen *Ain Soph* und *Kether*, zwischen der Null und der Eins,[+] der das Trugbild aller Welten zum Erlöschen bringen kann, so wie er es erschaffen hat.«

Göttl zupfte Gruber am Ärmel: »Lassen Sie uns gehen, Herr Kommissar, das hat doch keinen Sinn.«

»Warten S', Göttl. Frau Hildgard, wer ist dieser … ding … dieser Demiurg oder was …, der da unter uns ist?«

Hildgard blickte Gruber streng an, dass dieser es fast bereute, die Frage gestellt zu haben, und sagte: »Mano Urian!«

Göttl schlug die Hände zusammen und sagte hilflos: »Der neue Pfarrer? Der Mano will die Welt zerstören? Das glaubst du doch selbst nicht, Hildgard.«

»Aber ich werde mich ihm entgegenstellen«, sagte Hildgard entschlossen.

»Na gut«, gemeinplatzte Gruber, »wir werden dann wieder gehen, Frau …«

Als beide bereits in der Tür standen, drehte Gruber sich noch einmal um: »Und wie – nur weil's mich interessiert – *wie* werden Sie sich ihm entgegenstellen?«

[+] Näheres siehe: die zehn Sephiroth

»Ich kenne seinen wahren Namen!«

Als Göttl die Tür zu Hildgards Kammer hinter sich und Gruber geschlossen hatte, sagte der: »Nur ihren eigenen weiß sie nicht.«

»Was weiß sie nicht?«, fragte Göttl.

»Ihren *eigenen* Namen«, sagte Gruber.

Nachdem Doktor Allinger Mirli vorsichtig sediert hatte, wies er sie in das Klinikum Mauer bei Amstetten ein – ein 1902 fertiggestelltes psychiatrisches, neurologisches Zentrum, wo sie nach einer Nacht, einem Tag und noch einer Nacht tiefen Schlafes von einem Pfleger in den Aufenthaltsraum geführt wurde. Eine ganze Reihe von Patienten und Patientinnen saß hier herum, sie tranken Tee oder Mineralwasser, aßen trockenen Kuchen oder wurden mit einem solchen gefüttert, spielten weitgehend leidenschaftslos irgendwelche Spiele, etliche, vor allem Alte, saßen einfach nur da und schienen die Welt vergessen zu haben. Mirli wurde zu einem Tisch geführt, an dem zwei vielleicht sechzigjährige Frauen saßen, die nicht wie die meisten Anstaltskleidung trugen. Die eine hatte einen privaten mintfarbenen Hausanzug an, die andere eine geblümte Bluse und einen strapazierten braunen Schnürlsamtrock.

»Das, meine Damen«, sagte der ganz in Hellblau gehaltene Pfleger in einem Ton, den man vielleicht schwachsinnigen Kindern gegenüber anschlägt, »ist Frau Mirli Egger, sie ist seit vorgestern bei uns. Seien Sie so gut und machen Sie sie mit der neuen Umgebung ein wenig vertraut.« Er rückte einen Stuhl für Mirli zurecht und nötigte sie, Platz zu nehmen. Keine der drei Frauen sprach ein Wort, und Mirli blickte sich verwundert um, nahm den Raum mit seinen Menschen wahr, als wäre sie nicht Teil des Szenarios. Eine Pflegerin brachte Tee und bröseliges Biskuit, das eine ungesund rote Schicht Erdbeeren in Gelee zierte. Trotzdem fiel Mirli hungrig über die zweifelhafte Mehlspeise her und aß sie gierig auf, wobei sie die letzten Brösel mit angefeuchtetem Zeigefinger vom Teller tupfte.

Die Damen sahen ihr stumm zu, und nach ein paar Minuten beugte sich eine – die mit dem mintfarbenen Hausanzug – zu ihr: »Sie wissen schon, dass hier alle verrückt sind und die meisten nie wieder rauskommen?«

Die andere Frau: »Die sind hier eingesperrt, weil sie gefährlich sind.«

»Ja, entweder für andere oder für sich selbst.«

Mirli antwortete müde: »Ich bin nicht gefährlich, glaube ich.«

Die zwei Frauen schauten einander an, und die mit dem Schnürlsamtrock wackelte ein wenig mit dem Kopf. Vertraulich beugte sie sich zu Mirli und raunte ihr mit gesenkter Stimme zu: »Lassen Sie sich nur nicht Organe entnehmen. Haben Sie ein Einzelzimmer?«

»Bis jetzt, ja.«

»Lassen Sie sich ja nicht ein Zimmer mit Mehrbelegung einreden!«

»Von diesen Zimmern holen sie sich immer wieder welche, um sie *auszuräumen*«, sagte Frau Schnürlsamt.

Frau Hausanzug ergänzte: »Wenn man nach den Patienten fragt, sagen sie, die sind entlassen worden, haben sich umgebracht oder sind einfach so gestorben.«

»Bei den Zusatzversicherten, den Privatpatienten, trauen sie sich das nicht.«

Beide lehnten sich zurück und blickten Mirli vielsagend an. Dann beugte sich Frau Hausanzug jäh vor und flüsterte fast: »Und nehmen Sie sich vor den Pflegern in Acht!«

»Die sind wie die läufigen Hunde«, fügte Frau Schnürlsamt hinzu.

»Warum sind Sie hier?«

»Ja«, echote Frau Schnürlsamt, »warum sind Sie hier?«

»Ich bin verrückt«, sagte Mirli.

Am nächsten Tag, nach einem Therapiegespräch mit einem höflichen, fast freundlichen Psychiater, wurde Mirli wiederum in den Aufenthaltsraum geführt, allerdings nicht wieder zu dem Tisch mit den beiden Frauen von gestern. Sie hatte gewissermaßen *freie Platzwahl,* und so stand sie unentschlossen in der Mitte des Saales und sah sich um.

Ihr Blick fiel auf eine etwas abseits, nahezu unbeweglich in einem Sessel sitzende Frau. *Die kenn ich doch. Das ist doch die, die der Klara mit dem Kreuz das Aug ausgestochen hat, die Frau von diesem Bankmenschen, diesem Paradeiser … Marianne, genau.*

»Hallo«, sagte Mirli vage und beugte sich zu Marianne Paradeiser, »du bist die Marianne, gell?«

Marianne schaute sie zwar an, doch hatte Mirli nicht den Eindruck, dass sie sie wahrnahm. »Ich bin die Mirli Egger, die Kellnerin vom Gasthaus Holzinger in Ursprung.«

»Wer?«, fragte Marianne tonlos uns schoss, ohne ihren Tunnelblick zu verändern, laut und drohend nach: »Fick dich, Schlampe!«

»Was ist mit dir?«, fragte Mirli. »Wer ist denn bei dir eine Schlampe, du schircher Uhu …«

Da kam aber schon der bullige Pfleger im hellblauen Arbeitsgewand: »Na, na, Frau Paradeiser, beruhigen Sie sich, sonst müssen wir Ihnen wieder die *Nichtraucherjacke*† anziehen.« Eine Schwester führte Mirli mit sanfter Gewalt an den Tisch von Frau Hausanzug und Frau Schnürlsamt.

»Die werden sie bald ausräumen, die ist unheilbar«, wisperte Frau Hausanzug prophetisch.

»Einzelzimmer hat sie auch nicht«, nickte Frau Schnürlsamt.

†

Gruber war verzweifelt, denn die Verhöre mit den Ursprungern verliefen ergebnislos. Gruber fragte beispielsweise den Gewerke Schwenk: »Herr Bürgermeister, laut Vernehmungsprotokoll hat Frau Elfriede Eibl ausgesagt, sie hätte gesehen, wie Sie zum Zeitpunkt des Brandes der Heuhütte aus ebendieser Richtung gekommen wären, *hastig*, wie sie sich ausdrückte.«

»Herr Kommissar, das hab ich doch schon dem Göttl gesagt, die Eibl war doch derartig krank, dass sie – wie sagt man? – nicht vernehmungsfähig war. Die hat doch mit der Hildgard Verschwörungstheorien erfunden, immer wieder haben S' was von *Teufelskreuz* gefaselt und dass die Welt untergehen wird, weil der neue Pfarrer am Sonntag in der Kirche nicht singen lässt. Er ist der Satan, hat sie einmal gesagt. Das können S' doch nicht ernst nehmen.«

»Was ich ernst nehme, das müssen S' schon mir überlassen, Herr Schwenk.«

---

† Zwangsweste

»Bitte, wie Sie wollen.«

»Es ist doch so, dass alle diese Vorkommnisse begonnen haben, als der neue Pfarrer nach Ursprung gekommen ist. Sehen Sie da eventuell einen Zusammenhang?«

»Herr Kommissar, Sie glauben doch nicht, dass der Ma…, der neue Pfarrer, ein Serienmörder ist?«

»Das hab ich nicht gesagt. Ich habe Sie nur nach Ihrer Einschätzung gefragt, ob Sie sich vorstellen können, dass *irgendein* Zusammenhang besteht.«

»Also, das kann ich mir beim besten Willen nicht vorstellen, Herr Kommissar.«

»Und dass diese Elfriede Eibl nach ihrer Aussage günstigerweise verstorben ist, fällt Ihnen dazu etwas ein?«

Sich – wahrhaftig – keiner Schuld bewusst, antwortete Schwenk besonnen, nichtsdestoweniger bestimmt: »Ich werde Ihnen jetzt einmal etwas sagen, Herr Kommissar. Nur weil Sie nicht weiterkommen, soll heißen, es Ihnen nicht gelingt – zugegeben nicht alltägliche – Todesfälle als Morde hinzustellen, ist es vollkommen sinnlos, mit kryptischen Verdächtigungen auf den Busch zu klopfen.«

»Herr Bürgermeister«, antwortete Gruber sachlich, in keiner Weise eingeschüchtert, »Sie haben nicht unrecht. In der Tat ist der unmittelbar auf den Brand der Heuhütte folgende Tod von Frau Eibl das einzige – sagen wir – *Signifikante* im Moment, das den Blick auf die anscheinend *harmlose* Gesamtsituation ein bissel anpatzt. Kommt Ihnen das nicht so vor?«

»Signifi…, was?«, Schwenk erhob sich. »Auf Wiedersehen, Herr Kommissar, ich muss zum Segen der Gemeinde werktätig werden. Habe die Ehre.«

Auch bei Anni kamen die beiden Ermittler, wie sich Göttl mit Recht jetzt nennen zu dürfen glaubte, nicht weiter: »Frau Jascha, der Tod Ihres Sohnes David … wieso haben Sie Ihren Sohn denn ausgerechnet auf diesem unwegsamen Gelände – noch dazu mit einem Rollstuhl – spazieren geführt?«, begann Gruber die Vernehmung.

»So halt«, Anni zuckte die Achseln und fügte gereizt hinzu: »Und was heißt *noch dazu mit Rollstuhl*, mit was denn sonst?«

»So halt, aha. Ausgerechnet entlang des Waldrandes zur Dämmerstunde. Sie haben doch sicher auch gehört, dass im Wald Wölfe vermutet werden?«

»Was?«, fragte Anni, auf der einen Seite verzagt, auf der anderen entrüstet.

»Frau Jascha«, tastete sich Gruber weiter vor, »ich muss Sie das fragen: Der tragische Tod Ihres Sohnes bedeutet doch eine erhebliche Erleichterung Ihrer Lebensumstände?«

Anni schwieg eine Zeit lang, dann sagte sie: »Der Herr Pfarrer hat mir ausdrücklich geraten, *dort* mit David spazieren zu gehen.«

»Der Herr Pfarrer also?«

»Ja, der Mano«, antwortete sie, dann stützte sie beide Arme auf Göttls Schreibtisch und fragte direkt in das etwas teigige Gesicht Grubers hinein: »Was hätte ich denn machen sollen? Drei Wölfe, verstehen Sie, Herr Kommissar? Drei Wölfe und der Rollstuhl. Ist es ein Wunder, dass man davonrennt und sich vor Angst anwischerlt?«

✝

»Ich verstehe es nicht«, murmelte Gruber, als er mit Göttl wieder allein war, und raufte sich das Haar.

»Ich auch nicht«, sagte Göttl.

»Sie schon gar nicht«, ätzte Gruber, dann stand er urplötzlich auf: »Die scheinbare Willkür dieser Unfälle soll uns denken lassen, dass sie die Untaten eines Wahnsinnigen sind. Möglicherweise ist das auch so, doch wir dürfen nicht vergessen, dass in jedem Wahnsinn auch System stecken kann!«

»Und wie ließe sich das *Motiv* für Mord besser kaschieren als durch unwillkürlichen, scheinbaren Irrsinn«, sagte Göttl versonnen.

Gruber blickte verblüfft auf: »Bravo, Göttl! Ein großer Gedanke. Wissen S' was, am Sonntag gehen wir in die Kirche. Vielleicht fällt uns da was ein.«

»Oder zumindest *auf*«, ergänzte Göttl.

Tags darauf wurde das neue Holzkreuz mit dem hautfarbenen, im Ganzen gegossenen Christus geliefert.

Als die beiden Totengräber, die ja offiziell Gemeindearbeiter waren, wenn auch unter Protest zunächst das alte Blechkreuz abmontierten und danach das neue Kreuz anbrachten, staunten die Anwesenden nicht schlecht, als sie merkten, dass über dem Kopf des Schmerzensmanns das schwarze Giebelkreuz der Raiffeisenkasse auf gelbem Grund angeschraubt war.

»Da ist aber normalerweise nicht das Raiffeisen-Blemblem drauf«, sagte Ernst Ölsböck ungehalten. Gemeinsam mit Josef Lüftl war er angeheuert worden, um bei der Montage des neuen Kreuzes zu helfen. Er, weil er ungewöhnlich kräftig war, der andere, weil es ihm tatsächlich ein religiöses Bedürfnis war.

»Emblem, Herr Ölsböck«, korrigierte Josef Lüftl, »ein Sakrileg, wenn Sie mich fragen.«

»Schließlich hat's die Bank gespendet«, rechtfertigte sich Karl Paradeiser. »Was heißt da Sakrileg? Ein bissel eine Reklame darf schon sein, wenn wir schon zahlen.«

»Ja«, assistierte ihm Göttl, »da steht doch normal … *ding* … drauf.«

»INRI✝ steht drauf«, sagte Lüftl. Dass er beim Aufbau des neuen Kreuzes nicht besonders tatkräftig mithalf, wurde von den beiden Gemeindearbeitern sehr wohl bemerkt: »Geh, Herr Lehrer, heb dir keinen Bruch«, sagte der eine.

»Sie haben doch Oberarme wie zwei *Memphis*«, der andere.

Ein Manager aus der Filiale St. Pölten war mit einem ganzen Schwung von Vertretern der Lokalpresse gekommen: »Wissen Sie, was INRI überhaupt heißt, meine Herren?«

»Und *Sie* sagen jetzt nichts, Herr Lehrer!«, rief Paradeiser schnell.

Schweigen und vereinzeltes Kopfschütteln.

»Na, also, dann kann's Ihnen doch egal sein, Herrschaften, oder?«

»Wir können noch froh sein, dass sie nicht den Hermann Maier draufgenagelt haben«, sagte Roland Göttl zu Kriminalkommissar Gruber.

»Meine Bank«, lachte der.

»Was heißt denn INRI wirklich?«

»Ermitteln Sie's, Göttl.«

✝ Iesus Nazarenus Rex Iudaeorum – Jesus von Nazareth, König der Juden

Die Kirchenglocken hatten wieder mit befremdend düsterem Tone zur Messe gerufen, die, des neuen Kreuzes wegen, als Hochamt zelebriert werden sollte. Gruber, Göttl und zahlreiche andere Ursprunger waren erschienen. Wie angekündigt war auch Seine Exzellenz Bischof Pfundtner aus St. Pölten gekommen, um die Messe anzuleiten. Dafür hatte der Volksschullehrer Josef Lüftl eigens etwas Feierliches einstudiert beziehungsweise auf Geheiß Pfundtners einstudieren müssen, das er heute auf der alten, verstimmten Kirchenorgel spielen wollte. Die Predigt – so hatte sich der Bischof mit Mano Urian abgesprochen – sollte ihm, dem Gemeindepfarrer, überlassen bleiben. Worauf Pfundtner allerdings bestanden hatte, war, dass das Lied *Im Kreuz allein liegt Heile* gesungen werden sollte. Mano hatte beteuert, dass niemand in Ursprung dieses Lied kannte und auch sonst bei der Messe nie gesungen wurde.

»Bruder in Christo«, sagte der Bischof, in hierarchischem Tonfall, »wenn Sie das segensreich finden, bitte sehr, aber wenn *ich* das Hochamt führe, dann wird dieses Lied gesungen, um die Strahlkraft dieses zentralen christlichen Symbols ausreichend zu würdigen.«

Die Kirche war an diesem Sonntag bis auf den letzten Platz gefüllt. Kaum jemand nahm Anstoß an dem Raiffeisen-Logo über dem Kopf des Gekreuzigten, selbst Bischof Pfundtner bemerkte diesen Eklat erst, als er der Gemeinde zum zweiten Mal rituell den Rücken kehrte und seinen Blick gen Himmel wandte. Von den Kirchgängern weitgehend unbemerkt, erschauderte er, und die zeremoniellen Handlungen stockten kurz, denn in dem Bischof breitete sich veritables Entsetzen aus. Empört machte er weiter.

Zur vereinbarten Zeit griff Josef Lüftl beherzt in die Tasten, um der alten Orgel so etwas wie ein *Fortissimo* zu entlocken, was naturgemäß misslang; dazu kam, dass Bischof Pfundtner, der mit kräftiger Stimme und religiöser Entschlossenheit intonierte, sein gesangliches Engagement sukzessive zurücknahm, als er bemerkte, dass er der Einzige war, der bei diesem hochamtlichen Lobgesang aktiv mitmachte. Seitens der Andächtigen schlug ihm nur hilfloses Gestammel oder betretenes Schweigen entgegen. Sein Blick fiel auf Mano Urian, der diesen mit seinen sprechenden Augen scheinbar unbewegt erwiderte.

Was von den Ursprungern in den Kirchenbänken nicht bemerkt wurde, war, dass die Hostie heute nicht grün zu leuchten schien, sondern bloß in unspektakulärem Weiß dem Logo der Raiffeisenkasse entgegengehalten wurde, und auch nicht wie sonst diesen scharfen Nachgeschmack hatte. Was ebenso wenig auffiel, war, dass dem Bischof einige grobe Ritualfehler unterliefen, da er – ebenfalls unbemerkt – nervös und unkonzentriert war.

Gespannt wartete man, ob der neue Pfarrer es wagen würde, in Anwesenheit des Bischofs eine seiner flapsigen Ein-Satz-Predigten zu halten. Er betrat betont feierlich und achtsam die Kanzel, blickte stumm auf einen imaginären Punkt im Raum und sagte dann mit dieser Stimme, die von allen Seiten zu kommen schien: »Der Glaube ist alles, was zwischen euch und dem Nichts steht. Und ihr verbiegt die Wahrheit, bis sie zu eurem Glauben passt.«

Dann schlug er sein *persönliches* Kreuzzeichen, und nach kurzem Zögern antwortete die Gemeinde: »Amen.«

Bischof Pfundtner blickte ratlos und zugleich erschüttert auf den neuen Pfarrer und folgte ihm dann in die Sakristei, wo Resi Mano schon aus dem Messgewand half.

Nachdem sich die Kirche in Windeseile geleert hatte, trat Mano aus der Sakristei. Nur Hildgard stand noch ganz vorne, unmittelbar vor dem Altar und blickte Mano Urian, so fest sie es vermochte, in die Augen.

Mano Urian stutzte.

»Yalbaoth«, sagte sie deutlich.

Mano blieb wie vor den Kopf geschlagen stehen, beugte sich nach einem Moment der Fassungslosigkeit zu ihr und sagte gefährlich leise und voller Wut: »Du kennst zwar meinen wahren Namen, verfluchte Magd des Lichtes, ich aber kenne das *verlorene Wort*. Zwinge mich nicht, es auszusprechen!«

Hildgard blieb bewegungslos, scheinbar vor Schrecken gelähmt, stehen, glaubte zu spüren, wie sich in ihr und um sie herum das Nichts ausbreitete, das alles Sein und alles Seiende zu verschlingen drohte.

Resi Haslinger kam mit dem Bischof, nachdem sie auch ihm geholfen hatte, sich seines Prunkgewandes zu entledigen, aus der Sakristei und sah Hildgard wie zu Stein erstarrt dastehen, fasste sie am Arm und fragte besorgt: »Hildgard, ist dir was?«

»Er kennt das *verlorene Wort*«, sagte sie kraftlos.

»Wie bitte?«, fragte der Bischof und wandte sich interessiert Hildgard zu.

Hildgard sagte in Richtung des neuen Kreuzes: »Wenn das *verlorene Wort*, der wahre Name Gottes, ausgesprochen wird, implodiert das Universum.«

»Kabbalistischer Blödsinn«, sagte er, war sich seiner Sache jedoch gar nicht mehr so sicher.

»Ach, vergessen Sie's, Exzellenz. Sie redet schon wieder in ihrer schwarzen Sprach.«

Auf der Ursprunger Dienststelle saß Gruber am Schreibtisch, während Göttl wie immer trotzig vor *seinem* Schreibtisch stand: »Ist Ihnen etwas aufgefallen, das uns weiterhelfen, uns auf irgendeine Idee bringen könnte, Göttl?«, fragte Gruber und sah den Gendarmen ratlos an.

»Herr Kommissar«, sagte Göttl, »dass da was komisch ist, jeden Sonntag in der Kirche, das weiß ich, seit der neue Pfarrer das erste Mal die Messe gelesen hat, aber erstens geh ich nicht jeden Sonntag, und zweitens haben sich mit der Zeit alle daran gewöhnt. Also, mich bringt das alles auf gar keine Idee.«

»Also, ich war ja als junger Hupfer das letzte Mal in einer Kirche. Da hat sich im Laufe der Jahrzehnte aber ganz schön viel getan – für mich war alles anders. Göttl, haben S' den Bischof gesehen? Der ist mir ganz verwundert, nein, richtig erschrocken vorgekommen. Weitergebracht hat mich diese Erkenntnis aber auch nicht, was unseren Fall … unsere *Fälle* betrifft.«

»Man kann sagen, uns schwimmen die *Fälle* davon«, sagte Göttl, einen Scherz wagend.

Aber Gruber reagierte gar nicht, sondern sagte nur, sich das Kinn reibend: »Sagen kann man's, es ist zwar ein Blödsinn, aber gar so blöd auch wieder nicht.«

»Du machst das sehr gut, Anni«, sagte Holzinger später am Abend, als sie nach der Sperrstunde im Wirtshaus *klar Schiff* machten. Er schickte sich an, Annis Wange zu streicheln, hielt aber mitten in der Bewegung inne.

»Du kannst aber eiskalt schauen«, sagte er verlegen.

»Jeder bekommt im Leben den gleichen Teil an Eis«, sagte Anni – ungewollt – gereizt.

»Was?«

»Die Reichen kriegen ihn im Sommer, die Armen im Winter.«

»Geh Anni, was redest denn da?«, sagte Holzinger und stellte die Heizung auf Nachtbetrieb. Er wollte, dass sie es gut bei ihm hatte.

Anni Jascha arbeitete jetzt bereits seit knapp zwei Wochen im Gasthaus Holzinger, und nach anfänglichen blöden Bemerkungen unschön alkoholisierter Ursprunger *(Hast mir eh net ins Bier 'pischt, Anni?)*, ging man zur Tagesordnung über und akzeptierte Anni, wenn auch nicht offiziell, so doch gewissermaßen hintenherum ein bisschen als die Wirtin. Denn dass Anni Jascha und Fritz Holzinger ein – wenn auch höchst ungewöhnliches, ja, beinahe bizarres – Paar waren, ließ sich nicht verbergen, und das wollte auch niemand.

Auf gelegentliche boshafte Wortmeldungen reagierte Holzinger energisch. Zum Beispiel auf jene von Ernst Ölsböck: »Stehst halt auf Natursekt, Fritz, was?«, erwiderte er: »Halt ja die *Fadlpapp'n,* Ernstl, sonst steck ich deiner Frau, wo du wirklich bist, wenn du sagst, du holst aus Amstetten ein Pökelsalz, du feiner Herr.«

Darauf schwieg Ölsböck und ignorierte Fragen wie: »Wieso, wo bist denn, Ernstl?«, »Im Laufhaus?«, »Kommst du den Hasen überhaupt nach, wenn s' vor dir davon*laufen*?«

✠

Bischof Herbert Pfundtner hatte entschieden, anlässlich des Hochamtes und der *neuen Sitten* ein ernstes Wort mit dem neuen Pfarrer zu sprechen. Sein erster Gedanke war, Mano Urian zu sich nach St. Pölten zu beordern, er überlegte es sich jedoch anders. Sein Umfeld interessierte ihn, und so war er gespannt, welche Schlüsse er daraus ziehen konnte. Dazu war ihm eingefallen, dass Pfarrer Urian noch die 250 000 Euro plus diese unselige CD in seinem Besitz hatte. Er konnte sich gar nicht genug wundern, wie er das über die letzten Tage vergessen konnte. Überhaupt flößte ihm dieser *Geistliche* Sorge und, ja, Angst ein. Er fühlte eine unbestimmte Beklemmung, einen Hang zur Unterwerfung. Der Bischof war empört gewesen über die kurze Predigt und über ihren theologisch höchst zweifelhaften Inhalt. Was es genau mit dem konfusen Kreuzzeichen auf sich hatte, wusste er nicht zu sagen.

Pfundtner wurde in seiner silbergrauen Limousine vor den Eingang der Sakristei gefahren, und noch bevor er klopfen konnte, öffnete Mano Urian und sagte mit einer einladenden Geste: »Willkommen. Treten Sie bitte ein, Exzellenz.«

Pfundtner wollte ihm die Hand mit dem Bischofsring entgegenhalten, auf dass Mano ihn küsste. Rasch zog er sie zurück, als er sich an den kurzen, heftigen Schmerz und dieses *sündhaft* schöne Gefühl erinnerte, das ihn beim letzten Mal erfüllt hatte. Der Sakristeiboden knarzte unheilvoll, als Mano den Bischof zu dem alten Tisch führte und ihn aufforderte, auf einem der wackeligen Sessel Platz zu nehmen: »Darf ich Ihnen ein Gläschen

Vogelbeer anbieten, Exzellenz?«, fragte Mano gastfreundlich. »Er wird hier im Ort gemacht und allgemein sehr gelobt.«

»Danke, ich trinke prinzipiell nicht«, sagte Pfundtner maliziös, »wenn ich vielleicht einen Kaffee …«, aber dann fiel sein Blick auf die verkalkte, scheinbar aus einem Museum stammende Kaffeemaschine, und er winkte ab.

»Was führt Sie zu mir, Exzellenz«, fragte Mano, nicht sehr neugierig klingend.

»Pater Urian«, begann der Bischof zögernd, denn er verspürte wieder diese gemischten Gefühle, die ihn in Anwesenheit dieses Pfarrers überkamen, »ich muss gestehen, ich war mehr als erstaunt über Ihre *Predigt*. Sie werden mir beipflichten, dass sie nichts von der frohen Botschaft unseres Herrn Jesus Christus enthalten, ganz im Gegenteil, sich geradezu gegen den reinen Glauben gewandt hat. Das muss Ihnen doch bewusst sein.«

Mano blickte den Bischof kurz an, dann nahm er die Flasche Vogelbeer und ein Glas, schenkte sich ein, holte seine Zigaretten aus der Jackentasche, zündete sich eine an, blies den Rauch mehr oder weniger Richtung Pfundtner, hob kurz sein Glas und trank es, scheinbar ohne Bewegung seines Kehlkopfes, aus. Pfundtner wedelte mit einer undeutlichen Bewegung den Rauch weg und hustete betulich.

»Exzellenz«, begann Mano sachlich, »wir leben in einer Zeit, in der die Fähigkeit der einfachen Menschen, konzentrierte, gerichtete Aufmerksamkeit über einen längeren Zeitraum aufrecht zu halten, empfindlich nachgelassen hat.« Der Bischof wollte Mano unterbrechen, aber der fuhr unbeirrt fort. »Eintönige Abläufe wie die klassische Messe sind ihnen daher nicht zumutbar. Aus diesem

Grund, Eure Exzellenz, halte ich den gottesdienst, besonders die Predigt, die ja von der Gemeinde viel Langmut verlangt, gnädig kurz, um doch irgendwie zu den Herzen der Menschen durchzudringen.«

Der Bischof sah sich jetzt erst richtig in der Sakristei um, und was er sah, verstärkte seine Befremdung und seine Unsicherheit gegenüber diesem ungewöhnlichen Pfarrer umso mehr. Als sein Blick auf die Stelle an der Wand fiel, an der jahrzehntelang das dilettantisch gemalte Bild mit dem herabstürzenden Engel gehangen hatte, fragte er, eigentlich nur um Zeit zu gewinnen: »Hier hat doch sicher bis vor Kurzem ein Bild gehangen?«

»Ja, Exzellenz.«

»Und? Was war das für ein Bild und warum wurde es entfernt?«

»Es war ein sehr schlechtes Bild.«

»Schlecht gemalt?«, fragte der Bischof.

»Das auch!«

»Wieso, was war noch mit diesem Bild?«

»Es zeigte ein theologisch hoch zweifelhaftes Motiv.«

»Aha, und welches Motiv war das?«

»Der Höllensturz des *Königs von Babylon*[+].«

»Sie bezeichnen den *Engelssturz* als zweifelhaft? Was haben Sie mit dem Bild gemacht?«

»Ich habe es zertrümmert«, sagte Mano Urian.

»Sie haben … was? Wie konnten Sie dieses Bild mutwillig zerstören? Sie wissen schon, dass das …«

»Ich wollte es nicht mehr sehen!«, sagte Mano laut und drohend.

[+] Alttestamentarisches Synonym für Luzifer

Der Bischof zuckte zusammen. Dieser Ausbund eines Pfarrers jagte ihm Angst ein. Er beschloss, das Thema zu wechseln, und es gelang ihm, eine gewisse Aufgebrachtheit in seine Stimme zu legen, als er sich zwang, den nächsten Satz mit *Bruder in Christo* einzuleiten: »Lassen wir das ... Aber das Geheimnis der Wandlung, die *Fleisch-und-Blut-Werdung* unseres Herrn Jesus Christus als *eintönigen Ablauf* zu diffamieren ist Blasphemie. Darüber hinaus, wie Sie wissen, eine Todsünde, und ich kann nicht dulden, dass ein Todsünder Menschen meiner Diözese zu Gott führt. So, Pater Urian, führen Sie sie geradewegs in die Verdammnis!«

Mano schaute dem Bischof direkt in die Augen und sagte unaufgeregt: »Wenn jemand bei einem Manne liegt wie bei einer Frau, so haben sie getan, was ein Gräuel ist, und sollen beide des Todes sterben; Blutschuld lastet auf ihnen.«

Der Bischof blickte drein, als hätte ihn jemand geohrfeigt: »Was unterstehen Sie sich, Sie ...«

Mano erhob sich, öffnete den altdeutschen Kasten und entnahm einem Fach das Kuvert mit dem Geld und die CD mit den Bildern, die ein Gräuel waren, setzte sich wieder und legte beides vor sich hin.

»Geben Sie das her! Oder wollen Sie den irreversiblen Zorn Gottes auf sich laden?«

»Ich bin ja schon verdammt, wie Sie sagen, Exzellenz. Ich fange mit diesen Sachen nichts an, obwohl ich Sie damit vernichten und die Menschen in Ihrer Diözese noch weiter von gott wegführen könnte. Also, von Verdammtem zu Verdammtem: Ich gebe Ihnen dieses Kuvert samt dem Datenträger ...«, der Bischof wollte hastig Kuvert und CD an sich bringen, doch Mano gebot ihm Einhalt, »... unter einer Bedingung.«

»Sie sind nicht in der Position, Bedingungen zu stellen!«

»Oh doch«, sagte Mano unmissverständlich, »oh doch, Exzellenz! Ich händige Ihnen diese Beweisstücke aus, wenn Sie mir laut und deutlich nachsprechen …«

»Wie? Unterstehen Sie sich!«

»… Ich leugne meinen Glauben an die Dreifaltigkeit, an die Frohe Botschaft der Auferstehung und an ein Leben nach dem Tode. Ich leugne die unendliche Gnade *g*ottes, ich verleugne die heilige Mutter Kirche und all jene, die sich Vertreter *g*ottes auf Erden nennen.«

Der Bischof sprang auf und machte Anstalten, sich auf Mano Urian zu stürzen. Der aber blieb ungerührt sitzen und zwang Pfundtner mit einem durchdringenden Blick, sich kraftlos in den Sessel zurückfallen zu lassen. Er griff zu der Flasche Vogelbeer, schenkte ein Glas voll und kippte es – wie vorher Mano – mit einem Schluck hinunter, zog geräuschvoll die Luft ein und sagte: »Sie … Sie sind der *Leibhaftige!*«

»Keine Komplimente, Exzellenz«, antwortete Mano. »Also, sprechen Sie mir nach: Ich leugne …«

Der Bischof begann unter tonnenschwerer Verzweiflung trocken zu schluchzen, hielt sich die Hände vor das Gesicht und sagte unter Tränen: »Das können Sie nicht, das *dürfen* Sie nicht!«

Mano sprach ungerührt und mit eiskalter Bestimmtheit weiter: »Ich leugne …«

Der Bischof blickte ihn voll Entsetzen, Angst und unverhohlenem Hass an und begann unter würgendem Schlucken, sich immer wieder unterbrechend, den Blick starr auf die Tischplatte gerichtet: »Ich leugne meinen Glauben an die Dreifaltigkeit, an die Frohe Botschaft der

Auferstehung und an ein Leben nach dem Tode. Ich leugne die unendliche Gnade Gottes, ich verleugne die heilige Mutter Kirche und all jene, die sich Vertreter Gottes auf Erden nennen.«

»Exzellenz, es war mir kaum möglich, auch nur die Hälfte zu verstehen, ich sagte doch *laut und deutlich.*«

Pfundtner sprang auf, durchmaß mit großen Schritten die Sakristei, deren Boden besonders laut zu knarzen schien, und schrie: »Ich leugne meinen Glauben an die Dreifaltigkeit, an die Frohe Botschaft der Auferstehung und an ein Leben nach dem Tode. Ich leugne die unendliche Gnade Gottes, ich verleugne die heilige Mutter Kirche und all jene, die sich Vertreter Gottes auf Erden nennen.«

Dann taumelte er, einer Ohnmacht nahe, nicht ohne die *Corpora Delicti*[†] aus der Sakristei, deren Tür Mano ihm höflich aufhielt.

†

Niemand konnte sagen, was mit Mirli geschehen war. Seit damals, als sie *narrisch* geworden ist und auf Anweisung Doktor Allingers ins Klinikum Mauer überführt worden war, hatte man von ihr im Holzinger, ja, überhaupt in Ursprung nichts mehr gehört und gesehen. Dabei war sie schon nach ein paar Tagen, stark sediert und mit einer Klinikpackung *Calmapax,* einem hochwirksamen Beruhigungsmittel, von dem sie morgens, mittags und abends je zwei Tabletten zu sich nehmen musste, wieder entlassen worden.

[†] Beweisstücke

Die zwei Damen im Klinikum Mauer, die wie immer an *ihrem* Tisch im Aufenthaltsraum der Anstalt saßen, schauten einander bedeutungsvoll an: »Sie haben sie sich geholt«, sagte Frau Schnürlsamt.

»Kein Einzelzimmer!«, antwortete Frau Hausanzug lakonisch.

Beide blickten auf Marianne Paradeiser, die, auf ihrer Zunge kauend, in einem großen Stuhl mit kleinen Rädern saß, beide Handgelenke an der Stuhllehne fixiert: »Das ist die Nächste«, sagte eine.

Resi Haslinger war die Einzige gewesen, die in den letzten Tagen bei Mirli an die Tür geklopft hatte, aber Mirli hatte nicht geöffnet, sondern nur gerufen: »Mich machst du nicht wahnsinnig, du …«

»Ich bin's doch nur, die Resi. Was machst denn für Sachen, Mirli? Mach mir doch auf!«

»Verschwind!«, rief Mirli durch die verschlossene Tür. »Dir mach ich schon gar nicht auf. Du bist doch dem seine *Schamsterin*[✝], du böse Fee. Dich hätten s' damals verbrannt. Du schwarze Seele.«

Später, als Resi für Mano Urian den mageren Schopfbraten mit Kraut und Serviettenknödel richtete, sagte sie: »Mich wundert, dass sie *die* wieder auslassen haben, die hat ja den Teufel im Leib.«

»Therése«, sagte Mano, »sprich nicht so von einer Schwester in Christo.«

»Du bist viel zu gut, Mano«, sagte Resi gerührt, »viel zu gut.«

✝

✝ Altwiener Ausdruck für Busenfreundin, Geliebte

Josef Lüftl stand vor dem Spiegel in seinem Vorzimmer und blickte mit glasigen Augen auf sein seitenverkehrtes Ebenbild. Herbert Pfundtner, sein Herbert, hatte ohne Angabe von Gründen und vor allem ohne viele Worte (eines davon war *Gräuel*) ihre jahrelange Beziehung beendet. Für den schmächtigen und zartbesaiteten Lehrer brach die Welt zusammen. Von einer Minute zur anderen hatte ihn eine finstere, trostlose Einsamkeit umklammert, und er stand da in seinem Vorzimmer, in der rechten Hand die alte Wehrmachtspistole seines Vaters, die dieser bis zu seinem Tode penibel in Ordnung gehalten hatte.

»Hoffentlich habt ihr diesmal mehr Glück«, sagte Mano, der frühmorgens in der Tür des Baumeisterhauses am Rand des Dunkelsteinerwaldes stand. Etzel zerrte an der Leine. Und als sich das Vieh mit trenzenden Lefzen auf Pater Urian stürzen wollte, riss es den ehrenamtlichen Förster beinahe um.

»Etzel«, rief Julius Prüger, seine Fersen in den Boden stemmend, »Etzel, mach kein Gemetzel!«

Doch Mano ging langsam, aber entschlossen, ohne ihn auch nur eine Sekunde aus den Augen zu lassen, auf den hysterischen Hund zu und legte ihm die Hand auf den Kopf.

»Hochwürden, machen S' keine Sachen!«, rief Prüger erschrocken. Etzel jaulte jedoch lediglich kurz auf, legte sich dann zu Füßen Manos und leckte ihm seine Budapester.

»Du kannst es aber mit den Hunden«, sagte Prüger anerkennend, »Herrenmensch, was?«

»Möget ihr Jagdglück haben«, sagte Mano und schlug sein eigenwilliges Kreuz: »Waidmannsheil!«

Der Pirschtrupp verteilte sich in alle Richtungen im Dunkelsteinerwald. Julius Prüger zog Etzel nicht geradeaus in den Wald hinein, sondern schlich in einem Halbkreis *hinter* den anderen Wolfsjägern her.

Karl Paradeiser folgte ihm als Einziger und hielt sich knapp neben Julius Prüger, was diesem nicht recht gefallen wollte.

»Was pickst denn so auf mir drauf, Karl? Geh zu den anderen vor, überhaupt beim Wald-*Durchkämmen* müssen immer zwei, drei Meter Abstand sein.«

»Jaja«, antwortete dieser, »ich weiß schon, was ich tu!«

»Ah so?«, fragte Prüger mit gedämpfter Stimme. »Weißt auch schon, wie du dich aus der Affäre mit meinem uneinbringlichen Kredit ziehen wirst?«

»Zerbrich dir nicht meinen Kopf, Julius«, gab Paradeiser zurück, »pass lieber auf deinen eigenen auf.«

»Blödsinn reden, das kann …« Prüger unterbrach sich, denn Etzel, das Raubtier, hatte sich losgerissen und lief bellend auf eine Lichtung zu.

»Da bleibst, du Bestie«, schrie Prüger und rannte dem Vieh nach, Karl Paradeiser heftete sich dicht an seine Fersen. Wie fremdbestimmt hielten sie plötzlich an und blickten begriffsstutzig auf Mirli Egger, die leicht vom Wind bewegt, mit violettem Gesicht und heraushängender grauer Zunge an einer daumendicken Nylonschnur von einem Ast hing. Unter ihr lag ein kleiner blutiger Klumpen, der sich auf den zweiten Blick als Fötus entpuppte und den Etzel hechelnd und schmatzend auffraß.

Prüger starrte wie in Trance auf die baumelnde Leiche, da riss Paradeiser ihm ansatzlos den Doppelläufer von der Schulter und schoss ihm aus nächster Nähe, beide Hähne zugleich durchziehend, in den Kopf, warf die Waffe neben den leblos daliegenden Förster (ehrenhalber) und vergaß nicht, zwei schnelle, nichtsdestoweniger lautlose Schritte nach rechts zu machen, seine Handschuhe auszuziehen und in die Taschen seines Jagdrocks zu stecken.

Das Echo der Schüsse war gerade verhallt, als die Übrigen die Szene betraten.

Als in die Lähmung dieses zwiefachen Entsetzens wie aus dem Nichts drei Wölfe aus dem dunklen Dickicht auf die Lichtung traten, ergriff die Truppe wie auf Kommando die Flucht und ließ die sanft schaukelnde Mirli und den toten Julius Prüger achtlos zurück. Was den Schrecken und die Fassungslosigkeit der *Jäger* ins Unerträgliche steigerte, war das anhaltende, zornwütige Bellen von Etzel, den Ölsböck wegzerrte, auf dass sich der Hund nicht auch noch an dem Leichnam Prügers verging.

Noch am gleichen Tag begannen Gruber und Göttl, assistiert von der Amstettner Spurensicherung, seit Neuestem KTU genannt, mit der Analyse des Tatorts (der Tatorte, um genau zu sein).

Gruber stand neben dem toten Julius Prüger, dem die beiden Kugeln, abgefeuert aus seinem eigenen Gewehr, die rechte Gesichtshälfte und Teile der Schädeldecke weggeschossen hatten. An den Resten hatten sich die Wölfe vergangen.

Göttl meinte lakonisch: »Ein Glück für die Ermittlungen, dass die Wölfe den nicht schon ganz z'ammgfressen haben.«

»Also, das kann mir keiner erzählen, dass das ein Suizid war«, sagte Gruber versonnen, »das kann nur Mord gewesen sein.«

»Selbsttötung scheidet zu 99,9 Prozent aus«, bekräftigte Göttl und rang verzweifelt seinen Brechreiz nieder.

Als die beiden Gemeindearbeiter, sprich Totengräber, Mirli Egger herunterschnitten und sie an Gruber und Göttl vorbeitrugen, konnte sich Göttl nicht länger beherrschen und übergab sich beim Anblick ihres blutigen Schoßes aufs Heftigste.

»Empfindlicher Magen, Herr Kollege?«

Göttl nickte, fühlte sich aber geschmeichelt, dass Gruber *Herr Kollege* zu ihm gesagt hatte.

»Wie ist diese Mirli Egger auf den Ast überhaupt raufgekommen?«

Göttl gab keine Antwort, weil es ihn fortgesetzt reckte.

Als die beiden Totengräber mit aggressivem Missmut den toten Julius Prüger vorbeitrugen, wobei sie ihm die weggeschossenen Teile von Gesicht und Schädel auf die Brust gelegt hatten, hatte Göttl sich Gott sei Dank weggedreht.

Am Abend wurde im Gasthaus Holzinger engagiert und lautstark diskutiert, über Mirlis Selbstmord – *wenn es denn einer war* (so Göttl, der sich den Mund mit einem Vogelbeer nur ausgespült hatte) – und über den *Jagdunfall* des Julius Prüger (so Paradeiser).

»Das war Mord, sage ich«, war Gruber überzeugt, »der Teufel soll mich holen!«

Schritt-tack, Schritt-tack unterbrach es die Stille, die für den Bruchteil einer Sekunde auf Grubers Worte folgte.

»Der Tod ist immer gleich«, sagte Mano Urian und richtete sein giftgrünes ENJOY-Kunststoffarmband. »Was zählt, ist das Sterben und wie man sich dabei anstellt.«

Resi Haslinger lachte und schielte ein wenig. Gruber sah Mano misstrauisch an und bohrte kurz in der Nase

Die Beerdigung Mirli Eggers, an deren Leiche keinerlei Spuren von Fremd- und Gewalteinwirkung festgestellt werden konnten, fand unter großer Beteiligung der Ursprunger Bevölkerung statt. Niemand konnte sich so recht erklären, wie die kleine Kellnerin den hohen Ast ohne fremde Hilfe erklimmen konnte, und überhaupt, wer der Kindsvater war (der alte Eibl doch sicher nicht).

Die Blasmusik, diesmal in *großer Besetzung*, blies ungewöhnlich engagiert unter anderem *Mädel ruck, ruck, ruck an meine grüne Seite*, was von den Trauergästen mit einem Schmunzeln aufgenommen wurde. Bevor der Sarg in die *sandig-grausige* Ursprunger Erde gesenkt wurde, sagte Mano mit dem ihm eigenen spöttischen Unterton in der Stimme: »Wir nehmen Abschied von unserer Schwester in Christo, Mirli Egger, die unser Herr in seiner Güte und allumfassenden Liebe in der Blüte ihrer Jahre zu sich gerufen hat. Gedenken wir ihrer Lebensfreude und ihrer ansteckenden Fröhlichkeit, die uns niemals hätten ahnen lassen können, dass sich ihr Geist – durch den unergründlichen Ratschluss Gottes – verfinstern sollte, und sie der Todsünde der Selbsttötung schuldig werden würde. Ich glaube, im Sinne aller zu handeln, wenn ich Mirli Eggers Leib, gedenk ihres Lebens, dennoch geweihter Erde übergebe.«

Von den Ursprungern, die ihren Pfarrer als Mann der wenigen Worte schätzen gelernt hatten, ergriffen zur Kenntnis genommen, fügte er dramatisch hinzu:

»*Lächeln kann so vieles zeigen,*
Mut, Vertrauen, Freundlichkeit,
Gott aufs Innigste vertrauen
Ist Lebensfreude, Heiterkeit.«

»Wie hat das arme Mädel das gemacht? Allein und ohne *Stockerl* auf den hohen Ast hinauf?«, rätselte Gruber.

»Die KTU ist jedenfalls auch ratlos«, sagte Göttl.

»Na, wenigstens bin nicht nur ich ratlos«, murmelte Gruber betrübt. »Wenn wir wüssten, von wem sie schwanger war, hätten wir zumindest eine erste Spur.«

»Vom alten Eibl?«

»Will ich mir gar nicht vorstellen«, sagte Gruber mit Abscheu in der Stimme. »Und selbst wenn, der Eibl ist tot.«

»Nach der Zeugung verstorben?«

»Hörn S' auf, Göttl, sonst wird jetzt *mir* gleich schlecht.«

Sogar die beiden überarbeiteten Totengräber verrichteten ihre Arbeit diesmal ohne die zwischen den Zähnen zerbissenen Verwünschungen.

Ganz anders verlief das Begräbnis von Julius Prüger, nachdem sein Leichnam in St. Pölten obduziert und schließlich wegen des massiven Drucks aus konservativen Kreisen *freigegeben* worden war. Nicht nur, dass eine Anzahl *Fremder* – also Nicht-Ursprunger – am offenen Grab stand, auch Manos finale Worte fielen ungleich knapper aus: »Und so übergebe ich die sterbliche Hülle unseres Bruders in Christo, Julius Prüger, der Erde. Möge er in Frieden ruhen.«

Die Anwesenden, durchwegs in traditionelle Tracht oder martialische Jägerkleidung gewandet, hatten darauf bestanden, dass *einer der Ihren* den Nekrolog sprechen sollte. Dieser sprach dann auch von *unserem Julius*, seiner Treue und seiner Verlässlichkeit und vor allem von seinem deutschen Geiste und schwor, »dass auch wir ihm stets über das Grab hinweg in Treue und Kameradschaftlichkeit gedenken werden«. Ein Jägerblasensemble war mitgekommen und spielte diverse Jagdsignale von *Sau tot* über *Halali* bis *Zum Essen* und *Jagd vorbei.*

Die beiden Totengräber-Brüder, Klaus und Karl Floricz, waren nach ihrer Euphorie bei Mirlis Beerdigung heute betont mürrisch gestimmt, was sich erst etwas legte, als sie von den fremden Waidmännern ein generöses Trinkgeld bekommen hatten. Etwas, das in Ursprung so gut wie nie vorkam.

Die ortsfremde Jagdgesellschaft begab sich anschließend nicht zum Essen ins Gasthaus Holzinger, obwohl (oder vielleicht gerade weil) *einer der Ihren* es zwei Tage zuvor *besichtigt* hatte. Sie fuhren allesamt in ihren wuchtigen Geländewagen in einen renommierten Gasthof bei Amstetten.

✠

Zunächst fiel es niemandem auf, dass am darauffolgenden Sonntag, nachdem die Ursprunger Kirchenglocken in ihrem merkwürdigen Moll zur Messe gerufen hatten, die wenig inspirierte Orgelmusik des Lehrers Lüftl nicht erklang. Nur Resi, die Mano in der Sakristei beim Anlegen des liturgischen Gewandes zur Hand ging, fragte, wo denn der Herr Lehrer sei. Mano antwortete nicht, sondern ging schnurstracks in die Kirche, wo er mit unverhohlener Geringschätzung in die Menge blickte. Er stieg auf die Kanzel und wartete das profane Gemurmel der Gemeinde ab, bevor er sagte: »Der Kranke wünscht sich Gesundheit, der Arme Reichtum; nur der Dumme will es sich nicht verbessern.«

Die Ursprunger blickten einander wie gewohnt ratlos an. Nur eine Handvoll Frauen nickte zögernd, die tumbe Landjugend kicherte blödsinnig.

Erst als Lüftl am Montag, dann am Dienstag und auch am Mittwoch nicht zum Unterricht erschien, sah sich Bürgermeister Schwenk veranlasst, etwas zu unternehmen. Zumal sich einige Mütter dahingehend geäußert hatten, dass man den Herrn Lehrer *herbeischaffen* möge, weil ihre Nerven es nicht aushalten würden, die *Pankerten* noch einen Tag länger zu Hause zu haben.

»Herr Lehrer, machen Sie auf!«, rief Göttl, der vom Bürgermeister zur Aufklärung geschickt worden war. Er rüttelte und klopfte an der Tür der Räumlichkeiten, die Lüftl in der Volksschule bewohnte. Dann warf er sich mehrmals gegen die Tür, die nicht sofort – wie er es aus diversen Landkrimis kannte – aufsprang, sondern erst nach etlichen Anläufen und Attacken barst.

Im Vorzimmer, vor dem Spiegel, lag Josef Lüftl mit zwei Einschusslöchern in der Herzgegend. Erschrocken nahm Göttl den Furcht einflößenden Gesichtsausdruck des Lehrers wahr, der eine sehr gut erhaltene Wehrmachtspistole in der leichenstarr-verkrampften Hand hielt. Sein Brechreiz wurde, ob der Tatsache, dass der Tote für zwei

Herzschüsse relativ geringfügig blutüberströmt war, ein wenig gedämpft. Auf der kleinen Ablage neben dem Spiegel lag ein blütenweißes Kuvert, auf dem in makelloser Schönschrift stand: *Für Seine Exzellenz, Bischof H. Pfundtner.*

Doktor Allinger, der wenig später gemeinsam mit Kommissar Gruber am *Tatort* eintraf, besah sich den Toten und sagte: »Die fünf Sekunden des sterbenden Mannes.«

»Wie meinen, Herr Doktor?«, fragte Gruber.

»Wissen Sie das nicht, Herr Kommissar? Um sicherzugehen, dass ein Selbstmord gelingt, wird häufig *empfohlen,* sich ins Herz zu schießen, dann bleiben einem noch fünf Sekunden, um ein zweites Mal abzudrücken. Das nennt man in der Literatur eben *Die fünf Sekunden des sterbenden Mannes.*«

»Man lernt nie aus«, sagte Göttl verwundert.

»Göttl, ich bitte Sie«, sagte Gruber und nahm das Kuvert an sich. »Für den Bischof? Merkwürdig.«

✝

Bischof Pfundtner kniete im *privaten* Andachtsraum seiner Räumlichkeiten im Bischöflichen Palais vor einem kleinen goldfarbenen Kruzifix, das von zwei weißen Kerzen flankiert war. Er hielt in seiner rechten Hand eine Art Geißel, eine *neunschwänzige Katze,* wie auch gesagt wird, und schlug sich damit immer wieder klatschend auf den Rücken, der bereits von etlichen blutigen Striemen gezeichnet war. Auf dem kleinen Altar lag die Nachricht, die ihm nach Lüftls Freitod ausgehändigt worden war.

In penibler Schönschrift stand auf blütenweißem Papier: *Herzlieber Herbert, Dein Schweigen über die Gründe, derentwegen Du mich verlassen hast, raubt mir jede Lebenskraft. Bete für meine – durch diese meine Tat – verlorene Seele, in aufrichtiger Liebe. Dein …f.*

Pfundtners Selbstgeißelung hatte blutige Spuren auf der Botschaft hinterlassen, und zwar genau auf dem Namenszug *Josef*, sodass er gewissermaßen symbolisch vom Nichtmehrsein Lüftls kündigte.

»Ich habe meinen Glauben verleugnet, oh Herr, die Dreifaltigkeit, deine Gnade, das ewige Leben und die heilige Mutter Kirche. Dazu habe ich mich der Todsünde des Selbstmordes eines geliebten Menschen mitschuldig gemacht. Ich weiß, ich verdiene die immerwährende Verdammnis, erflehe aber hier, mir die Schmerzen deines eingeborenen Sohnes zufügend, deine unendliche Barmherzigkeit und die Absolution.«

Pfundtner sagte diese Worte immer und immer wieder, nicht etwa weinerlich oder verzweifelt, sondern mit fester Stimme und voller Zuversicht. Bei jedem Schlag, den er sich selbst versetzte, flackerten die Kerzen durch den Luftzug der Peitsche und drohten zu erlöschen.

Auf Wunsch des Bischofs wurde Josef Lüftls Leichnam nach St. Pölten überstellt, wo er in aller Stille, ohne die Sterbesakramente empfangen zu haben, an einer entlegenen Stelle im Kirchhof des Bischöflichen Palais beigesetzt wurde. Ein schmuckloses Holzkreuz sollte sein Grab zieren.

Anfangs ging Pfundtner täglich gemessenen Schrittes zu dieser Stelle und blieb lange in Andacht davor stehen. Stets hatte er ein Fläschchen Weihwasser bei sich und besprengte das Grab des Volksschullehrers kreuzförmig, hatte er ihn doch – als Selbstmörder – in ungeweihter Erde begraben müssen. Im Laufe der Jahre kam er in unbeobachteten Momenten nach wie vor regelmäßig, aber seltener und kürzer.

Die *Revision* der Ursprunger Filiale der Raiffeisenkasse war mehr als glimpflich vorübergegangen, nicht zuletzt deswegen, weil Karl Paradeiser sich durch seine PR-Aktion mit dem neuen Altarkreuz durchaus Freunde in der *oberen Etage* gemacht hatte. So *nahe am Kunden,* wie man sich ausdrückte, war man noch mit keiner Marketingmaßnahme gewesen. Zwar erschienen den Herren die Anschaffungskosten für das neue Kruzifix ein wenig hoch, aber sei's drum. Im Gegenteil, auf Führungsebene wurde darüber nachgedacht, die Aktion zu erweitern und in der Folge mehrere – im Idealfall alle – Kirchen des Landes mit dem *Raiffeisenkruzifix* auszustatten.

Bewaffnet mit einem hochwertigen Werbeartikel der Raiffeisenkasse – ein Schreibset inklusive einer verblüffend an Leder gemahnenden Schreibunterlage – klopfte Karl Paradeiser an die Tür der Sakristei, um sich bei Mano zu bedanken und auf das Gelingen ihres Planes anzustoßen.

»Mano«, rief er und öffnete die unversperrte Tür, »Herr Pfarrer?«

Er stand mitten in der schäbigen Sakristei, machte keinen Schritt, und dennoch wollte das verfluchte Knarzen des Holzbodens nicht aufhören, im Gegenteil, es wurde immer lauter, und Paradeiser musste an das Knacken eines riesigen brennenden Holzstoßes denken. Er nahm eine monotone Männerstimme wahr, die beschwörende Worte sprach und von aufgebrachten, nichtsdestoweniger zustimmenden Rufen umrahmt wurde. Er sah sich um, die Sakristei verblasste allmählich und verwandelte sich schleichend – wie bei einer Überblendung im Film – in einen mittelalterlichen Dorfplatz. Er sah sich einem Mann gegenüber, der in eine schwarze Kutte gehüllt war, sein Gesicht von einer Kapuze bedeckt, und er betete psalmartig aus einem Buch vor. Er bespritzte Paradeiser mit Weihwasser, was von einer geradezu hysterischen, in dreckige Lumpen gekleideten Menschenmenge begeistert aufgenommen wurde. Paradeiser begann laut zu husten, der Rauch nahm ihm den Atem. In Gottserbärmlichkeit brüllte er auf: Unter ihm loderte krachend und berstend das Reisig des Scheiterhaufens, erbarmungslose, hohe Flammen suchten kaltblütig sein Gesicht zu verbrennen.

Vor entsetzlichen Schmerzen und in rasender, fassungsloser Todesangst kreischend fand ihn Mano Urian vor. Karl Paradeiser stand schweißüberströmt in der Mitte der Sakristei, vor ihm auf dem Boden der hochwertige Werbeartikel der Raiffeisenkasse.

»Karl!«, rief Mano und legte ihm die Hand auf die Schulter. Paradeiser fasste sich augenblicklich und blickte Mano aus der Tiefe seines inneren Abgrundes mit einem Hauch von Wahnsinn an.

»Inquisition!«, keuchte er.

Mano ließ ihn los und lachte. Er hob das Schreibset auf und wollte es ihm geben. Doch kaum hatte Paradeiser es berührt, schrie er auf und ließ es, wild mit den Händen fuchtelnd, wieder fallen, als hätte er glühende Holzkohlen berührt.

»Beruhige dich, Karl. Komm, setz dich«, Mano führte ihn zu einem der alten Sessel und fuhr ohne Fürsorglichkeit in der Stimme fort: »Wie kommst du auf *Inquisition*, Karl?«

Paradeiser starrte ihn stumm an, dann wandte er sich ab und deutete auf den hochwertigen Werbeartikel: »Das ist für dich …«

»Karl«, wies ihn Mano schroff zurecht, »wir sind in der Kirche.«

»… für Sie, Herr Pfarrer.«

Mano hob das *Mitbringsel* auf: »Für mich?«

»Ja. Als Dankeschön für …«, er begann zu weinen, und Mano beobachtete ihn eine Weile mit Herablassung, fast mit Vergnügen.

»Fasse dich, Karl!«, Mano legte das Schreibset achtlos auf den abgenutzten Tisch. »Also, sprich zu mir, sag mir alles.«

»Sie wollen mich am Scheiterhaufen verbrennen«, schluchzte Paradeiser mit schrecklicher Gewissheit in der Stimme und warf sich in namenloser Verzweiflung vor Mano hin und umarmte seine Knie. Der war gerade dabei, sich einen Vogelbeer einzugießen, und stieß ihn brüsk beiseite. Nachdem er Paradeiser bedeutet hatte, sich wieder auf seinen Sessel zu setzen, fragte er ihn, so als spräche er mit einem schwachsinnigen Kind: »Wer will dich denn auf dem Scheiterhaufen verbrennen?«

»Die Inquisition«, antwortete Paradeiser.

Mano zündete sich eine Zigarette an: »Mach keine Witze, Karl.«

✠

Doktor Allinger war ratlos. Karl Paradeisers Zustand, der am Rande eines Nervenzusammenbruchs zu ihm in die

Ordination gekommen war und in mühsamer Gefasstheit von seiner *Verbrennung auf dem Scheiterhaufen* erzählt hatte, war nicht in den Griff zu bekommen. Das angstlösende Beruhigungsmedikament *Calmapax*, auf das Allinger stets vertraute, erwies sich als völlig wirkungslos, selbst in Kombination mit einem Chefarzt-pflichtigen Schlafmittel. Kaum hörte Paradeiser das Knacken eines Astes, irgendein Knistern – welcher Herkunft auch immer – oder sah gar das Entflammen eines Zündholzes, begann er wie am Spieß zu brüllen. Er stellte gewissermaßen pantomimisch dar, er wäre an einen Pfahl gebunden und nicht in der Lage, sich zu befreien, obwohl es aussah, als würde er verzweifelt versuchen, sich seiner Fesseln zu entledigen. Aber weder Arme noch Beine gehorchten ihm, bis er mit ratterndem Atem ohnmächtig zusammenbrach. Die Raiffeisenkasse in Ursprung war führerlos, die beiden Angestellten heillos überfordert, und man erwartete voll Ungeduld einen provisorischen Filialleiter, denn die Kontoinhaber fühlten sich unterbetreut und zeigten sich verärgert.

Zwar wunderte sich Allinger, dass die Krankheit *von heute auf morgen*, wie er sagte, aus dem Nichts heraus akut geworden war, dennoch wiesen die Symptome auf eine schwere *paranoide Schizophrenie* hin. Und so veranlasste er, ihn ins Klinikum Mauer einzuliefern.

Gruber saß patzig an Göttls Schreibtisch und öffnete ein Schreiben der Dienststelle St. Pölten.

»Was haben S' denn da wieder *z'ammdraht*, Göttl? Warum schicken Sie ein leeres Blatt Papier nach St. Pölten?«

Offenbar hatte das Kuvert mit der offiziellen Berufung eines gewissen Pfarrers Mano Urian seitens der Diözese St. Pölten nur ein leeres Blatt Papier enthalten.

»Aber, Herr Kommissar, der Pfarrer hat das Schreiben doch *vor* Ihren Augen in das Kuvert gegeben, in dem ich die vorgestempelte Empfangsbestätigung gebracht habe.«

»Verflucht«, sagte Gruber, »der hat von uns eine Bestätigung und seine *Berufung* ist verschwunden …?«

»Wer suchet, der findet«, sagte Göttl mit wenig Zuversicht.

»Das nutzt nichts, das weiß ich … dieser Pfarrer dürfte ein Trickbetrüger sein.«

»Amtsanmaßung?«

»Ja, was weiß denn ich?«, sagte Gruber resigniert, nahm seine Winterjacke von der Sessellehne und verließ missmutig die Amtsstube.

Wenigstens war es ihm gelungen, die Kollegen in St. Pölten davon zu überzeugen, den Leichnam Prügers noch einmal auf den Tisch des Pathologen zu legen, um die näheren Umstände seines nicht natürlichen Todes – dessen war sich Gruber sicher – zu untersuchen. Göttls Äußerung am Tatort, *Selbsttötung scheidet zu 99,9 Prozent aus*, ging ihm nicht aus dem Kopf. Und so stand er nun zeitig in der Früh mit den beiden Totengräbern am Ursprunger Friedhof, um Julius Prüger zu exhumieren.

Besonders Karl Paradeiser, der den ersten Ermittlungen zufolge mehr oder weniger unmittelbar neben Prüger gestanden hatte, als die beiden Schüsse fielen, hätte Gruber noch einmal befragen wollen, denn den Schilderungen der Zeugen zufolge war er der Einzige gewesen, der die beiden Schüsse aus Prügers eigener Waffe auf diesen hätte abgeben können.

»Auf einmal hat es geknallt, und der Julius ist neben seinem Stutzen tot dagelegen. Wie hätt ich ihm denn sein Gewehr aus gut drei, vier Metern Entfernung runterreißen sollen, Herr Kommissar?«, war Paradeisers Aussage damals gewesen, die Gruber so nicht unhinterfragt stehen lassen konnte und wollte.

»Sie könnten ja aber auch ganz nah beim Prüger gestanden und ihm sein Schrotgewehr von der Schulter gerissen haben, um ihm dann aus nächster Nähe den halben Schädel wegzublasen und – mir nichts, dir nichts – ein paar *Sidesteps* zu machen?«

»*Könnte,* ja …«

»Na alsdann, wenn Sie das zugeben, dann …«

»Gar nichts *dann,* Herr Kommissar: drei, vier Meter, das haben – wie viele – Zeugen gesehen? Fünf oder gar sechs?«

»Wir werden uns das noch anschauen. Wir werden uns das alles noch einmal ganz genau anschauen!«

»Wollen S' gar den Prüger noch einmal ausgraben?«

»Exakt, Paradeiser, exakt!«

»*Herr* Paradeiser, gell.«

Aber jetzt, wo Paradeiser offenbar dem Wahnsinn anheimgefallen war, war alles Ermitteln und Befragen sinnlos, denn er saß nur somnambul da, und wenn beispielsweise ein Bodenbrett knarrte, begann er zu schreien und den *Veitstanz* – wie Resi sagte – aufzuführen.

Jetzt stand der Polizist, sich in die klammen Hände atmend, vor Prügers Grab. Die Erde war so hart gefroren, dass Klaus und Karl Floricz zunächst mit je einer Spitzhacke (einem *Krampen,* wie man sagt) arbeiten mussten, um ebendie Erde aufzulockern, erst danach konnten sie darangehen, sie wegzuschaufeln und den Sarg freizulegen. Beide hatten trotz der frühen Stunde vor Beginn der Graböffnung, der Kälte geschuldet, mehrmals herzhaft dem Vogelbeer zugesprochen, den Karl in einer Mineralwasserflasche im Winter routinemäßig mit sich führte. Gruber stand hinter Klaus Floricz und blickte erwartungsvoll und andeutungsweise in der Nase bohrend auf die berstende Erde, als Klaus mit seinem Krampen so heftig ausholte, dass dessen hintere Spitze mit tödlicher Wucht mitten in die Stirn Grubers einschlug. Gruber schielte mit beiden Augen auf seine Stirn und fiel nach vielleicht drei Sekunden tot hintenüber.

Klaus merkte zuerst gar nicht, was geschehen war. Erst als Karl ihn antippte, drehte er sich um und sagte temperamentlos: »Scheiße.«

Roland Göttl war kaum in der Lage, den Angaben der Floricz-Brüder zu folgen. Die Nachricht von Grubers – er fand gar nicht das richtige Wort dafür – plötzlichem, unerwartetem, tragikomischem … Tod hatte gewissermaßen seine Seelenlandschaft leer gefegt. Er kämpfte mit den Tränen, aber vor allem mit seinem Zorn auf die beiden ungeschlachten Brüder, die ungerührt vor ihm saßen. Das heißt, Karl stand, Klaus, der Totschläger, saß, und keiner von beiden hatte mehr als wiederholtes Schulterzucken zu bieten, als Göttl fragte, wie genau es passiert wäre.

»Ich weiß nicht«, sagte Klaus, »ich habe hinten keine Augen. Ich habe erst gemerkt, was los ist, als der Herr Kommissar tot umgefallen ist.«

»Was *los ist?*«, wiederholte Göttl entgeistert und richtete seine Augen auf Klaus. »Du hast ihn erschlagen, geradezu *gefällt*, unabsichtlich, wie ihr beide sagt. Wer sagt *mir* denn, dass das wirklich so war? Wer sagt mir denn, dass ihr ihn nicht erschlagen habt, weil er – was weiß ich – weil er euch zusätzliche Arbeit aufgehalst hat?«

»Da hätten wir schon ein paar Leute erschlagen müssen.«

»Spart euch eure blöden Witze, sonst …«, sagte Göttl zornig, » … lass ich euch einsperren, ihr, ihr … Viecher!«

»Ich hab's wirklich nicht zu Fleiß gemacht«, sagte Klaus Floricz wie ein Kind, das schlimm war.

Göttl ließ Grubers Leiche obduzieren, aber die Gerichtsmedizin in Amstetten konnte nichts entdecken, was nicht schon Doktor Allinger konstatiert hatte: Durchdringung der *Regio frontalis* mit einem spitzen Gegenstand aus Stahl und daraus folgend tödliche Verletzung der vorderen *Lobi.*

Fünfter Teil

Hildgard saß in ihrer etwas unnatürlichen, bemüht aufrecht wirkenden Haltung in ihrer Kammer auf dem abgewetzten Ohrensessel und gab sich konzentriert ihren Gedanken hin. Tatsächlich hatte sich Mano Urian ihr, nachdem sie ihm seinen *wahren Namen* entgegengeschleudert hatte, unverhohlen als der Demiurg offenbart. Nun wuchs von Sekunde zu Sekunde die Angst, ja, die Panik in ihr, dass dieser *Pfarrer* seine Drohung, das *verlorene Wort* – den Logos, die unwiderlegbare Weltenformel – auszusprechen, wahrmachen würde, um damit die von ihm so stümperhaft erschaffene, aber uns *ans Herz gewachsene* Welt zu vernichten und verschwinden zu lassen. Hildgard nahm sich einen Bogen Papier und schrieb mit zittriger Hand einige unleserliche Zeilen darauf.

Resi Haslinger hatte sich der guten Ordnung halber vorgenommen, jeden Tag auf ihrem morgendlichen Gang zum BILLA bei Hildgard vorbeizuschauen. Als sie umständlich die Tür zu Hildgards Kammer aufstieß, saß Hildgard so gar nicht aufrecht in ihrem Ohrensessel. Ihr Körper war zur Seite geneigt, und ihr Kopf lag nach hinten gekippt in ihrem Nacken. Ihr Gesicht sprach stumm, aber unmissverständlich von großer Sorge, in erster Linie von Furcht.

»Hilde?«, rief Resi, und bevor es noch zur Gewissheit wurde, ahnte sie es bereits, »Hilde, um Gottes willen!«

Vor Hildgard lag ein unverschlossenes Kuvert, auf dem die Linzer Adresse, zu der sie Resi damals begleitet hatte, stand. Resi nahm den Bogen Papier heraus und las, nicht ohne Mühe:

Amicae, Amici,
ich habe den Demiurg bei seinem wahren Namen genannt. Er wird Ursprung den Rücken kehren, doch Yalbaoth kennt das verlorene Wort und er kann von jedem Punkt des Universums aus die Schöpfung morden. Der Archont triumphiert. So wie seit Anfang der Zeit.
Zerbrecht das Rosenkreuz. Für mein Seelenheil.
Von Malkuth bis Yesod.
Amica Hildgard, die Hüterin der Schwelle

Resi schüttelte den Kopf, murmelte was von *schwarzer Sprache*, nahm den Brief an sich und verschloss ihn im adressierten Kuvert. Sie beeilte sich, zum BILLA zu kommen, denn auf den interimistischen Filialleiter, der den armen verkohlten Karl Horvath ersetzen sollte, war kein rechter Verlass, was die Frische der Ware betraf. Unterwegs vergaß sie nicht, den Brief in den Postkasten zu werfen.

Nachdem Resi ihren Einkauf erledigt hatte, meldete sie ihren Fund unverzüglich. Niemand zweifelte an der Diagnose der Dorfarztes: Altersschwäche.

Hildgard wurde ohne jeden *Pomp*, also ohne Musik, in einem roh gezimmerten Sarg bestattet. Resi und Anni Jascha waren als einzige Dorfbewohner anwesend, wobei Letztere nur aus *Pietät* gekommen war. Außer den beiden stand ein in Ursprung unbekannter Herr mit blassgrauem Haar in einem braunen Anzug, mit schwarzer

Krawatte am Grab. Nur Resi meinte, ihn schon irgendwo gesehen zu haben. Nach den nüchternen Worten Mano Urians, der Herr habe Hildgard mit einem ungewöhnlich langen Leben gesegnet und zu sich geholt, indem er sie friedlich einschlafen ließ, holte der Unbekannte ein kleines Holzkreuz mit kreisförmig angeordneten kleinen Seidenrosen hervor. Bevor er es in das offene Grab warf, zerbrach er es demonstrativ und blickte kurz, aber bedeutungsvoll zu Mano, der voller Genugtuung wie beiläufig zurückstarrte und demonstrativ sein obstruktives Kreuz schlug.

Im Aufenthaltsraum des Klinikums Mauer (seit Neuestem *Sozialbereich* genannt) saß wie beinahe jeden Tag Marianne Paradeiser in dem weißen Metallsessel mit den kleinen Gummirädern, ihre Arme locker an die beiden Armlehnen gefesselt, und fixierte mit ihren Augen einen imaginären Punkt an der ihr gegenüberliegenden Wand, während sie auf ihrer Zunge herumbiss.

»Marianne, hör auf, deine Zunge zu fressen, sonst müssen wir dir einen Kugelknebel umschnallen, wie diesem Herrn da«, sagte eine robuste Pflegerin, rüttelte energisch an Mariannes Kinn und deute auf einen neuen Insassen. Er war gerade in einem baugleichen Stuhl hereingeschoben und an der Wand gegenüber abgestellt worden.

Es war Karl Paradeiser, die Arme und Beine grob an das Eisengestell seines Stuhls fixiert, der ihr auf einmal gegenübersaß. Man hatte Paradeiser so nachhaltig *fixieren* müssen, denn kaum hörte er irgendeinen knackenden

Laut, begann er wie besessen um sich zu schlagen und herzerschütternd zu plärren. Nur eine Injektion konnte ihn beruhigen, aber um die zu verabreichen, benötigte es drei untersetzte Pfleger, die ihn mit aller Kraft festhalten mussten. Darum hatte man ihm einerseits den Kugelknebel (mit Atmungslöchern) in den Mund geschoben und andererseits seine Gliedmaßen so akkurat festgebunden, dass er mit seinem hysterischen Gefuchtel weder sich noch andere verletzen konnte. Durch den Knebel war nicht zu verstehen, welches Wort er fortwährend hervorstieß. Die Ärzte und das Personal wussten aber schon, dass es *Inquisition* war. Mariannes Blick blieb an der gleichen Stelle wie immer haften, nur dass man ihr jetzt ihren Mann, ihren Bankdirektor, ins Bild geschoben hatte. Sie erkannten einander nicht.

An dem Tisch, an dem die zwei Damen saßen, die eine im mintfarbenen Hausanzug, die andere mit geblümter Bluse und braunem Schnürlsamtrock, wurde angesichts der neuen Situation folgender Dialog geführt:

Frau Hausanzug (auf Karl Paradeiser deutend): »Den haben wir auch nicht lang.«

Frau Schnürlsamt: »Nein. Obwohl der wahrscheinlich ein Einzelzimmer hat.«

Frau Hausanzug: »Der, wieso der?«

Frau Schnürlsamt: »Weil er gemeingefährlich ist. Den sperren sie nicht mit anderen zusammen.«

Frau Hausanzug: »Den weiden sie aus, auch wenn er ein Einzelzimmer hat.«

Frau Schnürlsamt: »Ja, wahrscheinlich. Der macht Arbeit.«

Kommissar Phillip Grubers sterbliche Überreste wurden auf Geheiß seiner Dienststelle nach St. Pölten überführt, um mit *allen polizeilichen Ehren* zur letzten Ruhe gebettet zu werden. Das *Schicksal* wollte es, dass die Totenmesse, die Einsegnung und die Beisetzung – auf Ansuchen der Polizeidirektion – von Bischof Pfundtner unter beherztem Spiel der St. Pöltner Polizeimusik vorgenommen wurden. Eine Vielzahl der höheren Chargen sprach *letzte Grüße* am offenen Grab. Die bestürzende Analogie von Grubers *legendärem* Kopfschuss seinerzeit und seinem eigenen Tod durch ein Loch in der Stirn wurde mit keinem Wort erwähnt.

Eine knappe Woche nach Grubers Begräbnis wurde Bischof Pfundtner, als er am Nachmittag von Lüftls *verborgenem* Grab im Kirchhof des Bischöflichen Palais zurück in seine Amts- und Wohnräume ging und dabei den Platz vor dem Bischöflichen Palais überquerte, überfahren. Niemand hatte den tödlichen Unfall beobachtet, denn der Domplatz war wie gewöhnlich praktisch menschenleer. Ein Zeuge nur wollte einen braunen Kastenwagen gesehen haben, konnte aber keinerlei Angaben zu Nummernschild oder gar Lenker machen und vermutete Fahrerflucht. Die Polizei ermittelte, wie es hieß, in alle Richtungen, musste den Akt aber nach ein paar Wochen ergebnislos schließen.

✠

Es war ein nebelverhangener Nachmittag, als Resi Haslinger gemächlichen Schrittes auf das Baumeisterhaus zuspazierte. Sie war gekommen, um dem Pfarrer das Nachtmahl zu bereiten, stutzte aber wenige Schritte vor der zerfallenden Haustür des Baumeisterhauses. Sie sah, wie Mano Urian ein Pferd bestieg und dieses mit einem kurzen entschlossenen Stoß in dessen Flanken in Richtung Dunkelsteinerwald in Bewegung setzte.

»Mano!«, rief sie. »Mano, was machst du denn? Was ist denn das für ein Pferd, Mano?«

Doch Mano Urian beachtete sie nicht, wandte sich nicht nach ihr um, sondern entfernte sich konsequent. Lässig saß er auf dem ungesattelten fahlen Pferd, das aus seinen Nüstern Atemluft ausstieß. Die Szene wirkte wie aus einem Schwarz-Weiß-Film, denn zwischen dem schweigenden Schwarz des Waldes und dem schmutzigen Weiß des Pferdes waren nur Grauwerte und keinerlei Farben zu erkennen.

Wie vom Donner gerührt stand Resi Haslinger da, blickte in ihre Einkaufstasche, schüttelte den Kopf und rief Mano verzweifelt nach: »Wer soll denn das jetzt essen? Wann kommst du denn zurück?«

Pferd und Reiter begannen sich langsam in dem zarten Nebel aufzulösen.

Resi nahm beherzt ihre Einkaufstasche und folgte Mano, so schnell sie konnte mit ihren wehen Füßen, musste aber immer wieder stehen bleiben, um ihre angelaufenen Brillengläser abzuwischen, nur um dann umso entschlossener weiterzugehen: »Ich gehöre ihm«, murmelte sie immer wieder. »Nur ihm. Das darf ich nie vergessen.«

Keiner der Ursprunger, die das letzte Jahr überlebt hatten, konnte sich erklären, wo der neue Pfarrer, der Mano, sein könnte, was der Grund dafür war, warum er vom einen auf den anderen Tag nicht mehr da war.

Göttl rief zwar mehrmals im Bischöflichen Palais in St. Pölten an, bekam aber keine zufriedenstellende Auskunft: »Nein, Herr Göttl, wir haben keinen Priester, der Mano Urian heißt, aus Ursprung zurückbeordert oder versetzt. Bislang konnten wir gar keinen Geistlichen dieses Namens in unseren Niederschriften finden. Bitte rufen Sie in zwei, drei Wochen noch einmal an, dann ist der neue Bischof da.«

Das Holzinger war durch die letzten Todesfälle im Ort naturgemäß nur spärlich besucht. Überhaupt herrschte in Ursprung eine Art Notstand. Die Volksschule war geschlossen, da kein Lehrer mehr zur Verfügung stand, und die Verpflichtung eines Nachfolgers für Josef Lüftl gestaltete sich als schwierig, weil bislang niemand bereit war, seinen *Lebensmittelpunkt* nach Ursprung zu verlegen. Die Mütter und auch die Väter waren verzweifelt, wussten sie doch nicht mit den auf einmal ganztägig Zuwendung fordernden Kindern umzugehen. Es gab keine ärztliche Betreuung mehr, denn Doktor Matthias Allinger hatte seine Ordination samt Hausapotheke aufgelassen und war Gerüchten zufolge in Tulln ansässig geworden. Die Patienten mussten nun einen der Ärzte oder eine der Apotheken in Amstetten, Scheibbs oder gar in St. Pölten aufsuchen, um ihre Dauermedikationen zu bekommen. Die Kirche in Ursprung war verwaist, nur Anni Jascha sah gelegentlich nach dem Rechten, wobei sie auf dem Weg zur Kirche an dem ehemaligen Mesnerhaus vorbei musste. In der nach wie vor unversperrten Tür stand noch immer Davids Rollstuhl, und jedes Mal machte Anni bei seinem Anblick lebhaft in die Windel, weshalb ihre Kirchen-Kontrollbesuche immer seltener wurden. Ganz konnte sie es aber nicht lassen, denn tief im Innersten dachte sie, dass Gott ihre Gebete, ihre Wünsche, dass mit David ein Wunder geschehe, erhört hatte. Wenn auch auf eine grausame Weise.

Anni war selbst überrascht, als sie entdeckte, dass sie den alten Holzinger richtig gernhatte. Im Laufe der Zeit war die Gereiztheit aus Annis Stimme verschwunden. Vielleicht seit jenem Tag, als Davids Rollstuhl vor dem Mesnerhaus verschwunden war. Holzinger hatte es Anni niemals gestanden, dass er ihn anonym für *Licht ins Dunkel* gespendet hatte.

Anni Jascha war sich sicher, dass der Holzinger sie auch gern mochte. Er war *lieb* zu ihr, streichelte sie manchmal unverbindlich oder strich ihr mit der Hand voll Zuneigung über den Kopf. Er behandelte sie wie ein Vater seine erwachsene Tochter, in der er immer noch das Kind von früher sah. Es gab zwar nicht viel zu besprechen, was den Betrieb des Gasthauses betraf, aber das, was zu besprechen war, besprach Holzinger mit Anni. Zum Beispiel, dass die Speisekarte wieder der Wildsaison entsprechend angepasst werden würde, als vor circa einem Jahr ein dubioser *Förster* aus Oberholz – wie seinerzeit Prüger – *zufällig* ein paar Hasen, Fasane, ein Reh oder eine halbe Hirschkuh vorbeibrachte. Ölsböck zerhackte das Wild nach allen Regeln der Kunst, und im Holzinger wurden Wildwochen ausgerufen.

Die Raiffeisenkasse in Ursprung war aufgelassen worden, ein Schicksal, das auch der BILLA-Filiale im

Ort unmittelbar bevorstand. Es gab Tage, da wagte sich das Wild bis in das Dorf hinein, überhaupt seitdem Franz Ölsböck, Fleischer und Selcher, auf Betreiben seiner Frau Vilma, Etzel kurzerhand erschossen hatte. Er hatte sich nach dem Tode Prügers zunächst des Hundes angenommen, weil er dachte, dadurch einen *neuen Toni* zu bekommen. Der Hund war aber, wie die Ölsböcks sich ausdrückten, nicht *zum dabändigen,* und als Etzel ihn, Ölsböck, mit triefenden Lefzen und entblößtem Gebiss einmal drohend anbellte, holte er seinen Doppelläufer und schoss dem mordlustigen Hund aus nächster Nähe zweimal ins Maul.

Bürgermeister Gewerke Schwenk saß manchmal stumm vor seinem Krügel, daneben zwei geleerte und ein volles Glas Vogelbeer. Die beiden Gemeindearbeiter und Totengräber Klaus und Karl Floricz, die mit ihrer neuen Freizeit nichts so recht anzufangen wussten, kauerten in gehörigem Abstand zu Bürgermeister Schwenk im Holzinger und tranken wortlos. Hie und da setzte sich Anni Jascha zu Schwenk – aber nur wenn sie eine ganz frische Windel trug –, leistete ihm Gesellschaft und besprach mit ihm die neue Situation in Ursprung.

»Hast du eine Ahnung«, fragte beispielsweise Schwenk, »wo unser Pfarrer sein könnte? Und warum er so mir nichts, dir nichts abgehauen ist? Und wo ist die Resi? Die ist doch auch mehr oder weniger zur gleichen Zeit verschwunden?«

»Ich kann mir nicht denken, was da gewesen sein könnte. Der Roland hat mir erzählt, dass die in der Diözese gesagt haben, sie würden gar keinen Pfarrer Urian kennen. Es wäre gar nicht geplant gewesen, einen Ersatz für den alten Absenger zu schicken. Ein eigener Pfarrer für die 69 Seelen zahle sich bei dem herrschenden Priestermangel nicht aus, meinen sie.«

»Wohin gehen denn jetzt unsere Leut in die Kirche?«

»Gar nicht«, antwortete Anni. »Sie kommen am Sonntag immer gleich zu uns. Fürs G'schäft ist es sogar ein bissel ein Segen, gell, Fritzl?«

»Ja, Gott sei Dank! Ein paar ganz Fromme fahren manchmal nach Pfaffing rüber, aber die meisten sagen, die Messe mit der ganzen Singerei und der langen Predigt ist so fad und dauert so lang, dass der ganze Sonntag beim Teufel ist«, rief Holzinger hinter der Schank hervor.

Schwenk sagte einmal zu ihm: »Der Meine war dieser Urian nie, aber seit er weg ist, ist Ursprung wie ausgestorben.«

»Gestorben sind die meisten ja eher, als er noch da war«, antwortete Göttl.

»Das schon … Aber es war irgendwie aufregender, kommt mir vor.«

»Irgendwann taucht der wieder auf«, sagte Göttl, »wirst sehn. Wenn nicht bei uns, dann irgendwo anders.«

»Also, das kann ich mir nicht vorstellen«, Schwenk schüttelte den Kopf. »Den sehen wir nie wieder.«

»Wie gesagt, nicht bei uns vielleicht …«

Die Jahre vergingen, und Ursprung wurde, da ja die meisten jungen Menschen, vor allem die Generation der Kindeskinder, abwanderten, nicht nur nicht jünger, sondern beileibe auch nicht schöner. Das Düstere, das Melancholische, das Trostlose war nach wie vor fast greifbar, und die stets gleichen Abläufe im Dorfleben an sich, aber auch im Leben jedes Einzelnen, wurden durch nichts durchbrochen. Der Alltagsbrei wurde täglich aufs Neue umgerührt und schmeckte immer gleich. Und doch: Durch dieses ewige Einerlei, durch die vollständige Abwesenheit von *Sensationen* und das Gefühl der Weltabgeschnittenheit und der wohligen Isolation herrschte eine nur schlecht und vor allem ungenügend zu beschreibende Art von Frieden.

Bürgermeister Schwenk wagte einmal in einem Tagtraum die Idee, ein Wellnesshotel zu eröffnen, um Ruhe suchende Urlauber anzulocken, scheiterte aber damit bereits im Ansatz. Noch bevor er seinen Plan im Gemeinderat vorbringen konnte, winkten die Herren Gemeinderäte, die den Braten längst gerochen hatten, sofort ab und verbannten dieses Vorhaben ins Reich der Utopie. Früher hätte Schwenk sich das nicht einfach so bieten lassen, sondern wäre den Herren unter Verwendung des entsprechenden Vokabulars mit dem Arsch ins Gesicht gesprungen und hätte das Projekt letztlich doch noch *durchgepeitscht*. Aber in letzter Zeit war Manfred Schwenk, seinerzeit eine gesuchte Führungskraft, still und in sich gekehrt. Nicht, dass ihn Abgeklärtheit oder gar schnöde Zufriedenheit ereilt hätten, nein, eine trübe Melancholie beschlich ihn mehr und mehr, eine diffuse Schwermut, die zögerlich, aber unaufhaltsam ihren Weg in Richtung Schuld nahm. Eine Schuld ohne Reue. Ein nagendes, ihn gewissermaßen von innen aufzehrendes Gefühl von Schuld. Es war nicht ein Schuld*bewusstsein*, sondern echte, pure, nagende Schuld – nackte, ungeschminkte Schuld. Pure, nagende Schuld, die jede Form von Lebensfreude nimmt und nichts als Wut und Selbstekel heraufbeschwört. Dies wiederum machte Schwenk glücksunfähig und lebensmüde. In den letzten Jahren hatte er sich immer unschuldig gefühlt, ja, mit der zunehmenden Gewissheit gelebt, diese seine Taten gar nicht begangen zu haben, sondern ein anderer, ein außerhalb seiner Verantwortung agierender Doppelgänger, ein Zwillingsbruder, der mit ihm nichts zu tun und vor allem nichts gemein hatte. Umso mehr nahm ihn dieses Sich-schuldig-Fühlen wunder.

Aber jetzt, wenn ihm das brennende *Heuhäusl* und die beiden verschlungenen Brandleichen vor Augen kamen, erfasste ihn eine ungemeine Wut auf sich selbst, weil er sich auf einmal schuldig fühlte und nichts dagegen machen konnte. Er konnte nicht einmal mit jemandem darüber sprechen. Mit wem auch? Mit dem Holzinger, haha! Mit dem Göttl? So nahe waren sie sich in den letzten Jahren auch wieder nicht gekommen. Der würde doch sofort Zeter und Mordio schreien, ihn anzeigen und seine *Pflicht* tun. Auch wenn Schwenk die Erinnerung an Elfriede Eibl heimsuchte, überkam ihn zugleich tiefe Betrübnis und seelische Dunkelheit. Er mochte sich immer wieder sagen, dass Elfriede nur noch ein zitternder Zellen-Wackelpudding und nichts als eine Last für andere gewesen war – streng genommen hatte sie gar nicht mehr *gelebt* –, aber die unbarmherzige Schuld in ihm sagte laut und deutlich: *Mord.* Mord um einen vorangegangenen Mord zu verschleiern. Wenn er in der Zeit zurückblickte, so schaute er nicht einfach auf sein Leben zurück, sondern auf lebenslange Schuld. Es gab Momente, da wandte er sich im inneren Monolog *Gott* zu, gab es aber immer wieder auf, wenn er sich dem universellen Schweigen gegenüber allein gelassen wusste.

Schwenk wurde nach einem weiteren Jahr nicht mehr zum Bürgermeister gewählt, wodurch er seine Schuld mit voller Wucht, ohne jede administrative Ablenkung ertragen musste.

☩

Nach Jahren, in denen die Sonne Abend für Abend in Ursprung untergegangen und am nächsten Morgen routinemäßig aufgegangen war, um die Kopie des vergangenen Tages zu erhellen, wusste die *neue Generation*, beziehungsweise das, was von ihr in Ursprung geblieben war, nichts mehr von jenem verhaltensoriginellen Pfarrer namens Mano Urian, der in Ursprung seelsorgerisch tätig gewesen war und der im mittlerweile vollständig in sich zusammengefallenen, überwucherten Baumeisterhaus gewohnt hatte.

Roland Göttl, der, wie wir wissen, immer wieder gerne (heimlich) zur A1 vorgegangen war, um sich in Tagträumen dem Anhalten und Bestrafen von Temposündern hinzugeben, hatte dieses Hobby aufgegeben. Er hatte sich nämlich eines Tages, um die Raser durch die Präsentation seiner selbst, vor allem seiner Uniform, zu erschrecken, zu weit an den Fahrbahnrand vorgewagt. Ein Schwertransporter hatte ihn nur um weniges verfehlt. Nach diesem Schock hatte er sich in *sein* Gebüsch zurückgezogen, hingehockt und – bedenklich von Schweißausbrüchen begleitet – eine gute Stunde ohne Ich-Bewusstsein ins Leere geglotzt.

Der trotz Diabetes steinalt gewordene Roland Göttl erzählte zu vorgerückter Stunde im Holzinger von jener Zeit, als alle *seine* Ermittlungen – Kommissar Gruber erwähnte er nicht – ins Leere gelaufen waren, nicht zuletzt, weil alle betreffenden Akten verschwunden oder geschreddert worden waren. Die meisten Gäste im Holzinger rückten von dem Dorfpolizisten ab, wenn sie merkten, dass er zu seiner *Lebensbeichte* ansetzte, aber selbstvergessen im Selbstgespräch versunken, störte das Göttl nicht. Der Alt- und Ehrenbürgermeister Gewerke Schwenk war immer der Erste, der mit den Worten *Oijeh, jetzt geht das wieder an, jetzt red't wieder einer, der gar nichts weiß* aus dem Holzinger hinaushinkte. Nur einmal blieb er sitzen und saß noch da, als bereits alle anderen – einschließlich Göttl – gegangen waren.

»Komm, Manfred, Sperrstund«, sagte Fritz Holzinger, während Anni Jascha die Sessel auf die Tische stellte.

Aber Manfred konnte nichts mehr hören und blieb sitzen.

Als Anni ihn sanft anstieß, rührte er sich nicht, und als sie Fritz fragend anblickte, schüttelte der nur den Kopf und sagte: »Aus is.«

An den wenigen Ursprunger Sommerabenden, die warm genug waren, saßen Fritz Holzinger und Anni Jascha oft auf der Bank vor dem Wirtshaus, Annis Kopf ruhte an Fritz' Schulter, er hatte seinen Arm um sie gelegt, und sie blickten fragend in den gestirnten Himmel, ohne eine Antwort zu erwarten.

Anni Jascha hatte vor knapp zwei Jahren die Diagnose *Blasenkrebs* erhalten, brauchte keine Windeln mehr zu tragen, weil sie einen Katheter hatte, dessen Plastiksack sie – obwohl es ihr schwer und schwerer fiel – nach wie vor selbst wechselte.

Sie sprachen so gut wie nie über die Diagnose, nur wenn Anni nach St. Pölten zur Behandlung oder Kontrolle musste, besprach sie mit Fritz Organisatorisches, das abzuwickeln war.

Holzinger fürchtete, wenn sie so andeutungsweise *umschlungen* im Sommer vor dem Wirtshaus saßen, dass Anni, wie damals seine Mutter, in *seinen Armen* sterben könnte.

✝

Das Besondere blieb weiterhin von Ursprung fern, das Gewöhnliche und Gewohnte dämmerte Tag für Tag herauf, und die Zeit – wie es ihre Art ist – verging, obwohl es schien, als bliebe sie trotz ihrer Flüchtigkeit stehen. An manchen Tagen brach sogar die Sonne durch, wenn auch nur für kurze Zeit.

Nachtrag

Der Baumeister des Universums reitet in den sich zur Verschleierung verdichtenden Nebel des Dunkelsteinerwaldes, man denkt die Worte Matthias Claudius' *Der Wald steht schwarz und schweiget …*, während Ross und Reiter mit ihm eins werden.

Es mag die Feinstofflichkeit von Gedanken sein, die in den Wipfeln rauscht; Gedanken, die der Demiurg *denkt:* Wo immer ich erscheine, hege ich die besten Absichten, um mein Versagen, die Schöpfung betreffend, das mich von Urzeiten an begleitet, zu beseitigen und rückgängig zu machen. Jedoch jedes Mal scheitere ich und lasse stets nur Not und Tod zurück. Ich bin ein Teil von jener Kraft, die stets das Gute will und stets das Böse schafft.[ꜛ]

Der Bauherr allerdings habe keinerlei Richtlinien vorgegeben, wie die Welt auszurichten wäre, sondern nur den Impuls gesetzt: »Schaffe mir Materie.« Was Wunder, wenn es dann die Welt des »Archonten« geworden ist, der darob verstoßen und zu niemals ruhender Arbeit an der Schöpfung verdammt ward. So muss der Weltbaumeister immer wieder scheitern und – wie Sisyphos – ewig wiederkehrend an die Arbeit gehen.

Victor Oslansky blieb verschwunden.

[ꜛ] Frei nach Mephistopheles in Goethes Faust I, (1808)